¿PUEDE EL HOMBRE VIVIR SIN DIOS?

RAVI ZACHARIAS

CARIBE

© 1995 EDITORIAL CARIBE, INC.
P. O. Box 141000
Nashville, TN 37214-1000

Título del original en inglés:
Can Man Live Without God
© 1994 por *Ravi Zacharias*
Publicado por *Word Publishing*

ISBN: 0-89922-571-3

Traductor: *Jorge Sánchez*

Reservados todos los derechos.
Prohibida la reproducción total
o parcial de esta obra sin la debida
autorización de los editores.

Impreso en EE.UU.
Printed in U.S.A.

1ª Edición

A mi esposa Margie,
un preciado don de Dios,
una hermosa vida vivida para Él.

Melli.
Esperamos q' disfrutes a
Zacharias al maximo.
te queremos mucho.
Los Marin.
Junio/99.

CONTENIDO

PRÓLOGO

SOY UN inveterado oidor de casetes. Tengo uno dondequiera que vaya conduciendo; a veces cuando estoy trabajando en el patio e inclusive mientras arreglo los papeles en mi escritorio. Durante años he escuchado quizás miles de casetes cristianos.

Pero raras veces he oído algo que me haya impresionado tanto como la presentación de Ravi Zacharias, en Harvard, titulada «The Veritas Series» [La serie de la verdad]. Ravi expuso el tema de la cristiandad en forma atractiva, comprensible y convincente delante de algunos de los mejores y más brillantes estudiantes de los Estados Unidos. Contestó las preguntas con suma habilidad.

Escuché la serie dos veces, luego llamé a su oficina y sugerí que la transcribieran a un libro. Por eso creo que mi sugerencia tiene algo que ver con la aparición de este volumen. Pienso que es uno de los libros más críticos que se haya podido escribir en nuestros días.

La mayoría de nosotros no logramos comprender que la lucha de ideas que se libra en la moderna Norteamérica —eufemísticamente conocida como guerra de la cultura— es un mero síntoma. Los cristianos gastamos enormes cantidades de energía corriendo para sostener una batalla aquí y otra allá. Pero jamás podremos ganar la guerra de la cultura en esa forma.

Lo que debemos hacer es atacar las causas más profundas del conflicto cultural. Debemos excavar hasta las raíces filosóficas de las batallas que estamos librando. Lo cierto de la cuestión es que en los últimos treinta años, la mentalidad de los estadounidenses ha sido transformada en forma dramática.

Uno de los ejemplos más elocuentes es nuestro concepto de la verdad. En la década del sesenta, sesenta y cinco por ciento de los norteamericanos dijeron creer que la Biblia era la verdad; hoy ese porcentaje cayó al treinta y dos por ciento. Peor aún, un 67% de los habitantes del país hoy niega que haya tal cosa como la verdad. Un setenta por ciento dice que no hay una moral absoluta.

Esta confusión sobre la verdad es la crisis fundamental de nuestra edad.

¿Qué bien resulta de decir: «La Biblia dice...» si dos tercios de nuestros oyentes no creen que ella es la verdad? ¿Qué bien resulta de decir que Jesús es la verdad si dos tercios de los norteamericanos no creen que haya tal cosa como la verdad? Esto no significa negar que la Palabra de Dios tiene poder para convertir al corazón más duro. Pero si los creyentes hemos de ser oídos por la mentalidad moderna y hacer cabeceras de puente efectivas en nuestra cultura, debemos ante todo desarrollar lo que Francis Schaeffer llamó una apologética cultural: Debemos defender el concepto mismo de la verdad.

Esto es precisamente lo que Ravi Zacharias hace en este libro en forma tan brillante. Una poderosa y atractiva defensa apologética de la fe cristiana.

Siempre me ha frustrado la forma en que muchos cristianos eluden los argumentos intelectuales. Muchos consideran no espiritual una defensa intelectual, como si lo único que contara fuera nuestra experiencia religiosa o como si argumentar en el terreno intelectual debilitara nuestra fe.

Pero el antiintelectualismo no es más espiritual. La Biblia expresamente nos manda traer todo pensamiento cautivo a la obediencia a Cristo. Si fallamos en eso hallaremos que es cada vez más difícil presentar el evangelio y perderemos nuestra influencia sobre la cultura.

Lo que se necesita es que cualquier creyente esté equipado con el tipo de lógica y análisis que hallamos en estas páginas. Luego debemos sentarnos con nuestros vecinos inconversos para demostrarles la verdad y la historicidad de la fe cristiana.

Espero que no lea este libro a la ligera y lo eche a un lado. Estúdielo. Familiarícese con sus argumentos y use lo que aprenda para promover la causa de la verdad con sus vecinos.

La cultura en que vivimos está casi perdida. Pero con frecuencia, en los momentos más oscuros, Dios levanta personas, verdaderos profetas, que hablen a nuestra edad. Ravi Zacharias es ese hombre para estos tiempos. Espero y oro que lo equipe a usted para la buena batalla en que estamos empeñados.

CHARLES COLSON

RECONOCIMIENTOS

UN RECONOCIMIENTO que leí recientemente comienza con estas palabras: «Este libro sale al público arrastrando nubes de bondad de otros». Estos sentimientos representan muy bien lo que sigue en estas páginas. Hay muchos cuya amabilidad ha hecho posible la publicación de este volumen. Como es natural, no podría nombrar a cada uno pero deseo, al menos, hacer mención especial de quienes han tenido un papel preponderante en esto. En primer lugar, deseo agradecer a los estudiantes de las universidades de Harvard y del Estado de Ohio que concurrieron a las conferencias que dicté en ellas. Mi sincero aprecio para los grupos que las planificaron y organizaron, que me invitaron y fueron anfitriones para los participantes.

Debo también mi gratitud a Charles Colson por haber plantado en mi mente la idea de imprimir este material. Su sugerencia puso en marcha este esfuerzo.

El proceso de transcribir el material verbal demandó horas de industriosa y meticulosa labor a Karen Mayhem, que lo hizo con la mayor competencia y cuyos esfuerzos proveyeron un eslabón vital en la cadena. Mis sinceras gracias a ella.

Deseo también expresar mi gratitud a todos mis colegas cuyo sacrificio, cuando no estuve presente, fue hecho sin quejas. Merece mención especial en esta lista Dan Glaze, mi «alentador perpetuo», que los lideró en su apoyo. También en el grupo está Danielle DuRant, mi investigadora asistente, que estuvo atenta a todo asunto relacionado con el tema y jugó un papel de vital importancia. Trabajó con diligencia, sobre todo en las etapas finales de este manuscrito. Estoy también muy agradecido a Joan Houghton por su hábil y amable ayuda en satisfacer las exigencias del lenguaje. Fue una maestra sobresaliente.

A lo largo de todo este esfuerzo, todas las personas de Word (una casa de publicaciones) con la que trabajé, sus integrantes fueron ejemplares en la cortesía y el ánimo que me brindaron. Kip Jordon y Joey Paul fueron amigos bondadosos y sabios consejeros. Su experiencia y disponibilidad fueron un maravilloso recurso para mí.

Más importante aún, mi esposa Margie, ha trabajado, en todo el sentido de la palabra, más extensa y arduamente que yo desde el principio hasta el final de esta obra. Si las computadoras adquirieran la personalidad de quienes las utilizan, las nuestras reflejarían su imagen. Este libro no hubiera sido posible sin su paciencia, afecto y sus correcciones necesarias. Nunca podré exaltar demasiado su papel monumental.

Naturalmente, la disponibilidad de su tiempo y el mío sólo fue hecha posible por tres vidas jóvenes que tanto amamos; me refiero a nuestros hijos Sarah, Naomi y Nathan. Aun debimos interrumpir vacaciones para cumplir plazos, pero fueron generosos en entenderlo y nos proporcionaron alegría a lo largo de este proyecto. En verdad este libro llega arrastrando nubes de bondad y he sido espiritualmente enriquecido por estas vidas.

INTRODUCCIÓN

«Nos hemos educado a nosotros mismos en la imbecilidad», decía el notable periodista inglés Malcolm Muggeridge al lamentar la multitud de nefandas ideas que están dando forma a las creencias modernas. Expresando una idéntica desilusión en su comentario sobre la cultura estadounidense, George Will afirma que, no queda nada demasiado vulgar en nuestra experiencia para lo cual no hayamos podido traer algún profesor desde cualquier parte para justificarlo.

¿Por qué esta asociación de conducta aberrante con las aulas del aprendizaje? Bien vale la pena procurar la respuesta si es que vamos a tratar con los males de nuestra cultura buscando comprender a sus progenitores e impedir lo que aparece como un futuro con horrendas posibilidades. No carece de precedentes que cuando una nación joven comienza a alcanzar su adolescencia anhele libertad sin restricciones y, en términos sicológicos, pretenda repudiar a su padre. Pero la búsqueda de esta especie de libertad desenfrenada y absoluta autonomía individual podría ser enfrentada con oposición y la mejor esperanza de asegurar tal liberación es minar las convicciones y las filosofías prevalecientes y exhibir pretensiones de mayor conocimiento, verdades más nuevas y discernimiento superior de las cosas que dividen el pasado del presente.

Emulando un procedimiento legal en el que un abogado se afana por desacreditar a los testigos que perjudican su caso, los pensadores seculares han dado rienda suelta a un esfuerzo dirigido a cargar de prejuicios las mentes de esta generación. Si aun la más leve duda pudiera levantarse sobre una minucia en la creencia teísta, sería magnificada para proclamar que ello implica que la totalidad del punto de vista universal debe ser tenida por falsa. La meta es forjar una casta de jóvenes iconoclastas eruditos y pensadores que sean percibidos como salvadores, que liberen a la sociedad de la tiranía de un pasado infestado por Dios y reconstruyan una cultura a su propia imagen.

Tales maquinaciones, que se combinan con trucos de lenguaje y la distorsión de la verdad, son platos familiares en las salas de juicios, que se encargan de conducir a los fines deseados a un jurado enteramente confuso. Puedo sugerir que este ha sido precisamente el método adoptado en la batalla de ideas que ha ocupado el escenario central por varios siglos. Era predecible la ruta comenzada en el Renacimiento pasando por la Ilustración, en su descenso hasta nuestra concepción anticonstruccionista de la realidad postmoderna. Todas las advertencias hechas a través de esos siglos eran que si, en verdad, el hombre es la medida de todas las cosas, alguien debía determinar: «Qué hombre». ¿Sería esto para Hitler o Hugh Hefner, Stalin o la madre Teresa? Pero esta pregunta fue demasiado incómoda y la respuesta demasiado incierta. Siendo que las cuestiones que producen inquietud o exponen contradicciones son, con frecuencia, sepultadas bajo un pantano de palabrerío o mordaces contraataques, el curso estratégico tomado fue establecer un nuevo punto de vista de la realidad que dominara simplemente al difundir ideas que permanecieran en el camino y «ganaran» la batalla por no asistir a ella.

El medio principal para alcanzar eso fue tomar el control de los baluartes intelectuales —nuestras universidades— y, bajo una espesa cortina de ataques «doctos», cambiar la admisibilidad de la estructura para creer en Dios, de modo que Él dejó de ser una entidad plausible en los lugares de erudición. Este asalto contra la creencia religiosa fue consumado en nombre de la libertad política o académica, en tanto que el verdadero intento fue derrotar filosóficamente cualquier cosa que oliera a restricción moral. La parte más dura del ataque ha sido dirigida con descaro, contra el cristianismo mientras que las religiones orientales gozan del asentimiento y la protección de una licencia mística. En lo que respecta al Islam, ninguna universidad se atreve a ofenderlo. Mano a mano con esta cobardía intelectual desembozada y encubierta duplicidad, vino la burla y la ridiculización del cristiano, las que han llegado a ser comunes, una forma de tortura «civilizada».

De esta manera llegó la arremetida contra todo lo construido antes; la pluma llegó a ser la espada y el atril profesional, el púlpito. Si mentes jóvenes y fértiles pueden ser programadas para que crean que la verdad como una categoría no existe y que el escepticismo es algo sofisticado, entonces es sólo cuestión de tiempo antes que toda institución social sea puesta en ventaja en la lucha contra lo absoluto.

Sin embargo, con el tiempo la espada ha cortado la mano que la esgrimía y el aprendizaje mismo ha perdido su autoridad. Hoy, cuando vemos nuestro panorama social, las respuestas a las cuestiones más elementales de la vida —desde el nacimiento hasta la sexualidad y la muerte— se ven confusas por completo. Los mismos eruditos que enseñaron a sus estudiantes a cuestionar la autoridad, están siendo atacados por el mismo principio. Ya nadie sabe qué creer como verdadero y, si algo se cree, la carga de la justificación ha sido removida. Lo interesante es que la palabra *universidad* significa «poner unidad en la diversidad» y la idea de la academia era impartir conocimiento y virtud. Ninguna de estas metas es reconocible hoy. Los escritos, en este siglo, de Jean-Paul Sartre, que expresan el anhelo de unificar el conocimiento, jamás se materializaron. Ahora se admite, de manera tácita que el distintivo de la educación moderna es el escepticismo, volver a prestar más oídos al modelo del siglo diecisiete de René Descartes, cuya búsqueda de la certeza comenzó con la certidumbre de la duda. Sin embargo, trágicamente, a diferencia de Descartes, no hay un dios postulado para que nos proteja contra la decepción y donde Descartes comenzó nuestro moderno escepticismo ha terminado.

Hace muchos años el escritor Paul Scherer nos alertó sobre este deslizamiento hacia abajo. Refiriéndose a los volátiles intercambios entre la iglesia y sus detractores, dijo:

> Una a una, las generaciones que han rehusado ser sujetas al papa y a la iglesia, decidieron, en un éxtasis de libertad, que no deberían estar limitadas por nada. Ni por la Biblia, ni por la conciencia ni por Dios mismo. *Por creer demasiado aquello que jamas tuvo que ser creído, llegaron a creer tan poco que para innumerable cantidad de seres humanos la existencia y el mundo en sí dejaron de tener sentido.* Los poetas comenzaron a hablar de «tierras desperdiciadas» con «vidas fantasmales», como lo expresó Stephen Spender: «Moviéndose entre ruinas fragmentarias que han perdido su significación». La nada llegó a ser tema de conversación, el nihilismo un motivo, la frustración y la desesperación un tema para novelistas y dramaturgos y «el borde del abismo» un término náutico entre los intelectuales como lo fue para los exploradores en los días de Colón (énfasis mío).[1]

No obstante, no todo está perdido. Pese a los variados y espontáneos intentos hechos por el antiteísmo de socavar lo espiritual y relegarlo al terreno de lo irracional o, cuando mucho, considerarlo un asunto privado, el hambre por lo trascendente permanece en pie. Después de casi dos décadas de recorrer el globo de un lado a otro y dar conferencias en numerosas universidades, estoy totalmente convencido de que el ardiente deseo por lo espiritual nunca podrá morir. Casi en cada compromiso he hallado que la totalidad de los auditorios era colmada y que una respuesta de aprecio ha sido abrumadora, aun en lugares antagónicos. No hay demostración más elocuente de esta insaciable hambre que las experiencias que han tenido Rusia y China en sus esfuerzos por

---

1. Paul Scherer, *The Word God Sent* [La palabra que Dios envió], Harper & Row, New York, 1965, p. 11.

extirpar la idea de Dios, sólo para ver que Él se levanta para sobrevivir a sus portaféretros.

Nuestras universidades nos dicen una historia similar. Aunque el escepticismo orgulloso campea en los bastiones académicos, el espíritu humano aún espera algo más. Esta tensión debe ser considerada sobre todo en este tiempo de trastorno cultural y es imperativo que las respuestas que expongamos satisfagan no sólo las intimidades del corazón, sino también las demandas del intelecto. Aquí debemos considerar la cuestión más importante de nuestro tiempo: ¿Puede el hombre vivir sin Dios? Esto debe ser respondido no sólo por quienes son ateos declarados, sino también por los muchos que funcionalmente viven como si no hubiera Dios y cuya existencia para ellos carece de importancia.

Pero, honestamente, hay en esta historia otra cara que provoca con justicia la contención de los escépticos. Mucho de lo que ha pasado por el mensaje cristiano no ha sido nada más que un espumoso hablar de Dios: irracional, sin sentido y, en su explotación de la gente, sin corazón. Esto tampoco puede dar resultado. De la misma manera que las ideas del antiteísmo, al ser escudriñadas son sensiblemente empobrecidas, tampoco mucha verbosidad religiosa, brotada en un babeo emocional y privada de razón, puede ser dada a una audiencia, confiada, en nombre de la ortodoxia. El ruinoso fin de esto último, en su destrucción de vidas despojadas material y espiritualmente, puede ser mayor que las ideas engendradas por el cinismo abierto. ¿Hay alguna respuesta a todo esto? Sinceramente creo que la hay. Y es para hallar ese terreno común de interacción que se presenta en este material.

En este libro incluí el material de dos conferencias dictadas en la Universidad de Harvard a invitación de varios grupos, y otra que di en la Universidad del Estado de Ohio. Como el tema fue dado en forma extemporánea, no siempre fue posible presentar el contexto completo del argumento. Por tanto, he ampliado el contenido original para colocar juntos los fines que estaban dispersos. Sin embargo, en un tema de tan amplio espectro como este, uno no puede reunir todos los argumentos en unas pocas exposiciones breves. Espero haber dado suficientes razones poderosas en defensa de los puntos de vista del teísmo en general y del cristiano en particular. Por vía de contraste, espero haber mostrado las fracturas de muchos puntos lógicos y sociales del pensamiento antiteísta, los cuales son demasiado incoherentes para ser tenidos por verdaderos y, como un sistema de pensamiento, incapaces de hacer frente a los rigores intelectuales y existenciales que la vida diaria coloca a nuestro paso.

Debo también añadir que las respuestas de las audiencias fueron en extremo gratificantes y muy animadoras. Aun en puntos de desacuerdo, los estudiantes respetaron los argumentos y la presentación. Estaré siempre agradecido por sus aplausos y expresiones de gratitud surgidas del corazón.

He ubicado el material en tres secciones mayores, cada una siguiendo un orden lógico. La primera analiza la posición del antiteísmo demostrando sus contradicciones inherentes a la construcción de su lógica y su incapacidad existencial que, a la postre, hacen que su filosofía resulte imposible de ser vivida en la práctica. El antiteísta, con frecuencia, hace un problema de lo que llama «imposición»; es decir, lo que los teístas demandan de la sociedad por su explícita admisión de que hay tal cosa como una ética transcultural. Al hacer este cargo el ateo derrama más sangre teísta por el recuerdo de los estragos silenciados, como lo ve, que la religión ha colocado sobre la civilización. Por supuesto, todo esto es hecho en la contienda por la tolerancia y solaz proporcionado por un concepto que niega lo trascendente y es neutral a lo absoluto. Olvidadas a su conveniencia, por los que se oponen a lo espiritual, son las consecuencias aun más devastadoras que han surgido cuando el antiteísmo fue unido a la teoría política y el desenvolvimiento de la sociedad. Nada hay en la historia que pueda compararse con las horribles consecuencias a que puede ser conducida la humanidad por seguir una filosofía política y social que consciente y absolutamente excluye a

Dios. En conjunto, las ramificaciones penetran en la sociedad como un elemento que altera la vida de cada individuo. El aforismo de Santayana aún está vigente: Quien rehúse aprender de la historia, se verá forzado a repetir sus errores.

El fin de la primera sección lleva a la lógica conclusión de que una filosofía carente de sentido es la consecuencia inevitable de tomar el antiteísmo como punto de partida. Esto es claramente admitido por los antiteístas, pero lo relacionan con elegancia y libertad. ¿Puede esto en realidad ser así? En la experiencia humana, la importancia del hambre en cada generación es algo que no se puede disminuir ni expulsar, no obstante los avances científicos o las nuevas teorías sociales y sicológicas. ¿Qué explica mejor esta necesidad de significado y cómo puede ser satisfecha? El místico francés Simone Weil advierte acerca del tremendo error que se comete cuando uno cree que esta hambre es una mera creencia y no una realidad. Por tanto, la segunda sección defiende la certeza de este ardiente deseo de significado y provee algunas respuestas convincentes en tal búsqueda.

Intrínseca a esas respuestas y a todas las otras que ofrece el cristianismo, está la centralidad de la persona de Jesucristo y quien declaró ser. Sus respuestas a las más profundas interrogantes de la vida son presentadas no sólo como relevantes para nuestro tiempo, sino como excepcionalmente convincentes, tanto en sus detalles como en extensión. Surgen las más obvias cuestiones acerca de las implicaciones de su vida y su mensaje: ¿Cómo sabemos que Cristo es la verdad cuando define la esencia de la vida y el destino? Por ejemplo, el humanista Ted Turner desecha abiertamente el cristianismo como anticuado e irrelevante. ¿Es correcta su postura? ¿Qué acerca de las otras opciones disponibles en una sociedad volicionalmente pluralista? ¿Puede la verdad ser en realidad tan exclusiva? El moderador de entrevistas televisivas Larry King hizo un comentario muy penetrante cuando se le preguntó a qué personaje de la historia le agradaría más entrevistar. «Uno cuyo nombre fue Cristo Jesús», contestó. «¿Qué le hubiera preguntado?» inquirió su visitante. «Me hubiera gustado preguntarle si en verdad tuvo un nacimiento virginal, porque la respuesta a esa pregunta definiría la historia». Tan trivial como podría parecer en la superficie, Larry King fue absolutamente acertado al identificar el gozne sobre el cual gira toda la historia. Si en verdad Jesús es quien declaró ser, cualquier ataque a su mensaje es la peor expresión de futilidad. Por el contrario, si sus pretensiones fueren falsas, toda la cristiandad y mucho de la historia, habría sido edificado sobre una mentira. Es a la candente cuestión de la capacidad de defensa del mensaje cristiano que va dirigida la tercera sección de este libro. Ella es, sin lugar a dudas, su más importante porción y debe ser estudiada en forma completa y cuidadosa.

A continuación de estos tres temas esenciales que responden a la pregunta: ¿Puede el hombre vivir sin Dios?, el Apéndice A incluye las preguntas que surgieron en Harvard siguiendo esta presentación. Esos desafíos representan muy bien los que se proponen con mayor frecuencia en este contexto.

La sección final, Apéndice B, es un pequeño bosquejo del «aspecto personal» de algunos de los pensadores que han dado forma tanto a la posición popular como a la académica, pensadores como Bertrand Russell, Jean-Paul Sartre y otros. He intentado también enlazar el corazón de sus argumentos antiteístas y expongo las ridículas y claras falacias implícitas en su filosofía. Confío que el lector encuentre que este material lo mueve a pensar.

Puede haber algunos puntos donde, para algunos, la argumentación resulte pesada. Le ruego que no deseche el material en la certeza de que ha de seguir una ilustración o una explicación que aclare el punto. La relevancia de estas ideas para todos nosotros no puede ser discutida. Y si, en verdad, algunas permanecen dudosas, al final del libro los argumentos principales estarán claros y sin obstrucción. Las líneas serán trazadas con claridad. Al menos yo creo que esta generación anhela pensar nuevamente y lo que hacemos es perjudicarla si no le brindamos la oportunidad.

El adagio popular incluye la verdad de que la mente es una posesión demasiado valiosa para ser malgastada, pues es el comando de control de cada vida individual. Es mi deseo que a lo largo del desarrollo de estas ideas cada uno pueda reconocer la más grande de todas las mentes: Dios mismo, cuya existencia o inexistencia es esencial para definir todo lo demás.

RAVI ZACHARIAS
ATLANTA, 1994

PARTE I

EL ANTITEÍSMO ESTÁ VIVO Y ES MORTÍFERO

1

Angustia en la abundancia

«P ERMÍTANME HACER las canciones de una nación —dijo el pensador político escocés del siglo dieciocho, Andrew Fletcher— y no me importa quién escriba sus leyes».[1] Sus confiadas palabras no sólo revelan uno de los puntos de mayor acceso cultural a nuestro modo de pensar contemporáneo, sino que reconoce el control extraordinario que ejerce la canción lírica sobre el ánimo y las convicciones del joven, que está en combate con las fuerzas de tantas atracciones.

Estoy de acuerdo por completo con la afirmación del señor Fletcher. Mi propia experiencia testifica las impresiones que la música popular grabó en mi consciente. Más que eso, me otorgó el privilegio de identificarme con la expresión de los sentimientos comunes. Recuerdo una ocasión, en aquella etapa flexible de mi adolescencia, en mi casa en Nueva Delhi, India; suspendido entre el pesado mundo de mis libros de física y la suave música de la radio en mis oídos. En ese estado mental «entre dos mundos», fui cautivado por los sentimientos de una canción que parecían el eco de las luchas de mi propio corazón. La extraña mezcla del canto oriental en el trasfondo y la ondulante voz de barítono del cantante, un occidental,

---

1. Andrew Fletcher, citado por Harold A. Bosley, *Sermons on the Psalms* [Sermones sobre los salmos], Harper & Brothers, New York, 1956, p. 40.

dieron un sentimiento de universalidad a las obvias angustias que embebían cada línea y articulaban la multitud de interrogantes que dolorosamente reprimía:

> Desde las profundidades de la mente
> en que vagamos y, ciegos, tropezamos,
> Vadeamos a través del a veces enmarañado laberinto
> de noches sin estrellas y días sin sol,
> Esperando que surja alguna guía
> o senda que nos lleve a la verdad
> Mas, ¿quién responderá?...
> ¿Está nuestra esperanza en cáscaras de nueces
> llevadas alrededor del cuello y campanas en la sien?
> ¿O dentro de espesas paredes claustrales
> donde encapuchadas figuras oran bajo los mantos?
> ¿O arriba en estantes polvorientos?
> ¿O en las estrellas?
> ¿O en nosotros?
> ¿Quién responderá?[2]

El escritor de la canción tocó las emociones en forma persuasiva como si estuviera atrapado por el sufrimiento de las transiciones que engendra la vida, la abrumadora desesperación de una familia cuando ha perdido el amor; la agonía por la muerte de un niño; el tormento de otro luchando con el suicidio; el ruido y el estrépito en una discoteca para algunos que procuran eludir el acoso de la soledad; la aprensión de todos por vivir bajo la amenaza de una conflagración nuclear. Cada escena terminaba con la pregunta: «¿Quién responderá?» Al final, el coro tronaba la intensidad del conflicto que yace en lo profundo de la conciencia humana:

---

2. L. E. Aute, Sheila Aute, «Who will Answer?» [¿Quién responderá?], 1967, Ediciones Musicales BMG Ariola S.A. Todos los derechos en los Estados Unidos administrados por BMG Songs, Inc. (ASCAP). Todos los derechos reservados. Usado con permiso.

Si el alma está entenebrecida
    por un miedo que no puede nombrar,
Si la mente está frustrada
    cuando las reglas no encajan con el juego,
¿Quién responderá?
¿Quién responderá?
¿Quién responderá?

Fue notable para mí, aun en esa etapa de mi vida, que la cándida admisión de tal vaciedad emergiera del mundo que simbolizaba el nuevo Edén: los Estados Unidos de América. Mucho más penetrante aún, provenía de ese segmento de la sociedad que epitomizaba el éxito por el cual millones de vidas jóvenes clamaban: Hollywood, ese bastión del encanto perpetuo. ¿Cómo podía ser eso? Si ese suspiro de angustiado interrogante hubiera surgido en mi tierra natal, habría sido comprensible porque la cultura de India nunca fue reticente en proclamar la tragedia que presagia la vida. V. S. Naipaul, uno de los escritores más refinados del mundo, ha captado en forma muy apropiada la angustia de la India al referirse a ella como una civilización herida.

Por coincidencia, en ese mismo tiempo de mi vida, uno de los logros artísticos más grandes de la India había ganado aclamación internacional con la película *Madre India*. Esta retrataba los esfuerzos de una familia luchando entre la vida y la muerte por brindar alguna medida de dignidad y excelencia a su existencia mortal. Atrapados entre las enfermedades y la muerte, batallando con las vicisitudes de los desastres nacionales y chocando con discordias familiares, la vida había llegado a ser sinónimo de sufrimiento. El coro de la canción de la película resumía muy bien todo eso:

Siendo que he venido a este mundo,
Tengo que vivir.
Si vivir significa tomar veneno,
Tengo que tomarlo.

27

El fatalismo, el nihilismo, la filosofía de «tome la vida por la garganta», con todo su trauma existencial, eran endémicos en una nación tan victimizada por siglos de conflictos y luchas. ¿Pero cómo podría uno imaginar que los mismos interrogantes, que son de esperar en el contexto de una civilización «herida», pudieran también ser levantados por quienes aparentemente no habían experimentado los mismos factores de empobrecimiento y vivido en un país donde las privaciones físicas, en gran medida, habían sido conquistadas?

Aunque luché con todo eso, en aquel entonces, tanto como era posible para una mente joven, años más tarde un profundo sentimiento de perplejidad permanecía en mí. Pero este conflicto ha tomado un nuevo matiz. Ahora vivo en Occidente y soy testigo de los momentos finales de este siglo de progreso, las canciones de las naciones no han cambiado y mi aturdimiento yace en la conspicua ausencia de respuestas; aún más, en el fracaso total de nuestras élites culturales de aferrar la razón que yace detrás de las preguntas que, sobre la definición de la vida, hace la música. Escuche, por ejemplo, las palabras de dos canciones que mueven mucho a pensar, hechas por King Crimson, que vociferan su propia confusión.

> Garras de hierro del gato
> Neurocirujanos claman por más
> De la puerta del veneno de la paranoia
> Esquizofrénico del siglo veintiuno.[3]

Una vez más la mente es tomada cautiva cuando la imaginación vaga a través de una violencia sin sentido, el odio innecesario y la crueldad desalmada que los seres humanos

---

3. Robert Fripp, Michael Giles, Greg Lake, Ian McDonald, Peter Sinfield, «Twenty First Century Schizoid Man» [El hombre esquizofrénico del siglo veintiuno], 1969, E. G. Music, Ltd. (PRS). Todos los derechos, en los Estados Unidos, administrados por Career-BMG Music Publishing, Inc. (BMI). Todos los derechos reservados. Usado con permiso.

se imponen entre sí. La inamovible esterilidad del alma y la incertidumbre del futuro están declaradamente ancladas al exterminio del espíritu.

> La pared en que los profetas escribieron
> Está rajada en sus costuras.
> Sobre los instrumentos de muerte
> El sol brilla con fulgor.
> Cuando todo hombre es dividido
> Entre pesadillas y sueños,
> Nadie colocará coronas de laureles
> Cuando el silencio ahogue el chillar.

> Entre las puertas de hierro del destino,
> Las semillas del tiempo fueron sembradas,
> Y regadas con los hechos de aquellos
> Que conocen y son conocidos;
> El saber es un amigo mortífero
> Cuando nadie sienta las reglas.
> El destino de toda la humanidad veo
> Está en las manos de los necios.[4]

El fin de la vida se resume en una palabra: *confusión*, un epitafio adecuado para la «mañana siguiente» de la vida misma, que promete no risas sino lágrimas. Pese a todo su melodrama y disculpable excesivo matar, el mensaje destacado sobre la futilidad de la vida es irresistible.

Reconozco el riesgo de comenzar esta dura mirada a cuestiones difíciles con los filósofos populares de nuestro tiempo: los músicos. Pero lo hago porque les acredito un

---

4. Robert Fripp, Peter Sinfield, Ian McDonald, Greg Lake, Michael Giles, «Epitaph» (Epitafio), 1969, 1971, E. G. Music, Ltd. (PRS). Todos los derechos en los Estados Unidos, administrados por Careers-BMG Music Publishing, Inc. (BMG). Todos los derechos reservados. Usado con permiso.

mayor grado de sinceridad y desenmascarada vulnerabilidad en el reconocimiento de las angustias que yacen en el corazón. Mucho más que a los académicos, que con frecuencia ocultan la misma lucha tras una fachada de autoseguridad. Es más fácil esconderse detrás de argumentos filosóficos, plagados de pesadas notas al pie de página para dar la impresión de sabihondos, que admitir nuestras heridas, nuestras confusiones, nuestros amores y nuestras pasiones en el mercado de las transacciones sinceras de la vida. Con toda la educación con que pretendemos haber dejado atrás los horizontes de conocimiento que ni siquiera soñaba una generación anterior, el mensaje de las canciones populares no ha cambiado porque los conflictos aún permanecen; y más que eso, sólo se han intensificado. Tal intensificación en busca de una respuesta espiritual aún continúa a pesar de que, de vez en cuando, en el terreno educacional, se levantan nuevas voces antiteístas, con arrogancia altisonante y un aire de omnisciencia, haciendo mofa de la religión y desechando lo sagrado. «Hemos superado este mito», es el alarde. Pero las masas meramente desconocen tan deleitosa postura intelectual porque están bien advertidas de que estos «expertos» son absolutamente incapaces de hacer encajar a la fuerza el mobiliario de la vida mental intentando reestructurar la realidad.

Albert Camus confesó hace algunas décadas, como lo hizo más recientemente el sicólogo Viktor Frankl, que la búsqueda de significado es el empeño principal de la vida; y estiman secundaria toda otra cuestión. Así es que cada generación —sin excluir la nuestra— enarbola el tema de la esencia de la vida; no obstante la última teoría o invención de la ciencia y la tecnología. Conocedor de esta búsqueda, que corre a través del tiempo las generaciones y las culturas, me aventuro a presentar algunas respuestas. Pero necesitamos primero definir en forma clara el dilema y colocar algunos límites de modo que podamos comenzar estas consideraciones para nuestro tiempo, desde algunos puntos de acuerdo.

Calor intenso, luz decreciente

Hay una historia, si falsa o no, no lo sé, respecto al ex campeón mundial de peso pesado, Muhammad Alí, que estaba en vuelo hacia uno de sus encuentros. El nombre de Alí nunca fue sinónimo de humildad; eso es así, sea esta historia verdadera o falsa, el notoriamente y aún afectuoso llamado «Louisville Lip», por lo menos hizo posible esta anécdota. Durante el vuelo, el avión entró en una zona de pésima atmósfera y una suave a moderada turbulencia comenzó a sacudirlo. Todos los nerviosos pasajeros saben bien que cuando un piloto señala «turbulencia moderada» está implicando: «Si usted tiene alguna creencia religiosa, este es el momento de comenzar a expresarla». Los pasajeros fueron instruidos para que se colocaran sus cinturones. Todos lo hicieron a excepción de Alí. Al notarlo, el camarero se le acercó y le pidió que observara la orden del capitán, sólo para oírle decir con audacia: «Superman no necesita cinturón». El camarero le contestó rápidamente: «Superman tampoco necesita avión».

Llamo la atención a esa historia a causa del inmediato y extenso contexto en el que muchos de nosotros nos encontramos. Incuestionablemente vivimos en una nación de inmensa riqueza, con un ejército de posibilidades de éxito educacional y material. Algunos tendremos acceso, en consecuencia, a la educación más esmerada disponible por doquier y con lo cual nos ubicamos en posición de obtener extraordinario éxito en un mundo tan cambiante. Tal ambiente sofisticado puede inducirnos con facilidad un aire de invulnerabilidad, dejándonos en el engaño total de que la prosperidad alcanzada o las ganancias educacionales que hemos logrado nos colocan por sobre «las masas ignorantes» y estamos mejor equipados para la vida misma no importa cuántos saltos y sacudidas esperen adelante. El progreso académico o material, por desgracia, no necesariamente confiere sabiduría. Sería una necedad de parte nuestra si tomáramos todo lo que las generaciones precedentes han reverenciado en la lucha con las turbulencias de la vida y las arrojáramos a un lado sólo porque somos modernos. Si cayéramos víctimas de semejante postura, la palabra apropiada para describir tal autoexaltación es *hubris*, traducida del griego como «orgullo». Pero la connotación de la palabra original es mucho más profunda e implica una desmesurada autoexaltación que mira inclinando su nariz con simpatía a las masas como carentes de toda fuerza intelectual y plagadas de confusión, de las cuales mi educado y exitoso ego está exento. Pido, por tanto, que al tratar con algunas de estas ideas altivas lo hagamos en actitud de humildad. Colocándonos en esa postura de superman nos aseguramos que nos estrellaremos en el aterrizaje porque la historia está repleta de recordatorios de los peligros de tal engaño. Resulta muy irónico que el concepto de auto-deidad del hombre como superman surgió a la luz en uno de los momentos más oscuros del siglo veinte, cuando el Tercer Reich se revistió y encarnó la filosofía de Nietzche. Es de esperar que tal experiencia, por sí sola, ponga freno a cualquier acometida que pretenda la exaltación humana y la exclusión de Dios.

Debemos encarar lo que Will Durant, historiador y filósofo popular, ha categorizado apropiadamente como la cuestión más grande de nuestro tiempo —«*¿Puede el hombre vivir sin Dios*?»— con argumentos y actitudes que demuestren no sólo intelecto y candor, sino una sincera tenacidad. He tenido el privilegio de tratar tales temas filosóficos en muchos lugares de nuestro mundo, y sostengo el concepto de que todo el filosofar sobre el propósito de la vida se halla sentado sobre dos supuestos o conclusiones fundamentales.

El primero es: ¿Existe Dios? y el segundo: Si Dios existe, ¿cuál es su carácter o naturaleza? Es imposible deconocer tales preguntas y, aun cuando no estemos tratando formalmente con ellas, es inevitable que sus implicaciones se infiltren en nuestra vida diaria. Es en relación con nuestro creer o no creer en Dios que se forman todas las otras convicciones.

Es pertinente una advertencia más para cuando nos involucramos en una discusión tan importante y controversial como la existencia de Dios. Habiéndome trasladado de Oriente a Occidente, he sido testigo personal de lo que el enojo religioso o el despotismo ideológico pueden hacer y sé que esas emociones en asuntos como estos pueden fácilmente surgir en forma intensa. Es una patente autoderrota; discutir sobre asuntos que procuran nuestro bien final y abandonar toda bondad en el proceso. ¿No es posible —me he preguntado— interactuar con estas ideas y resolver cualquier discrepancia sin ser desagradables? Obviamente, los sentimientos están muy arraigados en tales cosas, pero ¿por qué es tan frecuente que las discusiones sobre estos asuntos terminen generando más calor que luz? Cuando se pierde la cordialidad, la verdad se oscurece. Y es la verdad, sobre todo cuando tratamos de responder a una pregunta como la que tenemos por delante, la que nos provee lo racional y el fundamento para una existencia civilizada.

Nadie puede negar que grandes mentes han permanecido en lados opuestos sobre el tema. Eruditos antiteístas con frecuencia se jactan de que fue Emanuel Kant quien proveyó los terrenos racionales para las éticas de la sociedad, aparte de la existencia de Dios. (Irónicamente, he oído alardear de esto a voz en cuello, tanto en Rusia como en los Estados Unidos. Dejaré que usted trabaje a través de las ramificaciones que esto implica para teorías políticas y económicas contradictorias.) Pero lo interesante es que no he oído a ninguno de ellos exponer lo que Kant concluyó cuando trazó su *Critique of Pure Reason* [Crítica de la razón pura]:

> En otras palabras, creer en Dios y en otro mundo está tan entrelazado con mi sentimiento moral que, como hay muy poco peligro de perder el último, hay también poco motivo para temer que el primero pueda alguna vez ser quitado de mí.[5]

---

5. Emanuel Kant, *Critique of Pure Reason* [Crítica de la razón pura], St. Martin, New York, 1965, p. 857.

Durante mi breve tiempo como profesor honorario en la Universidad de Cambridge, en Inglaterra, recuerdo bien las conferencias del profesor Don Cuppit, decano de Emmanuel College, renombrado por sus series en la British Broadcasting Corporation «The Sea of Faith» [El mar de la fe], al que un crítico muy acertado se refirió como «La fe en el mar». (Brian Hebblethwaite, un filósofo colega suyo en Cambridge, ha refutado poderosamente la posición de Cuppits en su libro *The Ocean of The Truth* [El océano de la Verdad].) Cuppit es ateo y sacerdote anglicano al mismo tiempo. El único consuelo al reconciliar estas credenciales gemelas es que si a usted no le agrada lo que Cuppit cree, puede volver el próximo semestre cuando el mar bien pueda haberse llevado a este místico y sus ideas y depositado sus conclusiones en una mezcla nueva y diferente. En esa universidad, como en muchas otras, la marea jamás se aquieta con pesos pesados intelectuales en rincones opuestos del ring.

Uno de los foros más extensos llevados a cabo sobre el tema de la existencia de Dios en el contexto de Norteamérica aparece en el libro *Does God Exist?* [¿Existe Dios?], en el cual dos refinados eruditos debatieron esta cuestión desde perspectivas opuestas mientras varios otros criticaron sus presentaciones.[6] El filósofo J. P. Moreland hizo una obra maestra defendiendo la posición teísta aunque la mayoría de sus argumentos fueron totalmente desconocidos por su antagonista, Kai Nielsen, de la Universidad de Calgary. Nielsen, en efecto, insistió en que ningún argumento contrario a los suyos tenía validez porque el teísmo no puede presentar ninguna prueba denotativa. En su análisis, el profesor Dallas Willard, de la Universidad Southern California, pronunció una severísima refutación a los razonamientos de Nielsen. (Para cualquier estudiante serio, este libro, que incluye contribuciones de algunos pensadores notables de nuestro tiempo, como Anthony

---

6. J. P. Moreland y Kai Nielsen, *Does God Exist?* [¿Existe Dios?], Thomas Nelson, Nashville, 1990.

Flew y Peter Kreeft, trata el tema de un modo claro y muy extenso.) El debate, una vez más probó, fuera de toda duda, que sólo la ignorancia o el prejuicio pueden calificar a la posición teísta como carente de información o intelectualmente escasa. Espero que podamos elevarnos sobre estas disposiciones al corazón de este tema y podamos establecer con claridad de qué lado está el llamado «salto de la fe».

A la par de la filosofía

Uno de los desafíos al presentar esta discusión es ser justo con el crítico duro y, a la vez, no permitir que la argumentación llegue a ser tan abstrusa que se convierta en desconsiderada para muchos pensadores serios que, sin embargo, se sienten incómodos con el intenso zumbido filosófico. Estoy profundamente compenetrado con la necesidad de ser equilibrados y por tanto, he desarrollado un sistema que refleja realísticamente la manera en que el pensamiento filosófico influye nuestras vidas. Creo que eso tiene lugar en tres diferentes niveles en los cuales nosotros, como individuos, formulamos nuestras conclusiones o establecemos nuestras convicciones. Este sistema me ha sido valioso en los diálogos tanto con quienes consideran la filosofía como una seria disciplina académica y con aquellos para quienes no lo es. Creo que fue C. S. Lewis quien una vez destacó que, a menos que un argumento complicado pueda simplificarse hasta ponerse al alcance de las personas promedio, hay posibilidades de que no lo entienda ni el que lo está explicando. Tal demanda es difícil de cumplir, pero es una advertencia oportuna.

Permítaseme describir los tres niveles. El primero, que es fundamental, es el de la teoría. Es aquí donde nos enfrentamos unos a otros con las grandes ideas de la filosofía y en las categorías que han sido provistas para una discusión razonable. Cuando dos individuos dialogan o disputan a este nivel, tiene que haber una clara base epistemológica; es decir, el establecimiento de un proceso por el cual uno arriba a la verdad. Tal diálogo involucra la rigurosa aplicación de las leyes de la lógica y el progreso del argumento a través de un buen razonamiento. Aquí ni las emociones, la cultura, los sentimentalismos, ni las tradiciones tienen derecho previo para reclamar. La introducción de una respuesta emocional, no importa cuán apasionadamente sea, debe ser desechada porque carece de validez en la defensa de la veracidad de propuestas o sistemas. Gritar a voz en cuello no ayuda cuando se ha perdido la verdad. Es esencial entender el papel que este primer nivel juega en la búsqueda de la verdad. Es imposible deconocer o eludir estas leyes de la argumentación porque, en efecto, uno estará obligado a aplicarlas para refutarlas. Ya volveremos sobre este punto más adelante; pero es importante notar aquí y ahora que este nivel con frecuencia es desdeñado por aquellos a quienes no les agrada el rigor de la lógica mientras que, al mismo tiempo la emplean cuando denuncian una posición opuesta.

El pensamiento crítico es una habilidad básica. Augusto Comte estaba en lo correcto en su observación de que «Las ideas gobiernan el mundo o lo arrojan al caos».[7] El filósofo alemán Arthur Schopenhauer sugirió una vez: «Sería algo muy bueno si cada truco recibiera algún nombre breve y apropiado, así cuando alguien utiliza este o aquel truco particular, uno puede reprenderlo inmediatamente por hacerlo».[8] A esto agregaría que esta clase de enredos, es decir: hacer juego de palabras cuando se está tratando con las cosas más importantes de la vida, puede ser una de las fuerzas más insidiosas y destructivas en la vida de una nación. La historia ha demostrado que los crímenes lógicos pueden ser más catastróficos para la humanidad que los pasionales. Estos

---

7. Augusto Comte, citado en la introducción de A. J. Hoover, *Don't You Believe It* [No lo crea], Moody Press, Chicago, 1982.
8. Arthur Schopenhauer, citado por A. J. Hoover, *Don't You Believe It* [No lo crea].

pueden ser reconocidos y contrarrestados con facilidad, pero si el juicio mismo al cual un acto está sujeto es menoscabado o malévolo, el riesgo es doble.

He tomado tiempo para destacar la importancia de un sano razonamiento y advertir contra su abuso. Uno de los más sutiles y aun drásticos desastres de nuestra época es el modo en que algunos grupos de intereses especiales han luchado ilógicamente por ciertas posiciones al redefinir, con astucia, palabras y prostituir ideas. Como una cultura refranera, hemos trivializado con descaro lo serio y exaltado lo trivial porque hemos soslayado los pasos rudimentarios y necesarios de la lógica en el argumento. La realidad puede perderse cuando se violan la razón y el lenguaje.

Pocas personas, en un nivel tan fundamental como este, han abierto alguna vez un texto de lógica, e igualando su desinterés por esta disciplina, desarrollan un desprecio por cualquier uso de ella ante quienquiera que desafíe su falta de lógica. Se puede entender muy bien por qué los libros de texto sobre lógica no integran la lista de los más vendidos, pero las leyes de la lógica deben aplicarse a la realidad; de otro modo bien podemos vivir en un manicomio.

Reconociendo esta aversión por la razón, debiéramos preguntarnos cómo arribó la mayoría a nuestro sistema de creencia. ¿Qué acerca de aquellos con quienes trabajamos o viajamos a diario? Si el proceso de razonamiento no es continuado en forma adecuada como lo son otras disciplinas, ¿qué influencias apremiantes determinan nuestras decisiones y conforman nuestros valores?

Me animo a sugerir que, en este sentido, tal vez seamos una generación única. Un asalto masivo global ha sido lanzado sobre nosotros y son las artes más que ninguna otra fuerza las que han predominado como agente de influencia, moldeando nuestro carácter, nuestros valores y nuestras creencias. Esta invasión elude nuestra razón y capta nuestra imaginación. Nunca antes en la historia ha estado tanto en juego como está ahora en las manos de los creadores de imágenes de nuestros días. Aquí hay algo muy irónico. El hombre occidental se ha enorgullecido por mucho tiempo de ser el vástago de la Ilustración, nutrido a los pies de pensadores sofisticados. Pero en cambio, ha sido conducido a la humillación de la razón por los instrumentos que fueron nacidos por la fuerza de la mente.

Este segundo nivel de la filosofía, a través de las artes, ha plasmado el modo de pensar nacional en todo; desde determinar la estrategia de guerra hasta la elección de presidentes y encontrar la identidad de uno en autos y desodorantes. Filósofos existencialistas como Jean-Paul Sartre y Albert Camus no desperdiciaron su tiempo estableciendo silogismos. Aprovecharon la pasión de un mundo vacío dentro de la siquis humana y la fusionaron con sus propios rasgos distintivos, afectando el temperamento y los sentimientos de una multitud educada. Enseguida sobrevino una homogeneización de nuestros gustos culturales y se puso una cerradura sobre nuestras sensibilidades o, más bien, una insensibilización de la conciencia. A través de la tecnología el mundo entero ha llegado a ser ahora la parroquia de los medios de información, los anfitriones de los espectáculos televisivos son los profetas, los actores y músicos los sacerdotes; cualquier escrito suplanta a las Escrituras tanto y cuando las restricciones morales sean removidas. Sentarse frente el televisor es todo lo que el desarrollo del culto necesita y cada uno puede entronizar su ego como divino. La verdad ha sido relegada a la subjetividad; la belleza subyugada al espectador y en la medida que millones son idiotizados noche tras noche, una comunidad global ha sido construida con las artes disfrutando un gobierno totalitario.

Las artes siempre han tenido y deben tener un papel en la imaginación y el entretenimiento de la sociedad. Lo que tal o en nuestra sociedad es la penetración de la e las artes en todo, aun en asuntos de trascen-rtancia: Eliminar todo lo que tenga algo de sagra-marnos a nosotros mismos.

El tercer nivel sigue inevitablemente —a charla en la mesa de la cocina—, donde pueden hacerse algunas preguntas muy profundas sin un ambiente de amenazas. Este nivel se reduce con frecuencia a un simple encogimiento de hombros o el agitar de manos de la aprobación. Después de todo, si el maestro formalmente preparado está de manos atadas en relación con lo correcto o erróneo, ¿cómo podrán el abuelo o la abuela, o papá o mamá contestar con indiferencia en este bravo nuevo mundo de tantas voces?

¿Puedo mencionar al margen que cada profesión tiene sus riesgos? En las fiestas de vecinos, los médicos son un grupo del cual se abusa; deben soportar las preguntas de los amigos que traen sus letanías de males con la esperanza de una cura. En esas reuniones los abogados son inducidos, por conocidos recién presentados, a proveer consejería gratuita sobre cualquier problema personal. Una vez oí de una doctora que estaba exasperada por la permanente explotación de su profesión durante este tipo de ocasiones, e intercambiando conmiseraciones con un amigo abogado, le preguntó qué debía hacer ella cuando, en tales ocasiones, alguien procuraba tomar ventaja de sus conocimientos profesionales. El abogado le contestó que una solución fácil sería enviar una factura al abusador de tales privilegios. La gratitud de la doctora por el buen consejo duró poco porque al día siguiente recibió la cuenta del abogado por su consulta.

A través de los años he sido invitado a disfrutar de una comida en centenares de hogares, sólo para descubrir una vez en ella, que la verdadera razón de la atención había sido resolver algún misterio en ética, filosofía o ciencia; este es el riesgo de mi profesión. He aprendido, por experiencia, que no hay un almuerzo gratis. Sentado a una mesa, sin embargo, he oído preguntas muy profundas y complejas provenientes, a veces, de jóvenes adolescentes, pero las soluciones que se proponían eran, en la mayoría de los casos, francamente superficiales y simples. Mucha gente joven frustrada ha expresado: «Todo lo que oigo decir a mis padres y predicadores es que la Biblia dice que tal cosa es así y por tanto es así y que esa es la única respuesta que se debe dar. Lo que ellos no entienden —afirman con pasión— es que cuando en la escuela (o la universidad) comienzo mi respuesta con "la Biblia dice", es desechada de inmediato como irrelevante, y hasta me hacen trizas». Con frecuencia les recuerdo que el mismo tipo de «referencia autorizada» es dada por personas irreligiosas que tampoco proveen la razón por la cual su fuente ha sido tan canónica para ellos, siendo que es tal filósofo o tal astro de cine. Ambos puntos de partida, si no son defendidos, quedan expuestos a ser cuestionados.

¿Puede alguien recetar cualquier cosa por cualquier razón? Desde Woody Allen hasta Howard Stern, es interminable la lista de pontífices que hacen pronunciamientos *ex cátedra* y plasman las opiniones de nuestra generación. Esta clara arbitrariedad está a merced de imposiciones contrarias si todo lo que se necesita para que algo sea creído es solamente creerlo. ¿Cómo puede alguien recetar un principio moral o la falta de uno, sin justificar la autoridad de su fuente? Y sin embargo, este es el nivel en el que muchos problemas son discutidos. Sea por invitados que hablan en un show o por políticos, las posiciones opuestas son constante y despectivamente castigadas como una imposición de su propia postura, olvidando que, al mismo tiempo, una imposición tiene lugar a la recíproca cuando ofrecen su solución como superior.

Es en el nivel tres donde vive la mayoría. Desde la cafetería, pasando por las fiestas de vecinos y hasta la mesa de la cocina, las conversaciones tocantes a la definición y transformación de la vida tienen lugar en lo que parece un cambio de ideas casual.

Esto nos lleva a mi resumen sobre los tres niveles de la teoría de la filosofía: la lógica, las artes y la mesa de conversaciones. Si se espera llegar a una conclusión correcta cuando se debate cualquier problema, propongo que sigamos fielmente la siguiente regla: Argumentar a nivel uno, ilustrar a nivel dos y aplicar a nivel tres. El proceso de razonamiento provee el fundamento, las artes la infraestructura y la ilustración, y la mesa de la cocina la superestructura y la aplicación. Si este proceso se modifica, se impide un debate significativo y no hay punto de referencia para la verdad.

Lo que espero hacer al tratar con la cuestión de la existencia de Dios es iniciar la discusión desde el terreno común del segundo nivel —donde todos vivimos, sentimos y actuamos— para arribar a un punto de coincidencia en el esfuerzo intelectual y existencial que todos confrontamos. Antes de terminar volveremos, de todos modos, al primer nivel para establecer por qué el mensaje de Jesucristo opera sobre claras razones y por qué provee solución a las cuestiones y agonías de nuestro tiempo. Así vamos a conferir autoridad a la mesa de discusiones cuando tratemos dimensiones fundamentales de la vida.

Argumentar
Ilustrar
Aplicar

2
Extravío en una nada infinita

HACE POCOS AÑOS estaba en una reunión familiar poco frecuente en casa de unos amigos de Medio Oriente. No pasó mucho tiempo, a pesar de los saludos, la alegría y las risas, para comprender que, aunque todos estaban relacionados, venían de diferentes países donde las animosidades entre unos y otros calaban muy profundamente desde centurias atrás. Me preguntaba si la política iba a entrar en las festivas conversaciones o si había un tácito entendimiento que mantenía tales discusiones como sacrosantas.

Pronto tuve mi respuesta cuando alguien dijo que ellos nunca temían llegar a estar demasiado enredados en asuntos políticos porque debatirían, estaban seguros, aun los puntos básicos hasta la muerte. Para ilustrar sus rasgos culturales, relataron esta sátira interesante que no sólo revela cómo cada uno tenía su propia idiosincrasia, sino también cómo cada cultura, a su modo, está encerrada en una visión tan estrecha como la de un túnel.

La historia fue sobre un periodista itinerante que dirigía una encuesta en diferentes países. En los Estados Unidos, su primera parada, preguntó a alguien en la calle: «¿Cuál es su opinión sobre la escasez de carne en el mundo?» El confundido norteamericano contestó: «¿Qué es escasez?»

Siguiendo con su averiguación, su próxima parada fue en un país pobre, agobiado por el dolor del hambre. El reportero

43

inquirió: «¿Cuál es su opinión sobre la escasez de carne en el mundo?» A lo que el débil individuo, previsiblemente, contestó: «¿Qué es carne?»

Su tercera etapa fue en una nación estrangulada por un régimen dictatorial; allí preguntó a una persona que esperaba su comida en una larga fila: «¿Cuál es su opinión sobre la escasez de carne en el mundo?» Habiendo sido despojado de toda individualidad, la sorprendida persona contestó: «¿Qué es opinión?»

Por último, el frustrado reportero terminó en el Medio Oriente y preguntó a un apurado individuo en camino a su trabajo: «¿Cuál es su opinión sobre la escasez de carne en el mundo?» Gesticulando con violencia, el hombre contestó: «¿Qué es eso, qué es?»

Al irrumpir la risa a mi alrededor, mi anfitrión me dio la bienvenida a su familia donde, dijo: «Según la costumbre del Medio Oriente, no podemos ni siquiera estar de acuerdo sobre la pregunta, por tanto no tememos estar en desacuerdo con la respuesta». Debo confesar que para mí fue un alivio saber que ellos podían romper la tensión en temas tan primordiales mirando al lado más débil de sus disposiciones. Sin embargo, fue una solemne advertencia de cuán tediosos pueden ser aun los puntos básicos en algunas deliberaciones.

Pero aquí nos encontramos en búsqueda de respuestas, aunque sobre un tema volátil; por tanto, estemos de acuerdo, al menos, sobre un terreno común en el cual comenzar.

Definición de términos

Etienne Borne provee una clara definición del ateísmo y sus ramificaciones en la vida:

El ateísmo es la negación deliberada, definida y dogmática de la existencia de Dios. No se satisface con una verdad apropiada o relativa, sino que dice ver el interior y el exterior

del juego al ser claramente la absoluta negación de lo absoluto.[1]

La segunda definición es tomada de *Encyclopedia of Philosophy* [Enciclopedia de Filosofía]:

Un ateo es una persona que mantiene que no hay Dios; esto
es, que la sentencia «Dios existe» expresa una proposición
falsa[...] una persona que rechaza creer en Dios.[2]

En su libro, *What on Earth is an Atheist?* [¿Qué es un ateo?], la popular actora atea Madalyn Murray O'Hair afirma:

Necesitamos un conjunto de pautas decente, moderno, sofisticado y fácil de cumplir por el cual podamos relacionarnos
bien con nosotros mismos y con los demás.

Los ateos[...] tratamos de hallar alguna base de pensamiento racional sobre la cual podamos fundar nuestras
acciones y creencias, y la tenemos[...] Aceptamos la filosofía
técnica del materialismo. Es una filosofía válida que no
puede ser desacreditada. En esencia, la filosofía del materialismo sostiene que nada existe sino el fenómeno natural[...]
El materialismo es una filosofía de vida para vivir, de acuerdo a procesos racionales, con las capacidades intelectuales
del individuo a ser desarrolladas en máximo grado dentro de
un sistema social donde esto sea posible[...] No hay fuerzas
superiores ni entidades sobrenaturales tales como dioses, o
cielos, o infiernos o vida después de la muerte. No hay ni
puede haber fuerzas sobrenaturales.

Los ateos creemos que la naturaleza simplemente existe.
Es materia. Es material.[3]

1. Etienne Borne, *Atheism* [Ateísmo], Hawthorn, New York, 1961, p. 61.
2. Paul Edwards, ed., *Encyclopedia of Philosophy* [Enciclopedia de filoso-
fía], Macmillan, New York, 1967, 1:175.
3. Madalyn Murray O'Hair, *What on Earth Is an Atheist?* [¿Qué es un
ateo?], Arno, New York, 1972, pp. 39-43.

ateísmo

¿Puedo subrayar aquí un punto muy importante como hacen otros muchos libros que tratan con el tema del ateísmo?[4] *El ateísmo no es meramente una incredulidad pasiva en Dios, sino una negación agresiva de lo que todas las variedades del teísmo sostienen; el ateísmo contradice la creencia en Dios con una positiva afirmación de la materia como la verdadera realidad.* Algunos ateos eluden este ataque frontal al teísmo y tratan de suavizar tal absoluta negación de Dios. Su argumento asegura que la existencia de Dios no puede probarse en forma racional y, por tanto, es a lo sumo una proposición carente de significado. En efecto, arriban a su ateísmo por abandono. Este método es usado con frecuencia para eximirse de la carga de defender sus propios puntos de vista alternativos. Hablando claro, tanto la línea suave como la dura del ateísmo llegan a la misma meta y terminan negando la existencia de Dios ya sea implícita o explícitamente. Cualquier intento de escapar de las derivaciones de este absolutismo es inútil.

Una vez que esta negación es formulada, las opciones siguen necesaria y virtualmente en todas las facetas de la vida, y la filosofía sustentadora que determina qué elecciones son hechas es la negación de la existencia de Dios. El ateo, con frecuencia mejor descrito como un antiteísta, intenta edificar su propia vida sobre la creencia de que no hay Dios ni entidades sobrenaturales. Ellos consideran irracional cualquier forma de religión pero, al patear contra el aguijón a lo largo de la senda de la vida, inevitablemente se hieren a sí mismos en lo intelectual y lo social. Estoy convencido de que cuando se escriba el último capítulo de la humanidad, hallaremos que las implicaciones del ateísmo, por ejemplo, el vivir sin Dios, si se realizan con lógica, habrán hecho la vida totalmente imposible de vivir dentro de los límites de la razón y aun del sentido común.

---

4. Véanse Peter Angeles, ed. *Critiques of God [Evaluaciones de Dios], Prometheus, Buffalo, 1976; y Gordon Stein, ed. An Anthology of Atheism and Rationalism* [Una antología del ateísmo y el racionalismo], Prometheus, Buffalo, 1984.

La autopsia de una idea

Posiblemente no hay un filósofo que haya estructurado una refutación más fuerte de la concepción de la realidad desde el punto de vista teísta que Frederick Nietzsche. Estableció una valiente exposición de la posición antiteísta consciente por completo de las implicaciones revolucionarias y las consecuencias que tendría en la historia del mundo el cambio de este paradigma. Pocos filósofos han producido un impacto tan radical sobre quienes hicieron historia en este siglo veinte como Nietzsche. Su poderosa influencia sobre Hitler y, a través de este, sobre Mussolini, está ahora bien documentada. Aunque me he referido a esta conexión en otra parte de mis escritos, corro el riesgo de la repetición porque, a mi juicio, ninguno ha voceado tan agudamente la relación entre el ateísmo y la vida en términos tan tajantes como él. Nietzsche retrató esto de forma dramática en su popular parábola titulada *The Madman* [El loco].

> Usted habrá oído de aquel loco que encendió una linterna a plena luz de la mañana y corrió al mercado gritando: «¡Estoy buscando a Dios, estoy buscando a Dios!» Como allí había muchos que no creían en Dios, se produjo una risa general. «¿Por qué; es que se ha perdido?», preguntó alguien. «¿Se ha extraviado como un niño?», inquirió otro. «¿O está escondido? ¿O tiene miedo de nosotros? ¿O se fue de viaje? ¿O emigró?» Así vociferaban y reían. El loco se plantó entre ellos y los traspasó con sus miradas.
>
> «¿Dónde está Dios?», gritó. «Yo se lo diré. Nosotros lo matamos; ustedes y yo. Todos nosotros somos sus asesinos. Pero, ¿cómo hicimos eso? ¿Cómo fuimos capaces de bebernos el mar? ¿Quién nos dio la esponja para eliminar todo el horizonte? ¿Qué estábamos haciendo cuando desligamos esta tierra de su sol? ¿Hacia dónde va ahora? ¿A dónde estamos yendo? ¿Alejándonos de todos los soles? ¿No estamos saltando continuamente hacia atrás, hacia los lados,

hacia adelante, en todas direcciones? ¿Nos queda algún hacia arriba o hacia abajo? ¿No estamos extraviados en medio de una nada infinita? ¿No sentimos el respirar del espacio vacío? ¿No ha llegado este a ser más frío? ¿No es noche tras noche que vienen permanentemente? ¿No deben las linternas ser encendidas en la mañana? ¿No estamos oyendo todavía el cavar de los sepultureros que están enterrando a Dios? ¿No estamos oliendo sino solamente la descomposición de Dios? Dios también se descompone. Dios está muerto y nosotros lo hemos matado».

«¿Cómo podremos nosotros, los más asesinos de todos los asesinos, consolarnos a nosotros mismos? Quien era más santo y más poderoso de todo lo que el mundo ha poseído ha sangrado hasta morir bajo nuestros cuchillos. ¿Quién quitará esta sangre de nosotros? ¿Qué agua habrá conque podamos limpiarnos? ¿Qué fiestas de expiación, qué juegos sagrados tendremos que inventar? ¿No es la magnitud de este hecho demasiado grande para nosotros? ¿No hemos nosotros de llegar a ser dioses simplemente para parecer dignos de serlo? Jamás ha habido un hecho mayor; y quienquiera que nazca después de nosotros, por causa de este hecho, será parte de una realidad más elevada que toda la historia hasta aquí».

Aquí el loco quedó en silencio y miró otra vez a sus oyentes; estos quedaron también en silencio y clavaron la vista sobre él asombrados. Al fin arrojó su linterna al suelo, la cual se rompió y se apagó...

Se ha dicho además que el mismo día el loco entró en varias iglesias y cantó su *requiem aeternam deo* [réquiem al Eterno Dios]. Llevado fuera y llamado a rendir cuenta, se dice que cada vez replicaba: «¿Qué son esas iglesias ahora sino las tumbas y sepulcros de Dios?»[5]

---

5. Frederick Nietzche, «The Madman» [El loco], una sección en *Gay Science*, in Walter Kaufmann, ed. *The Portable Nietzche* [El Nietzche portátil], Viking, New York, 1954, p. 125.

El tono de Nietzsche, sin disculpas, es fúnebre. Toma prestada, con audacia, la jerga de un médico forense cuando filosóficamente realiza la autopsia de un pensamiento cuyo tiempo ha pasado: la idea de la existencia de Dios, la que una vez había latido y enviado su vital sustancia nutridora a los extremos de la civilización. Pero habiéndose convencido a sí mismo de lo que llamó la represión de la enseñanza cristiana y señalando la llegada a la mayoría de edad de los hombres, dijo que no era posible certificar por más tiempo que Dios es una entidad real.

La filosofía y la libertad unieron sus manos en el ruedo y la «noble superstición fue muerta». Y tanto fue así que, al venir el loco a publicar estas nuevas, entendió que la humanidad no estaba lista para recibir esta idea recién nacida porque los viejos mitos no mueren fácilmente. Pero el día vendría, dijo, cuando un mundo sin Dios sería bienvenido a los expectantes brazos de los libertadores filosóficos.

En el comienzo de la carrera de Nietzsche, la erudición contemporánea le hizo una injusticia por tratar sus palabras altamente emotivas como desprovistas de sofisticación académica. Su estilo fue a la vez su fuerza y su peor enemigo. Es aun fácil desechar las fuertes imágenes que impregnan su labor como exageraciones del nihilismo que abrazó. Pero aquí es justo donde Nietzsche debe ser encomiado por sentir los rasgos del artista más que esconderse tras el atril del plácido educador. En efecto, llamó la atención a los tres niveles de filosofía al demostrar con claridad que hay una conexión entre el loco en la calle y el cuerdo en la biblioteca. Pronosticó, sin compromiso, el desastre que estaba aguardando a la humanidad, porque el fundamento había sucumbido. Nietzsche es realmente uno de los «profetas antiteísticos» del siglo veinte; predijo la maldición y oscuridad que sobrevendrían al proclamar el trastrocamiento de nuestros valores. La vida debía ser redefinida y reconstruida con un nuevo fundamento «sin Dios». Es este fundamento que merece ahora nuestro escrutinio.

Fundamentos contrabandeados

Una de las afirmaciones de Nietzsche es que el cristianismo había paralizado el potencial de los seres humanos. (Esta perspectiva pudo bien haber sido recibida del compositor Wagner, su íntimo amigo y un declarado antisemita, que consideraba al cristianismo como la maldición legada de los judíos.) En realidad, Nietzsche clasificaba el mensaje cristiano como el punto más bajo del progreso humano porque elevó conceptos tales como la moralidad, el arrepentimiento y la humildad. No se puede construir una civilización de poder sobre la base de estas ideas autodegradantes, se quejaba y, por tanto, deben ser destruidas. Sus análisis consideraban las nociones cristianas como debilitantes para la mente y la grandeza que yace en ella. Sentía que el rasgo distintivo del carácter europeo estaba siendo trabado por la enseñanza cristiana. Si tan solo este andamiaje del cristianismo pudiera ser desmantelado y desechado para siempre, la humanidad podría correr libre, remontarse a grandes alturas y escalar las montañas más elevadas de los logros individuales. Proveyó la alternativa de un nuevo fundamento antiteístico sobre el cual edificar, pero advirtió que los primeros efectos podrían ser catastróficos.

La estimación de Nietzsche de que el impacto negativo de su filosofía sería temporario, como si aguardara la aparición de un superhombre, no podría haber sido más desviada y fallida. Su equivocación fue uno de los errores de cálculo más costosos de la historia y yace en la creencia de que era indispensable un fundamento antiteísta para edificar el futuro. Su visión era que el ateísmo proveería —en verdad, hubiera tenido que proveer— una base más fuerte para que el hombre se remontara sobre las sombras del pasado. La realidad es que, bajo un examen riguroso, este nuevo fundamento es filosóficamente incoherente, moralmente fallido e incapaz de sostener de manera lógica o existencial la civilización.

En la nueva reconstrucción no vemos las prometidas grandezas, ni siquiera armonía. En su lugar estamos atrapados en un mundo de violencia, discordias, vaciedad y odios raciales. La razón de esto debería ser evidente para nosotros, nuestros músicos cantan acerca de ello. Pero habiendo llegado a ser maestros del engaño y hábiles manipuladores de la realidad, también hemos llegado a estar sordos a la verdad. Es proverbial que una nuez no puede caer muy lejos del árbol y, si no tenemos cuidado, cada vez más pareceremos ser vástagos del loco. La infraestructura de nuestra sociedad ha llegado a carecer de mentalidad y sentido en razón de que la base sobre la cual fuimos edificados no puede soportar ningún otro tipo de estructura.

Ah, pero es en este punto que hemos practicado un juego de palabras y nos hemos mentido a nosotros mismos un millón de veces. Permítaseme decir que lo que hemos hecho es contrabandear las fuerzas fundamentales del pensamiento cristiano y enterrarlo muy profundamente para mantener cierta estabilidad, mientras por encima de la superficie vemos los experimentos de un humanismo caprichoso creciendo sin ser sometido a examen. Si en realidad pusiéramos bajo la superficie los mismos principios que destruimos sobre ella, nos autodestruiríamos totalmente. Aunque en el aula hemos tratado de dignificar lo que hicimos, los escritores de canciones y artistas lo llaman nuestra fanfarronada.

Una ilustración muy fascinante de este nuestro autoengaño es el último edificio de artes abierto en la Universidad del Estado de Ohio, el Centro Wexner para la Artes Teatrales, otra de nuestras quiméricas proezas en nombre del avance intelectual. *Newsweek* calificó esta obra como «El primer edificio anticonstruccionista de Estados Unidos».[6] Sus blancos andamios, sus torres de ladrillo rojo, sus canales de grama de Colorado evocan una toma doble. Pero el rompecabezas sólo

---

6. Citado en *The Veritas Forum* [Una discusión pública de la fe en la universidad del Estado de Ohio], edición especial, otoño de 1993, p. 1.

se intensifica cuando usted entra al edificio, porque allí encuentra escaleras que no llevan a ninguna parte, pilares que cuelgan del techo sin ningún propósito y angulosas superficies configuradas para crear una sensación de vértigo. El arquitecto, se nos informó, diseñó este edificio para reflejar la vida misma, sin sentido e incoherente, y el «capricho de las reglas que gobiernan la estructura del mundo».[7] Cuando la razón me fue explicada, hice tan solo una pregunta: ¿Habrá hecho lo mismo con los cimientos?

La risa general que siguió a mi pregunta desenmascaró el doble principio que los anticonstruccionistas sostienen. ¡Y este es precisamente el doble principio del antiteísmo! Es posible emperifollar y romantizar nuestros experimentos caprichosos en la reestructuración social mientras negamos la verdad o lo absoluto. Pero uno no se atreve a incursionar en tales juegos mortíferos con los fundamentos de un buen pensamiento. Y si, en verdad, uno juega a nivel del fundamento, no sólo seremos testigos del colapso de toda razón sino que, al mismo tiempo falsificaremos el derecho a criticar el punto de partida de cualquier otra concepción de la realidad. El antiteísmo insiste en que no existe un Dios infinito, personal, omnisciente y omnipotente, como lo proclaman las grandes religiones. «No existe ninguna respuesta más elevada», dice el paleontólogo de Harvard, Stephen Jay Gould, «debemos construirla nosotros mismos».[8]

Si así fuera, la marea de preguntas que surgen de tal arrogancia sería irrefrenable, algo como quitar la tapa desechable de un recipiente lleno de gases tóxicos. Esta es precisamente la condición presentada por Nietzsche y más recientemente confirmada por Jean-Paul Sartre. Por lo que era tan

---

7. *Ibid.*
8. Stephen Jay Gould, citado por David Friend y los editores de la revista *Life*, en *The Meaning of Life* [El significado de la vida], Little, Brown, Boston, 1991, p. 33. Un contexto más amplio en el cual fue dada esta cita aparece en el capítulo seis.

importante para el superhombre del dogma de Nietzsche que surgiera y tomara el control. Con todo, el ser que Nietzsche soñó como salvador resultó un destructor, porque su fundamento filosófico se presta a sí mismo para la tiranía y, en última instancia, para el genocidio.

Nuestros ojos han visto al «Ensangrentado»

Uno de los grandes vacíos de la filosofía que intenta eliminar a Dios es su falta de disposición a mirar a la cara del monstruo que engendró y admitir que es su creación. Es aquí que el vivir sin Dios encuentra su primer obstáculo insoslayable, su incapacidad para escapar del alcance infinito de una ley moral. A través de decenas de universidades en nuestro mundo, he visto estudiantes enojados y profesores de facultades esperando con gozo anticipado el momento de echar su zarpazo a la religión, ansiosos de hacer la tan repetida, pero enfermiza, acusación: ¿Qué acerca de los miles que fueron muertos en nombre de la religión?

Esta pregunta cargada de emoción no es ni cercanamente difícil de contestar si el que la hace explica primero todas las muertes que provocaron aquellos que vivieron sin Dios, como Hitler, Stalin, Mussolini, Mao, etc. El antiteísta es rápido en desollar toda creencia religiosa al arrojar la culpa, genéricamente y sin distinción, a la puerta de quien afirme ser religioso. ¿Por qué, en la misma medida, no muestran igual entusiasmo en distribuir la culpa por la violencia que engendraron algunos de los no religiosos?

Pero el roce es mucho más profundo que esto. Los atacantes de la religión han olvidado que estas matanzas en gran escala, a manos de los antiteístas, fueron la lógica consecuencia de su filosofía denegatoria de Dios. En contraste, la violencia desatada por aquellos que mataron en nombre de Dios jamás ha sido aprobada por el Cristo de las Escrituras. Ellos estaban claramente sirviendo a los politizadores de la religión, una amalgama que Cristo siempre resistió durante su vida y en sus enseñanzas. Los medios y mensaje de aquellos violentos estaban en contradicción con el evangelio. El ateísmo, en cambio, provee las bases lógicas para una voluntad autónoma y dominante que expulsan la moralidad. Darwin mismo predijo esta resbalosa ladera de violencia si la teoría de la evolución se convertía en una filosofía de vida. Nietzsche habló de la envolvente oscuridad que había caído sobre la humanidad, y vio sus consecuencias. El novelista ruso Fedor Dostoievsky repetidas veces escribió del infierno que se desata cuando el hombre llega a estar a la deriva, sin las amarras al puerto de su Creador, y llega a ser un dios, entendía las consecuencias. Ahora, como prueba positiva, vemos nuestra cultura, en conjunto, en una insensata deriva hacia el caos; vivimos con el resultado inexorable de autonomías en colisión.

Si cree que estoy llevando esto demasiado lejos, pongo a su consideración lo siguiente. No siempre es fácil en la vida señalar con precisión los momentos que pueden cambiarlo a uno radicalmente para el futuro. Algunas veces, en cambio, somos capaces de mirar atrás a esos momentos y decir: «Esto fue para mí». Permítame introducirlo a una de mis experiencias personales de ese tipo.

Hace pocos años fui a hablar a Polonia, donde me llevaron a visitar los campos de concentración y exterminio nazis de Auschwitz y Birkenau. Nunca volví a ser el mismo. Muchas, muchas veces en silencio, he reflexionado sobre mi primera visita a esos lugares, donde las palabras de Hitler, motivando a una generación de jóvenes sin conciencia, están adecuadamente colgadas sobre una pared, recordando con severidad al visitante el infierno desencadenado cuando su meta se alcanzó.

> Yo liberé a Alemania de las estúpidas y degradantes falacias de la conciencia y la moralidad[...] Entrenaremos a jóvenes delante de quienes el mundo temblará. Deseo gente joven hábil en la violencia autorizada, implacable y cruel.

Dispuestas para que todos puedan verlas, hay miles de libras de cabellos femeninos, tomados y vendidos como un artículo comercial por los exterminadores nazis, arquitectos de la solución final que envió multitudes a las cámaras de gas. Los increíbles recordatorios, desde habitaciones llenas con fotos de niños maltratados y castrados, a los elementos de baño y ropas apiladas hasta el techo, arrojan un abrumador manto de lobreguez sobre el visitante.

Que esto haya sido concebido y nutrido en la mente de la nación más educada en ese momento de la historia y llevado a cabo en la tierra que también había dado nacimiento a la Ilustración, es casi imposible de creer. Pero este fue el hijo legítimo del ateísmo. El hombre estaba comenzando a vivir sin Dios.

3
Llega el loco

¿HAY ALGUNA EXPLICACIÓN para Auschwitz, esta alucinante cicatriz histórica sobre el rostro de la humanidad? Creo que la hay y proviene de alguien que sobrevivió a Auschwitz, Viktor Frankl:

> Si le presentamos al ser humano un concepto no verdadero del hombre, bien podemos corromperlo. Cuando lo presentamos como una automatización de los reflejos, como una máquina mental, como un atado de instintos, como un peón de acciones y reacciones, como un mero producto de la herencia y el ambiente, estamos alimentando el nihilismo hacia el cual el hombre moderno está, en todo caso, inclinado. Llegué a estar familiarizado con la última etapa de la corrupción en mi segundo campo de concentración, Auschwitz. Las cámaras de gas de Auschwitz fueron la consecuencia final de la teoría de que el hombre no es más que el producto de la herencia y el ambiente o, como a los nazis les gustaba decir, «de sangre y tierra». Estoy absolutamente convencido de que las cámaras de gas de Auschwitz, Treblinka y Maidanek fueron preparadas, en última instancia, no en uno u otro ministerio en Berlín, sino más bien en los escritorios y salones de conferencias de científicos nihilistas y filósofos.[1]

---

1. Viktor Frankl, *The Doctor and the Soul: Introduction to Logotherapy* [El

Si en Occidente, viviendo bajo la ilusión de neutralidad, insistimos en remover los Diez Mandamientos de nuestro código moral, tal vez deberíamos considerar el exhibir estos conceptos de Frankl para recordarnos que las fuerzas impulsoras del Holocausto no provinieron de una estrategia militar, sino de una élite educada, pero desvergonzada, en sus filosofías antiteístas y creencias materialistas.

La patología de una creencia

Una historia que escuché personalmente de Malcolm Muggeridge (que me perturbó y sigue haciéndolo hasta ahora) fue su recuerdo de una conversación que había mantenido con Svetlana Stalin, la hija de Josef Stalin. Ella pasó algún tiempo con Muggeridge en su hogar, en Inglaterra, mientras trabajaban juntos en una producción, para la BBC, sobre la vida de su padre. De acuerdo con Svetlana, cuando su padre yacía moribundo, presa de horribles alucinaciones, súbitamente se incorporó a medias en su lecho, levantó un puño al cielo una vez más y cayó muerto. La increíble ironía de toda su vida es que en un tiempo Josef Stalin había sido estudiante de un seminario, preparándose para el ministerio. Al llegar la época de Nietzsche, hizo una decisiva ruptura con su creencia en Dios. Fue por esta dramática y completa reversión de sus convicciones, que resultó en su odio por todo lo que fuese religión, que Lenin eligió a Stalin y lo puso en autoridad, una elección que llegó a deplorar demasiado tarde. (Stalin, que significa «acero», no fue su nombre real, sino que le fue dado por sus contemporáneos que cayeron bajo la férrea determinación de su voluntad.) Cuando yacía moribundo, su gesto final fue levantar un puño cerrado hacia Dios, con su corazón tan frío y duro como el acero.

---

doctor y el alma: una introducción a la logoterapia], Knopf, New York, 1982, p. xxi.

¿Hay alguna relación entre el antiteísmo de Stalin y su maquinación de la matanza en gran escala de su propio pueblo, unos quince millones? Durante los días finales del colapso del experimento marxista en la Unión Soviética, el novelista soviético Chingiz Aitmatov, repitió la siguiente historia, que ha sido parafraseada aquí.

En una ocasión, según fue narrado, Stalin pidió un pollo vivo y procedió a usarlo para marcar un punto inolvidable delante de algunos de sus secuaces. Aferrando con fuerza el pollo en una mano, con la otra comenzó a arrancarle sistemáticamente las plumas. Mientras el ave luchaba inútilmente por escapar, Josef continuó con el doloroso despojo hasta que la dejó totalmente pelada. «Ahora vean», dijo. Colocó el pollo sobre el piso y caminó alejándose con algunas migajas de pan en la mano. Increíblemente, la aterrada ave cojeó hacia él y trepó por las piernas de su pantalón. Stalin arrojó un puñado de granos al ave y cuando ésta comenzó a seguirle alrededor de la habitación, se volvió hacia sus pasmados colegas y les dijo suavemente: «Esta es la manera de gobernar al pueblo. Ustedes vieron cómo ese pollo me siguió por comida, aun cuando le había infligido tal tortura? La gente es como ese pollo. Si usted le inflige un dolor excesivo, lo seguirán por comida el resto de sus vidas».[2]

Con ese principio degradante, Stalin redujo la humanidad al nivel de los animales e intoxicado de poder, exterminó despiadadamente a millones de compatriotas y preparó el camino para el suicidio de varios miembros de su familia inmediata. El punto de partida de Stalin de construir un mundo sin Dios lo llevó cuesta abajo hacia uno de los más sanguinarios experimentos en toda la historia del genocidio.

Permítaseme aclarar lo que estoy implicando. No estoy sugiriendo que esta es la calidad de todos los antiteístas ni que este sea el tipo de pensamiento que todos ellos apoyan.

---

2. Joyce Barnathan y Steven Strasser, «Cómo exorcizar un fantasma soviético», en *Neewsweek*, 27 de Junio de 1988.

Tampoco estoy sugiriendo que esta sea la única obra accesoria del pensamiento ateo. Obviamente, ha habido en la historia otros que, aunque negaron a Dios, eligieron el camino de la filantropía. Pero aquí está el punto. Una opción de tipo stalinista es una en la que el ateo filántropo es duramente presionado a atacar una vez que en virtud de su ateísmo, automáticamente ha perdido el derecho a una ley moral. Y esa es la incertidumbre inevitable. El terreno de la moralidad autónoma e individual puede promover el brote de cualquier hierba estrangulante que mine la vida de todo lo demás.

¿Es este, en verdad, el utópico sueño humanista? ¿Es este el colorido personaje que camina sobre la cuerda del tiempo empujando al tambaleante hombre «religioso» mientras este lucha por mantener el equilibrio? ¿Recuerda aquella imagen de Nietzsche? Me refiero a su parábola: «Así habló Zaratustra», un poema épico melodramático, rico en detalles coloridos que revela su genio lingüístico. El mensaje que intenta comunicar Nietzsche es a la vez patético y satírico. Zaratustra, como relata el cuento, es el maestro de ética que, en una etapa de su vida, buscó un mundo de su propia fabricación y se recluyó en la soledad de una montaña. Después de años tratando de modelar uno moralmente ideal para sí, abandonó su búsqueda de virtud como irracional y falsa. Reconociendo con disgusto que había estado en un serio error, Zaratustra descartó su una vez atesorada creencia y dejó su mundo herméticamente sellado. Su misión al bajar de su montaña fue proclamar al mundo de abajo este flamante conocimiento que lo había liberado de las ataduras de las restricciones morales.

En su camino encontró a un ermitaño que también había sacrificado el amor a todo lo demás «por el amor de Dios». En la conversación que siguió, el ermitaño preguntó a Zaratustra hacia dónde iba. Zaratustra respondió que estaba dejando la montaña y volviendo a las «profundidades» para destruir los mitos que creían los hombres: mitos de virtud, de moralidad, y de Dios. Cuando volvió sus espaldas al ermitaño, que le había suplicado abandonara su misión —por cuanto era erróneo repudiar la moralidad— Zaratustra se susurró, apenado por el ermitaño: «¿Nadie le ha dicho que Dios está muerto?»

Inmediatamente a su arribo al pueblo, Zaratustra comenzó a predicar su nuevo mensaje a la gente del mercado que se había reunido para ver a un equilibrista que caminaba sobre una cuerda tendida entre dos torres. Zaratustra aprovechó la oportunidad de obtener ventaja y usó al acróbata para ilustrar su posición.

> El hombre es una cuerda, estirada entre el animal y el superhombre. Una cuerda sobre un abismo. Un cruce peligroso, un caminar peligroso; un peligroso mirar atrás, una peligrosa vacilación y un detenerse.

Elaborando sobre su tema de que el hombre está detenido en mitad de camino entre la bestia y el superhombre, Zaratustra agregó:

> Habéis recorrido el camino desde el gusano hasta el hombre y mucho dentro vuestro es aún gusano. Una vez fuisteis mono y aun el hombre es más mono que cualquiera de los monos[...] ¡No creáis a quienes os hablen de esperanzas extraterrenas! Son envenenadores, lo sepan o no. Son despreciadores de la vida, decadentes y se autoenvenenan, de los cuales la tierra está hastiada. Por tanto, ¡fuera con ellos! Una vez la blasfemia contra Dios fue la mayor de las blasfemias; pero Dios murió y con ello también esos blasfemos.[3]

Justamente cuando este ex moralista estaba terminando su prólogo, insistiendo que el hombre necesitaba progresar y

---

3. Thomas Common, traductor, *The Philosophy of Nietzsche* [La filosofía de Nietzsche], Random House, New York, pp. 28-29.

abandonar su idea de la moralidad y de Dios, el equilibrista comenzó a hacer su viaje sobre el vacío. A mitad de camino, se detuvo y vaciló. Repentinamente, un payaso vestido a todo color apareció detrás de él, gritando a voz en cuello:

> ¡Sigue, equilibrista! ¡Sigue, perezoso, intruso, cara pálida! ¡No sea que te haga cosquillas con mi taco! ¿Qué haces aquí entre las torres? Dentro de la torre está el lugar para ti, deberías estar encerrado. ¡Has bloqueado el camino a alguien mejor que tú!

Con cada palabra el bufón se acercaba más al acróbata y luego, con un diabólico grito que helaba la sangre, saltó por sobre él. Sacudido por la vista y sintiendo que el payaso lo había sobrepasado, el acróbata perdió su coraje, su barra y su equilibrio y cayó a tierra en un remolino de brazos y piernas. Zaratustra se detuvo calmadamente junto al hombre que sangraba y se retorcía jadeante al borde la muerte y gimiendo por miedo al infierno.

> «Por mi honor, amigo», dijo Zaratustra, «no hay nada de todo lo que estás hablando; no hay diablo ni infierno. Tu alma morirá junto con tu cuerpo; por tanto, no tengas más temor». El hombre lo miró con desconfianza. «Si dices la verdad», dijo, «no pierdo nada al perder mi vida. No soy mucho más que un animal que ha sido enseñado a bailar con soplos musicales y poca paga». «No, en absoluto», respondió Zaratustra, «tú has escogido un oficio peligroso; en eso no hay nada despreciable. Ahora pereces por tu oficio; por tanto, te sepultaré con mis propias manos».
>
> Cuando Zaratustra hubo dicho esto, el moribundo dejó de replicar; pero movió sus manos como si buscara las de Zaratustra en gratitud.[4]

---

4. *Ibid.*, pp. 33-34.

Esta parábola capta claramente el mensaje de Nietzsche al mundo. Este fue el mensaje del antiteísmo. De acuerdo con Nietzsche, el maestro de ética y moral, había llegado a comprender en forma concluyente que hablar de ética carecía de sentido por cuanto, en última instancia, el concepto carecía de verdad. Convencido de su nueva deducción, comenzó su misión para iluminar a las masas con su gran descubrimiento: la búsqueda de moralidad fue una aciaga persecución impuesta por el cristianismo, disminuyendo al hombre y aprisionándolo con temores. En términos ateístas, el hombre está sólo a mitad de camino en su viaje que lo convertirá de bestia a superhombre. Todo aquello que se oponga en su camino debe ser eliminado. La obstrucción principal es el cristiano, el hombre religioso, «el gusano teólogo», porque la religión es una farsa engendrada por el temor al mundo de más allá. ¡Haga al cristiano a un lado! ¡Entiérrelo! ¡Háblele de su ilusión y su ignorancia! Dígale que no pertenece a este nuevo mundo. Y cuando vea sus brazos y piernas retorcerse en su caída y muerte, déle la más grande de todas las noticias. Proclámele que no hay cielo a ganar ni infierno que temer y cuando dé su último suspiro, alargará sus manos para tomar las suyas en gratitud. Vaya y sepúltelo para no ver su cara nunca más; de una vez por toda quite esta carga de Dios que los «santos» engañados han puesto sobre nosotros.

Nuevas promesas y viejos engaños

En los términos antiteísticos de Nietzsche, Zaratustra ejecutó el más grande de todos los hechos por trastrocar la realidad. La buena nueva dejó de ser de salvación; esta era un brebaje venenoso preparado por los poderosos traficantes de religión. La buena nueva es que el deseo de salvación era injustificado y que uno ya no necesita soportar el peso de la gloria. Uno puede ahora apurar la copa del antiteísmo, materia pura y no adulterada.

¿Cómo puede uno tratar con tan feroz diatriba? La única manera es examinando las ideas propuestas y recordando sus consecuencias. De un cuidadoso escrutinio pronto salta a la vista que, mientras este estallido emocionalmente recargado contra la existencia de Dios llega revestido de terminología intelectual, lo que uno en verdad encuentra es una agenda y la «razón» que acecha tras el visible asalto académico. Esa agenda o programa es descaradamente admitida por algunos pocos. Aldous Huxley fue uno de ellos:

> Para mí, como sin duda, para la mayoría de mis contemporáneos, la filosofía de la falta de significado fue esencialmente un instrumento de liberación. La liberación que deseábamos era simultáneamente libertad de cierto sistema político y económico y de cierto sistema de moral. Objetábamos la moralidad porque interfería nuestra libertad sexual y objetábamos el sistema político y económico porque era injusto. Los que apoyaban tales sistemas sostenían que, en alguna medida, estos incluían el significado (un significado cristiano, insistían) del mundo. Había un método admirablemente simple de confundir a esa gente y al mismo tiempo justificarnos a nosotros mismos en nuestra revuelta política y erótica: Podíamos negar que el mundo tuviera algún significado, cualquiera que fuera.[5]

En el mismo contexto Huxley había hecho el prefacio a sus afirmaciones con las siguientes palabras:

> Tenía motivos para desear que el mundo no tuviera significado; consecuentemente, daba por sentado que no lo tenía y que era capaz, sin ninguna dificultad, de hallar razones satisfactorias para esta suposición. La mayoría de la ignorancia es ignorancia vencible. No sabemos porque no queremos

---

5. Aldous Huxley, *Ends and Means* [Fines y medios], Chatto & Windus, Londres, 1946, p. 273.

saber. Es nuestra voluntad la que decide cómo y sobre qué materias usaremos nuestra inteligencia. Quienes detectan carencia de significado en el mundo generalmente lo hacen porque, por una u otra razón, cuadra bien con sus libros que el mundo debe ser sin sentido.[6]

La mayoría de nuestros asesinos de Dios no son tan francos en reconocer sus motivaciones para tales conclusiones. Hay algunas excepciones, pero aun ellos intentan colocar la justificación de sus deducciones, sobre los hombros de la fuerza académica. La honestidad exige que preguntemos a tales pensadores qué es lo que precede a qué. ¿Fue el deseo de ser libres de todo obstáculo moral que condujo al intelecto a elaborar una base racional para tal deseo o fue el camino genuino de la razón que llevó a la eliminación de Dios? Stephen Jay Gould declaró lo siguiente:

Estamos aquí porque un raro grupo de peces tenían aletas con una anatomía peculiar que podría transformarlas en patas para criaturas terrestres; porque los cometas golpearon la tierra y eliminaron los dinosaurios, dando así a los mamíferos una posibilidad no disponible de otro modo (gracias a sus buenas estrellas en sentido literal); porque la tierra nunca se congeló totalmente durante la era glacial; porque una pequeña y tenaz especie que surgió en África, hace un cuarto de millón de años, de un modo u otro, se las ha arreglado hasta aquí para sobrevivir. Podemos suspirar por una respuesta «más elevada», pero no existe. Esta explicación, aunque superficialmente problemática si no aterradora, en última instancia, es libertadora y regocijante.[7]

Hay en todo esto una terrible ironía, ¿no es así? ¿Cuál es la liberación y el regocijo de que está hablando? ¿He perdido

---

6. *Ibid.*, p. 270.
7. David Friend y los editores de la revista *Life*, *The Meaning of Life* [El significado de la vida], p.33.

algo? ¿Es esta liberación sinónimo del hecho de que hemos llegado a ser una de las más violentas y drogadas naciones de la tierra? ¿Es esta la alegría que ha hecho que los sedantes y antiácidos sean las medicinas más vendidas en las farmacias, para desacelerarnos de nuestro desenfrenado correr por una siempre creciente riqueza?

¿Es esta la alegría que está llevando a nuestros escritores de canciones y músicos a un frenesí sobre el escenario y al estupor en sus hogares? ¿Es esta la alegría que sale de nuestros espectáculos televisivos que se enorgullecen en presentar temas sórdidos como si fuese entretenimiento? ¿Es esta la alegría que ha fragmentado nuestras familias y, con frecuencia, victimizado a los más débiles en nuestro medio? ¿Es esta la alegría de vivir en el siglo más sangriento de la historia? ¿Es esta la alegría de una generación de jóvenes, frecuentemente sin padre, y muchas veces sin esperanza? ¿Es todo esto motivo de alegría? ¿O estamos otra vez metidos en un mortífero juego de palabras?

Digo otra vez que alguien puede argumentar con ira que estoy presentando erróneamente el antiteísmo y que no todo los antiteístas son inmorales y desesperanzados. Puedo entender el enojo pero el argumento carece de lógica. Es verdad que no todos los antiteístas son inmorales, pero el punto más importante ha sido completamente pasado por alto. El antiteísmo provee toda razón para ser inmoral y *carece de todo punto de referencia objetivo* con el cual condenar cualquier opción. Cualquier antiteísta que viva una vida moral, meramente vive mejor que lo que su filosofía le autoriza. Toda denuncia implica una doctrina moral de algún tipo y el antiteísta está comprometido a minar sus propias minas. Esto es precisamente lo que hace tan terrífica la admisión de Nietzsche.

Permítaseme ahora volver a la parábola de Zaratustra y destacar cómo la filosofía de Nietzsche alimentó su propia vida. Es totalmente alienante leer una descripción de su mente y estilo de vida mórbidos al ir cada día a su escritorio a escribir su celebratoria diatriba contra Dios. Su vida tuvo todas las marcas del deterioro físico y mental. Encorvado, corto de estatura, casi ciego, repetía su rutina en su habitación estrecha, helada y desaliñada. Sobre una mesa había pilas de innumerables trozos de papeles que registraban sus erráticos pensamientos. En un rincón estaban sus únicas pertenencias; un traje raído y dos camisas yacían en un viejo baúl de madera. Fuera de eso, sin color ni decoración, había sólo libros y manuscritos así como una bandeja con jarras y botellas que contenían drogas y pociones para aliviar su debilitante migraña y males estomacales que con frecuencia lo inducían al vómito. Los sedantes y calmantes lo mantenían sin sentido por horas, pero era sólo este horrendo arsenal de venenos y drogas lo que le procuraba algún alivio a la desintegración acelerada de su mundo. Escribía por horas envuelto en su sobretodo con su bufanda, encorvado junto a una estufa que despedía más humo que calor, sus ojos con pesados anteojos dobles que lo mantenían casi pegado a las páginas que tenía delante. Derramaba interminablemente sus pensamientos en el papel, con su cuerpo tembloroso y sus ojos ardiendo, mientras su vida, conducida por pensamientos turbulentos, era arrojada hacia un fin sin gloria.

La línea que más mordaz y dolorosamente resume el bloqueado estado de Nietzsche es que «Zaratustra es la obra de un hombre completamente solitario».[8] Irónicamente, este es el hombre que calificó a los creyentes en Dios de «mezcladores de venenos» cuando su propia vida fue una mezcolanza letal.

Voltaire atacó una vez en forma muy severa el atrevido ahínco por significado que ofrece el cristianismo, diciendo que este no era mantenido de acuerdo a la realidad. Tan hiriente represión está revertida aquí por la elocuente contradicción de la «buena nueva» de Nietzsche, la cual fue en forma patente incongruente con la realidad a la cual dio nacimiento su filosofía. Su patético debilitamiento físico y su

---

8. Walter Kaufmann, *The Portable Nietzsche*, p. 103.

tumulto emocional, claramente exacerbados por su condición sifilítica, se mostraron con más vehemencia en sus escritos en la medida que pasaban los años. Todo su hablar del colorido bufón jugando al equilibrio siempre continúa el sueño utópico humanístico, aún sin realizarse.

La locura que Nietzsche predijo para el mundo le sobrevino a él personalmente. Su autobiografía, *Ecce Homo* [He aquí el hombre], tenía capítulos titulados: «¿Por qué soy tan inteligente?», «¿Por qué escribo libros tan buenos?», «¿Por qué soy el destino?». Se identificó a sí mismo como el: «Sucesor del Dios muerto». El fin de Nietzsche llegó cuando estaba en Turín, la ciudad de Cesare Lombroso, siquiatra y autor del ampliamente conocido *Genius and Insanity* [Genio y locura]. Nietzsche se desplomó en la calle, fue llevado a Basilea y más tarde a un asilo. De un modo extraño y siniestro, en forma microcósmica retrató el cumplimiento de una filosofía que frívolamente negaba a Dios y eligió vivir sin siquiera un rastro de los mandatos divinos. Pudo resultar uno de los filósofos más importantes de los dos últimos siglos porque trató en términos prácticos de contestar la magna cuestión de nuestro tiempo en su propio ser.

Hay un episodio en la juventud de Nietzsche que es a la vez trágico y concluyente, señalado con precisión por varios biógrafos como la crisis decisiva en su perspectiva moral y espiritual. A su arribo a Colonia como estudiante, pidió a un guía que lo condujera a un hotel. Este individuo, evidentemente un pícaro, lo condujo a un prostíbulo. Cuando Nietzsche se vio rodeado por «mujeres de la noche» y sus sucios y desgreñados clientes, fue rudamente sacudido. No ocultó su desagrado por aquellos que estaban enredados en esas prácticas espeluznantes. Luego de tocar algunos acordes en el piano huyó diciendo que el único objeto con alma en ese lugar era el piano. Muchos que le conocían revelaron que aquella seducción pudo haber atrapado a Nietzsche y que más tarde volvió al lugar. Tres años después admitió haber contraído sífilis durante aquel tiempo. De un modo trágico, su vida fue transformada porque aquello que una vez despreció más tarde abrazó; y aquello que abrazó lo mató. Esta es esa transformación que mencioné cuando hablé de un paralelo para nuestra nación. Porque la utopía de Nietzsche y la utopía que avisoró para Alemania no había de concretarse.

En su terrible condición de locura, posiblemente encarnó y prefiguró la insania mortal que parece poseer la civilización occidental de hoy por la forma en que niega la idea misma de cualquier acceso de Dios en las vidas de esta generación. Ciertamente Dios ha sido eliminado de las instituciones que determinan el pensamiento y la conducta de la sociedad. Yo, al menos, veo la vida y muerte de Nietzsche como el trazo por el cual somos inexorablemente señalados como nación, habiéndonos comprometido a nosotros mismos con un forma antiteística de gobierno y educación.

4

La mente destituida

LA RAZÓN DEL COLAPSO de la utopía figurativa y literal del antiteísmo es que en el corazón de la tesis yace una devastadora incapacidad para edificar una teoría ética razonable, coherente y lógica sin reducirla a un puro pragmatismo. Y esta capacidad para arribar al bien fuera de Dios no se debe a una falla en el intento. En realidad, algunas de las ideas más prominentes jamás expuestas sobre el tema de la ética se deben al pensador clave de la Ilustración, Enmanuel Kant, que buscó establecer un impulso moral dentro del hombre y postular un sistema determinante de lo bueno y lo malo a través de la razón solamente. Los historiadores de la teoría moral señalaron que los dos siglos que corrieron entre 1630 y 1850 llegaron a ser el cimiento sobre el cual se levantó nuestra presente estructura occidental. La moralidad llegó a ser definida como un conjunto de reglas de conducta que no eran teológicas en su fundamento, ni legales, ni estéticas, pero estaban exentas de esas disciplinas y contaban con un espacio cultural para actuar por sí mismas.[1] Escribiendo hacia fines del siglo dieciocho y principios del diecinueve, Kant, irónicamente, sembró las semillas intelectuales que los amantes de la razón regaron sobre la tierra fértil de la cultura

---

1. Véase Alistair MacIntyre, *After Virtue* [Después de la virtud], Biddles, Guilford & King's Lynn, Gran Bretaña, 1990.

occidental como si se germinara hacia una comprensión secular de la realidad. Digo irónicamente porque, como afirmé antes, tanto las democracias como los regímenes totalitarios dicen que la filosofía de Kant fue el trasfondo de sus propias teorías sociales. Este es un hecho muy importante, convenientemente olvidado por los extremistas y radicales de nuestro tiempo, quienes parecen pensar que el grito por la libertad democrática hace eco a una ética racionalista. La verdad aterradora es que los demagogos ateos de la disuelta Unión Soviética también citaban cariñosamente a Kant como la base de su teoría moral.

El razonamiento que falló el examen de la razón

Siendo que Kant es citado como el padrino de la benevolencia alcanzable sin Dios, permítasenos dirigir nuestra atención hacia él por un momento. Kant comenzó con dos tesis muy simples. Primero, afirmó que las reglas de moralidad eran racionales y por consecuencia, obligatorias para todos los seres racionales. Ellas, argumentó, eran tan indisputables como los silogismos de la lógica o la precisión de las matemáticas. Su premisa fundamental fue claramente y sin lugar a dudas, que los seres humanos, orientales u occidentales, urbanos o suburbanos, religiosos e impíos, podían arribar, por una razón no argumentada, a un dictamen normativo de lo correcto.

Segundo, Kant creía que este dictamen no era simplemente un teórico «deber» inalcanzable. Más bien, creía que la humanidad tenía dentro de sí la capacidad para realizar ese «deber» en sus más nobles demandas volitivas. Por tanto, por medio de nuestra razón podemos saber lo que está bien y por nuestra voluntad, hacerlo.

Pero, en este punto de su argumento, Kant presenta dos calificativos muy importantes a su justificación racional de la moralidad. El primero es que Dios no es necesariamente un revelador de lo correcto e incorrecto ya que nosotros podemos arribar a la pura razón, aparte de él (Kant no niega que Dios nos ha dado algunos mandamientos. Él sólo niega la necesidad de tal revelación desde el momento en que la razón de por sí basta para impelernos a lo correcto.) Mientras que lo primero es permanentemente arrojado por los antiteístas a los teístas, lo segundo es ignorado por conveniencia.

¿En qué consiste ese segundo calificativo que a los escépticos les agrada tanto ignorar? Kant declaró sin equívocos que las elecciones morales de un individuo no debían ser determinadas por el análisis de la felicidad, significando que uno no debe elegir un cierto camino en la vida sólo porque lo haga feliz. De nuevo, Kant no niega la necesidad de felicidad en todos nosotros, como tampoco la existencia de Dios. Pero demuele esas contingencias como bases para elegir entre el bien y el mal. Lo muy extraño es que, mientras el mundo marxista se encerró en este razonamiento para expulsar a Dios de su sociedad e imponer la humillación y el dolor a las masas (porque el bien más grande era para el Estado antes que para la felicidad individual), el nuevo mundo de la utopía democrática inscribió la búsqueda de la felicidad particular como un derecho fundamental de todos los individuos a expensas del bien colectivo. En ambos campos, las éticas de Kant fueron tortuosamente destrozadas.

Nuestra cultura es muy rápida, tal como lo es en el ambiente académico, en insistir que no necesitamos a Dios para entender la moralidad, citando a Kant hasta producir náuseas. Pero, ¿hemos eliminado sus otros calificativos igualmente enfáticos, de que uno debe elegir una ética independiente de su propia felicidad? Kant arguye que las demandas morales tienen un carácter incondicional para ellos tanto como las matemáticas. Estas simple y categóricamente permanecen independientes de nuestras preferencias. La moral, pues, no es fabricada por nuestros deseos, anhelos o derechos, no importa cómo los querramos llamar.

No voy a debatir el sistema de Kant en este momento. Cualquier estudiante de ética debe saber que las principales afirmaciones de Kant tienen numerosas suposiciones que ni aun el moderno antiteísta aceptaría. Su creencia de que se puede llegar a una ética normativa aparte de cualquier revelación divina está cargada de contradicciones filosóficas, sociales e históricas.

Quiero señalar, además, que esta atrevida presuposición en algunas formas del pensamiento occidental, pretendiendo que la moralidad puede ser deducida de la razón, es precisamente el motivo de una ruptura total del entendimiento entre Oriente y Occidente. Las categorías de correcto e incorrecto que surgen de una perspectiva secular no encuentran terreno común en las culturas cuyas éticas y teorías políticas nacieron aparte de sus compromisos religiosos. La ira desenfrenada que con frecuencia estalla en los llamados países del Tercer Mundo contra ciertas posiciones en Occidente, desde la sexualidad hasta la política, por lo menos debieran alertarnos de que la «razón» de por sí no ha servido como punto en común. Lo que puede ser razonable en India puede no serlo en Francia y lo que puede ser normal en los Estados Unidos, puede ser «satánico» en Irán.

Aun más problemático es que el secularizado hombre occidental ha extrapolado los principios de Kant y presumido que, habiendo arribado a la escena al azar sin responsabilidad trascendental, todavía puede hablar audazmente de la razón como objetiva. Se le da autoridad a sus procesos de razonamiento por señalar hacia él mismo o hacia su cultura. Esta cultura, a la vez, es justificada por su razón, el argumento se torna patéticamente circular.

Para el mundo islámico de Medio Oriente, la verdad ha sido «revelada»; para el mundo hinduista o budista del Lejano Oriente, la verdad es «intuitiva»; para el mundo occidental, la verdad es «razonada» y para el secularizado hombre occidental, su propia felicidad es todo lo que cuenta. ¿Cómo razona uno contra la intuición, la revelación y la felicidad personal cuando cada una llega acompañada de una pasión y convicción proporcionales?

Una suposición que Kant invocaba y que con frecuencia, pasa inadvertida ilustra muy bien este punto. Razonaba que había virtudes normativas que eran universales, categóricas e internamente coherentes y esto le condujo a formular su máxima de que «cada uno debe desear y actuar en concordancia con la manera en que todos debemos siempre desear y actuar». Kant mismo dijo que algunos «debe» eran siempre inamovibles, tales como: «Di siempre la verdad», «Cumple tus promesas», «Sé benevolente con los necesitados», «No cometas suicidio». El problema con todas estas nobles máximas es que necesitarían una interpretación hebrea o talmúdica, y cada una puede fácilmente sufrir la muerte de un millar de calificaciones y aun ser universalizadas. Por ejemplo, es muy fácil generalizar un principio que declara: «Di sólo la verdad... a menos que esta lleve a la muerte a otra persona». Hay miríadas de otras. El argumento de Kant es imposible de probar dentro de sus parámetros declarados e involucra algunos olvidos notables.

El moralista Alisdair MacIntyre ha señalado también la influencia del trasfondo cristiano de Kant en su pensamiento, sea que este lo haya reconocido o no. Todo teórico ético es influenciado por sus presuposiciones religiosas, las que le ayudan a forjar sus teorías éticas, un factor claramente presente en las obras de Kierkegaard, Hume y Diderot. Sus respectivos principios religiosos extraídos del luteranismo, presbiterianismo y el catolicismo influenciado por el jansenismo, estaban implícitos en sus máximas no negociables. Aquí de nuevo el antiteísta falla en ver la «respuesta más alta» que no puede ser suprimida o es demasiado presionado a elegir entre normas éticamente conflictivas que no pueden ser sustentadas o contradichas si primero no se defiende una base de ética trascendente.

Como nota marginal, es importante mencionar que la mayoría de los éticos que a los antiteístas les agrada citar, sostiene un elevado y sagrado concepto del matrimonio y deben haber tenido extraordinaria dificultad con la forma en que esa institución es trivializada hoy por los filósofos modernos.

Pienso, en particular, en alguien como Bertrand Russel y su total desconsideración por sus propios compromisos matrimoniales. Un día, mientras conducía su bicicleta, decidió que ya no amaba a su esposa; por lo tanto, concluyó que era tiempo de abandonarla. Repitió esta conducta varias veces en su vida. El amor y el matrimonio están atravesando, en verdad, tiempos difíciles y hombres como Kant no se sentirían muy halagados si se les dijera que ellos fueron quienes proveyeron el fundamento ético para este colapso del pacto matrimonial.

La elección en contra de la razón

En conclusión, el esfuerzo de Kant por proveer una base racional para la ética, fuera de Dios o la felicidad personal no tuvo éxito, pero pavimentó el camino para otros, de los cuales, los más notorios fueron los existencialistas. El mejor conocido en *esa* lucha por encontrar una ética es Sören Kierkegaard, el filósofo danés. El paso desde Kant hasta Kierkegaard fue largo pero predecible. El primero estudió la ética desde la perspectiva de la razón; el segundo, desde la voluntad y el poder individual para elegir. La palabra clave en el pensamiento de Kierkegaard es *elección*, que presenta en su libro *Either-Or* [Esto o aquello]. Esta elección entre lo ético y lo estético no fue tanto la elección entre el bien y el mal, afirmó, como fue la decisión entre elegir o no *en términos del* bien y el mal. La doctrina que emergió en sus escritos fue la de que, cuando se adopta la vía ética de la vida, debería hacerse *no por razones específicas*, sino como una elección que yace *más allá de la razón*. Una vez que alguien ha hecho su elección, dijo Kierkegaard, ético no tendría problemas de interpretación. Surge de nuevo una profunda incoherencia al ser expulsada la razón. La tendencia fue idéntica para Hume y Diderot.

No es difícil en absoluto ver por qué fracasó su así llamado experimento Ilustracionista en cuanto a la ética. Fracasó porque una por una, las presuposiciones básicas de sus propagadores quedaron al descubierto. Una de tales presuposiciones fue esta: En cada instancia, el propósito de la vida fue presupuesto antes que hubiese una postulación de la ética y un propósito para la vida fuera de Dios que deja el campo de batalla ético libre para todo. Una y otra vez fue probado que es imposible establecer una teoría ética razonable y coherente *sin antes establecer el telos (fin); es decir, el propósito y destino de la vida humana.* Aun Kant concluyó que sin un fin, todo será encaminado hacia el caos. Si la vida misma carece de propósito, la ética cae en el desorden. Como dijo Dostoiesvki, si Dios está muerto, todo es justificable.

Este, puedo sugerir, es el predicamento de Norteamérica. Este es el albatros alrededor del cuello de nuestros educadores. Este es el aguijón que nos apuñala mientras nos desangramos uno a otro. Seguimos hablando de valores y ética; persistimos en establecer fronteras morales para otros mientras eliminamos las líneas que han sido trazadas por la vida misma. Si mi felicidad es un derecho y la meta final de la vida, ¿por qué preocuparnos del derecho a la felicidad de otros? Y si debo preocuparme acerca de la felicidad de los demás, ¿de quién? ¿Y por qué la de este o aquel y no la de otro? Si la vida es insustancial, ¿por qué la ética debe servir a algún propósito que no sea el mío? Si soy un simple producto de circunstancias y estoy a la merced del determinismo material, ¿por qué debo sujetarme a las convicciones morales de cualquier otro?

Si, en cambio, he sido hecho por Dios para sus propósitos, entonces necesito conocerle a él y al propósito para el cual he sido hecho, porque como resultado de este propósito nace mi sentido de lo correcto e incorrecto. Hay dos mundos representados en estas opciones.

Credo o caos

Habiendo abandonado a Dios y hallado que la razón y la opción son guías insuficientes en los problemas más profundos de la vida, la solución es aún más esquiva cuando otras concepciones del mundo entran en el cuadro. El musulmán está totalmente en paz consigo mismo universalizando sus creencias éticas. El marxista está aún más contento universalizando su propio sueño utópico a costa de lo individual. Sus tumbas demuestran la convicción de sus corazones. A todo esto el existencialista afirma su propia opción como razón suficiente. Y así miramos a una nación con preservativos (condones) arrojados a los adoradores, refriegas y gritos burlones fuera de las clínicas de aborto así como adultos maltratando a niños. Y en nuestra búsqueda de moralidad y felicidad sin Dios, hemos efectivamente perdido los tres: Dios, la moral y la felicidad.

Malcolm Muggeridge, aquel peripatético periodista que viajó por el mundo por más de seis décadas en su vida, dijo que si Dios está muerto, alguien tendrá que tomar su lugar. Esto puede ser tanto megalomanía como erotomanía, el anhelo de poder o el anhelo de placer, el puño cerrado o el pene, Hitler o Hugh Hefner. A eso podría agregarse —explotación económica o sexual. Muggeridge continuó añadiendo que hemos perdido nuestro punto de referencia moral porque hemos olvidado la más empíricamente verificable (aunque la más negada) parte de la experiencia humana— la depravación del hombre. Y tenía razón.

Pero no fue justamente Muggeridge quien postuló esta convicción. En chispeantes y evocativas palabras, Iris Murdoch, profesora de la Universidad de Oxford, Inglaterra, respondió a *Graundwork on Ethics* [Fundamento de la ética], de Kant y su argumento sobre la ética fundada sólo en la razón, fuera de Dios.

Cuán reconocible, cuán familiar para nosotros es el hombre tan bellamente retratado en *Groundwork*, que, confrontado aun con Cristo se aleja para considerar el juicio de su propia conciencia y oír la voz de su propia razón[...] Este hombre está aún entre nosotros; libre, independiente, amable, poderoso, racional, responsable, valiente, el héroe de tantas novelas y libros de filosofía moral. No hay que buscar muy lejos la *raison d'etre* de esta atractiva pero extraviada criatura. Es el vástago de la edad de la ciencia, racional, pero aún crecientemente advertido de su alienación del universo material que revela sus descubrimientos[...] su alienación no tiene cura[...] No hay un paso muy largo desde Kant hasta Nietzsche, el existencialismo y las doctrinas éticas anglosajonas que, en algunos aspectos se le parecen[...] En realidad, el hombre de Kant había ya recibido una gloriosa encarnación, casi un siglo antes, en la obra de Milton: su nombre propio es Lucifer.[2]

¿Es esta denuncia filosófica diferente al grito de advertencia del grupo de rock King Crimson: «El conocimiento es un amigo mortífero cuando nadie sienta las reglas? ¿Está el destino de toda la humanidad que veo, en manos de tontos?»[3] Esto trae a mi mente el recuerdo de una reciente reunión de la municipalidad en la ciudad de Atlanta, luego de haber experimentado uno de los más sangrientos meses de asesinatos en su historia moderna. Uno tras otro, varios de estos jóvenes heridos y victimizados se puso de pie y apelaron a sus ancianos y políticos: «Por favor traigan a Dios y la oración de nuevo a nuestras escuelas», mientras las autoridades civiles miraban todo esto sin esperanza, deseando que pudiera proponerse otra solución socialmente más aceptable. El precio más elevado exigido a una sociedad sin Dios siempre es pagado por su gente joven.

Si, hay una conexión —una lógica conexión— entre telos y ética, entre el propósito de la vida y los «deberes» que implica, entre Dios y la moral.

2. Iris Murdoch, *The Sovereignty of Good* [La soberanía del bien], Ark Publishers, Londres, 1989, p. 80.
3. Robert Fripp, Peter Sinfield, Ian McDonald, Greg Lakes, Michael Giles, «Epitaph».

El bien conocido crítico social Dennis Prager, debatiendo con el filósofo ateo de Oxford, Jonathan Glover, hizo esta espinosa pregunta: «Si a usted, profesor Glover, se le accidentara el automóvil a media noche, en una calle desolada de Los Ángeles y al salir de él, con temor y temblor, oyera repentinamente pesados pasos detrás de usted, y viera diez hombres fornidos que, saliendo de una casa, caminan directo hacia usted, haría una diferencia si supiera que vienen de un estudio bíblico?»

Entre las risas del auditorio, Glover aceptó que eso haría una diferencia.[4] Por supuesto que la hace, porque hay una relación lógica.

Dorothy Sayers, la teóloga y novelista británica, se hace eco de los mismos sentimientos en el título de su ensayo *Creed or Chaos* [Credo o caos]. El credo del modernista exhibe su bancarrota. Nadie lo dice mejor que Steve Turner, el periodista inglés, en «Creed» [Credo], su poema satírico sobre la mente moderna:

> Creemos en Marxfreuddarwin.
> Creemos que todo está bien
> mientras usted no dañe a nadie,
> en su mejor definición de dañar,
> y en lo mejor de su conocimiento.
>
> Creemos en el sexo antes, durante
> y después del matrimonio.
> Creemos en la terapia del pecado.
> Creemos que el adulterio es divertido.
> Creemos que el sodomismo es bueno.
> Creemos que los tabúes son tabúes.

---

4. Tomado del debate entre Dennis Prager y Jonathan Glover en la universidad de Oxford, el 3 de Marzo de 1993. Aparecida en *Ultimate Issues* [Cuestiones definitivas], vol. 9, nº 1. La réplica de Glover fue una equivocación de la ilustración filosóficamente contradictoria.

Creemos que todo va mejor
pese a las evidencias en contrario.
La evidencia debe ser investigada
Y usted puede probar todo con evidencia.

Creemos que hay algo en los horóscopos,
OVNIS y cucharas torcidas;
Jesús fue un buen hombre tal como Buda,
Mahoma o nosotros mismos.
Fue un buen maestro de moral aunque pensamos
Sus buenas morales fueron malas.

Creemos que todas las religiones son básicamente iguales:
al menos aquella que leímos que era.
Todas creen en el amor y la bondad.
Sólo difieren en temas de creación,
pecado, cielo, infierno, Dios y salvación.

Creemos que luego de la muerte viene la nada,
porque cuando preguntamos a los muertos qué pasa
no dicen nada.
Si la muerte no es el fin, si los muertos han mentido,
    luego el cielo es compulsivo para todos
excepto, tal vez
Hitler, Stalin y Genghis Khan.

Creemos en Masters y Johnson.
Lo selecto es el promedio.
Lo promedio es normal.
Lo normal es bueno.

Creemos en el desarme total.
Creemos que hay vínculos directos entre la guerra y la
    matanza.
Los estadounidenses deben tornar sus armas en tractores
y los rusos estarían seguros de seguirlos.

Creemos que el hombre es esencialmente bueno.
Es sólo su conducta lo que le falla.
Esta es la falla de la sociedad.
La sociedad es la falla de las condiciones.
Las condiciones son la falla de la sociedad.

Creemos que todo hombre debe hallar la verdad que
sea buena para él.
La realidad se adaptará de acuerdo a ello.
El universo será reajustado.
La historia se alterará.
Creemos que no hay verdad absoluta
excepto la verdad
de que no hay verdad absoluta.

Creemos en el rechazo de los credos,
y en el florecer del pensamiento individual.[5]

Luego Turner agrega su nota adicional llamada *Chance* [Casualidad]:

Si la casualidad es
el Padre de toda carne,
el desastre es su arco iris en el cielo,
y cuando usted oye

¡Estado de emergencia!
¡Francotirador mata a diez!
¡Tropas arrasando!
¡Blancos son saqueados!
¡Bomba voló escuela!

---

5. Steve Turner, «Credo», en *Up to Date* [Actualizado], Hodder & Stoughton, Londres. Usado con permiso.

Esto es sólo el sonido del hombre
adorando a su creador.[6]

En verdad, la esperanza del ateísmo se mueve inexorablemente hacia un caos sin credo. Tras los pasos de la Ilustración, el existencialismo esperaba nacer. La pasión llegó a ser la moda y la decencia «lo que el viento se llevó». Cuando el existencialismo se diluyó a sí mismo, los anticonstruccionistas desmantelaron todo lo que había quedado. El libro de Colin Gunton, que siguió al existencialismo hasta su fin, es titulado con acierto *Enlightenment and Alienation* [Ilustración y alienación]. No quedan puntos morales de referencia que sean coherente y lógicamente recomendables.

Este es el primer punto de ruptura cuando intentamos vivir sin Dios. Las consecuencias son aterradoras. Vayamos al segundo.

---

6. Turner, «Chance», usado con permiso.

5

¿Dónde está el ateísmo cuando se sufre?

EL RENOMBRADO PREDICADOR Joseph Parker dijo una vez: «Si usted predica a las heridas de la gente, nunca le faltará audiencia». Este es un punto crucial porque las experiencias comunes de dolor y sufrimiento trascienden las barreras lingüísticas y culturales. El hecho y la abundancia del sufrimiento no sólo provocan empatía, sino que impulsan en el espíritu humano la pregunta profundamente sentida: ¿Dónde está Dios cuando se sufre?» Aunque no pienso responder a este asunto desde la perspectiva cristiana hasta más adelante, sí deseo enmarcarlo ahora dentro de sus legítimos parámetros.

Alguien ha dicho: «La virtud derrotada y el vicio triunfante fabrican a los ateos de la humanidad». Esta es sin duda, la mayor barrera para creer en Dios. Alfred, Lord Tennyson verbalizó esto simple pero persuasivamente: «Nunca la mañana se vistió de tarde pero algún corazón se rompió».[1] El poeta se da el lujo de enfocarse en las emociones sin pedir disculpas.

Cuando miramos al sufrimiento humano, vemos un dilema de proporciones cósmicas. Es una cuestión que abre las

---

1. Alfred, Lord Tennyson, «En memoria», en *Tennyson's Poetry* [Las poesías de Tennyson], Robert W. Hale, ed., Norton, New York, 1971, p. 123.

puertas a centenares de otras preguntas. La misma interrogante, cuando se relaciona con la concepción científica de la
realidad, surge como un contrapunto al argumento del diseño. En otras palabras, tal como el científico puede asegurar
que el ojo está bien diseñado pero no es perfecto, así también
el filósofo reconoce que este es hasta cierto punto, un mundo
ordenado pero ve caprichos en él a causa de la increíble
cantidad de sufrimiento humano. Desde el punto de vista del
antiteísta, la fe religiosa no contesta la cuestión en esencia;
sus prescripciones son meramente tragadas con una dosis
completa de otras supersticiones. Y aquello, discute, sólo
sirve para tranquilizar por un tiempo al individuo sin responder en verdad la pregunta sobre por qué hay dolor y sufrimiento en el mundo si, en verdad, un todo amante y todopoderoso Dios está al timón. La totalidad del conflicto es además
acentuado por la experiencia humana de la muerte —la forma
final de dolor y sufrimiento— la cual, de acuerdo con Camus,
es el único problema de la filosofía.

A primera vista uno no comprende cuán intrincado y
extenso puede ser este asunto. Pero cuanto más procura uno
la respuesta satisfactoria, más se da cuenta de lo complejo
que es, *cualquiera sea* la concepción de la realidad. Por
ejemplo, los filósofos tratan con el problema metafísico del
mal (la autoría del mal), el problema moral de este (el papel
de Dios en él) y su problema físico (donde no está involucrado
ningún ente humano). Una parte necesaria de la discusión
vincula lo que comúnmente es conocido como «lo mejor de
todos los mundos posibles».

El escéptico casi siempre presenta cuatro opciones que
Dios pudo haber ejercido en la creación (si, en realidad, Él
existe): Primero, no haber creado ningún mundo en absoluto;
segundo, crear uno en el cual no hubiera tales categorías
como bien y mal: un mundo amoral. Tercero, crear un mundo
en el cual uno sólo pudiera escoger el bien, una especie de
mundo robótico; cuarto, crear el mundo como lo conocemos,

con la posibilidad del bien y del mal. Por qué —pregunta el escéptico—, Dios habrá elegido este modelo, sabiendo que el mal se introduciría?

Estas son las líneas de batalla filosófica. Es obvio que no es posible tratar todo el problema aquí, pero espero, en mi defensa del cristianismo, en la tercera parte de este libro, responder a las más espinosas de ellas lo mejor que pueda.

Delante del antiteísta, comoquiera, hay dos problemas inevitables. El primero es el desafío que debe encarar en defensa de la cuestión del mal existente. El segundo es el de la muerte. Aquí, otra vez, queda expuesta, mejor que nunca, la irracionalidad de la vida cuando uno trata de vivirla sin Dios. Es muy importante que, mientras desarrollo este argumento al tratar con el mal, sea tratado como conjunto. Cada porción de él está ligado con el otro y si es tomado parte por parte, se hace injusticia a la respuesta. De la misma manera que la cristiandad no puede tratar con las dificultades de esta cuestión en forma aislada, tampoco puede hacerlo el ateísmo. Las presuposiciones y deducciones son parte de un sistema más amplio.

Una de las respuestas más incitadoras a la experiencia de la muerte y la búsqueda de esperanza fue presentada por el profesor Wilfred McClay, de la Universidad Tulane, luego de haber asistido a un funeral. Cito ahora sus comentarios extensivamente porque estas palabras exponen los bordes gemelos de la cuestión; tanto para los antiteístas como para los teístas.

> Mientras el resto de nosotros había sido sumido en reflexivo silencio, asombrados y castigados por el recordatorio del delgado hilo del que penden nuestras vidas, el ministro tenía otras cosas en mente[...] No trató de consolar a la familia y a los amigos. Tampoco nos desafió a recordar las duras palabras de la oración del Señor: «Sea hecha tu voluntad». En su lugar, se internó en una bien aceptada diatriba contra

las mal ubicadas prioridades de nuestra sociedad, en la cual millones de dólares estaban siendo derramados en la investigación de la «Guerra de las Galaxias» mientras mujeres jóvenes como a esta se las dejó morir en la mesa de operaciones. Eso fue todo lo que el ministro tenía que decir. Su sermón fúnebre, en efecto, fue una solicitud de menos gastos federales en defensa y más en el desarrollo de la tecnología médica[...] Lo único que omitió fue una invitación a que escribiéramos a nuestro representante en el congreso acerca de este ultraje, o a Ralph Nader.

Casi no podía dar crédito a lo que oía[...] Dejando de lado la indescriptible vulgaridad de su sermón fúnebre y su inintencionada crueldad hacia la familia de la joven. Dejando de lado la fofa calidad de cliché del lenguaje y el discurso. Apartando el tono autosatisfecho de un fácil ultraje moral[...] Obviando las opiniones de moda[...] Estoy dispuesto a aceptar, por amor al argumento, que el ministro pudo haber tenido razón en todo lo que dijo. Todas estas consideraciones son agregadas al asunto. Nada puede cambiar el hecho de que nos falló a nosotros, a la joven y a su llamamiento por malgastar un momento precioso en una arenga de valor secundario, forzándonos a retener nuestro dolor en la privacidad de nuestros corazones cuando más necesitaba expresarse en comunidad. Ese momento no podrá recuperarse jamás.

Nada de lo que la religión hace es más importante que equiparnos para soportar las transiciones de la vida ayudándonos a encontrar significado en el dolor y la pérdida. Muchas cosas son soportables, si comprendemos su significado, pero nuestro ministro no sabía cómo dárnosla. Todo lo que tenía que ofrecernos era su arenga política. Por mi parte dejé el funeral más perturbado y decepcionado que antes. Parte de mi zozobra surgió de la frustración de que mis pensamientos más profundos (y los de muchos a mi alrededor, según supe más tarde) fueran tan desconocidos en esa ceremonia y en ese discurso. Pero otra parte de mi pena tiene que haber brotado de un oscuro presagio de que estaba siendo testigo de otra clase de mala práctica y otra clase de muerte.[2]

Me parece intrigante que a pesar de todos los ataques difamadores que la religión debe encarar, aún permanece como el único bastión de esperanza frente a la muerte, tanto para el difunto como para su dolorida familia. Los puntos que el profesor McClay destaca aquí, implícita o explícitamente, son pertinentes a nuestra discusión. Los acontecimientos que provocaron sus palabras desapasionadas fueron trágicos. La dama al lado de cuya tumba estaba parado había sido una amiga de la universidad; había fallecido casi mientras daba a luz a su bebé. Todos los eufemismos y filosofías abstrusas no podrían disminuir el dolor ni eludir los interrogantes. Aquí el ateísmo encuentra un duro desafío.

C. S. Lewis sugirió con perspicacia que sólo los seres humanos deletreamos el dolor en la forma que lo hacemos. Su argumento era que no sólo afirmamos la realidad del dolor; sino que colocamos la cuestión en un decidido contexto moral, específicamente, la moral de la justicia. ¿Por qué? ¿Por qué? ¿Por qué? En alguna otra parte Lewis arguye con fuerza que el dolor bien puede ser el megáfono de Dios para despertar un mundo moralmente sordo.[3]

Estos dos asuntos gemelos del *contexto* y el *propósito* del dolor enfatizados por Lewis son ignorados siempre por los antiteístas porque apuñalean su pensamiento en el corazón de su más potente criticismo contra la existencia de Dios. Al destacar la cuestión del dolor y la muerte en un contexto moral, el antiteísta revela una notoria contradicción en su entendimiento de la realidad si, al mismo tiempo, niega la

---

2. Wilfred McClay, «La religión en la política, la política en la religión», en *Commentary* [Comentario], Octubre de 1988. Usado con permiso.
3. C. S. Lewis, *The Problem of Pain* [El problema del dolor], Macmillan, New York, 1966, p. 138.

existencia de Dios. Si este no es un universo moral, ¿por qué colocar la cuestión moralmente? ¿Por qué *deletrear* el dolor en la forma que lo hace?

Por otra parte, si este *es* un universo moral, ¿no podría toda la experiencia del dolor y el sufrimiento ser en verdad, el megáfono de Dios para conducir la atención de la humanidad hacia una realidad moral? Pero si este es un mundo moral, entonces la cuestión llega a ser autocondenatoria. El ateo está atrapado dolorosamente entre los cuernos de un dilema lógico y moral. Si para él la cuestión tiene sentido como para levantarla, entonces es también autocondenatoria, la implicación es que este es un universo moral y por tanto, el crítico debe tratar también con su propia inmoralidad. A la inversa, si la cuestión carece de significación porque el mal no es una categoría apropiada en un mundo puramente materialista y sin Dios, entonces el crítico vive en contradicción por colocar su criticismo de Dios en términos morales. De un modo u otro, el cuestionante o la cuestión se autodestruyen.

Una de las conversiones más notables al cristianismo fue la del poeta W. H. Auden. Se destacó a causa de la ruta que siguió en su propia mente en la búsqueda de respuestas a la cuestión misma del mal. En una entrevista con el analista social Ken Myers, el profesor Alan Jacobs de Wheaton College, en forma conmovedora describe esta senda tomada por Auden. Jacobs relata un suceso en 1940 cuando Auden entró en una sección predominantemente alemana de un teatro en Manhattan donde se exhibía una película producida por el Tercer Reich sobre la conquista de Polonia. Para el completo shock y desmayo de Auden, cada vez que un polaco aparecía en escena, se oían los gritos airados de la multitud: «Mátenlo, mátenlos»; una reminiscencia de los aullidos sedientos de sangre cuando las masas romanas se apiñaban en el coliseo para ver las orgías de salvaje sadismo de los gladiadores.

Auden salió del teatro tremendamente impresionado y confundido por esta experiencia de odio declarado que acababa de ver.

Su decepción no estribaba sólo en su incapacidad, dentro del sistema humanístico, de hallar una solución a semejante plaga moral, sino en su obvia incapacidad de explicar aun la existencia de tan inhumanas pasiones que tenían las mentes atrapadas en su puño. Estaba teniendo dificultades para «deletrear» el mal, dadas sus presuposiciones. Tal lucha lo llevó a su conversión al cristianismo, el cual proveía una explicación lógica a la depravación humana y una respuesta para su cura.

Auden entendió bien la cuestión. Fuera de Dios, el hecho del dolor y la muerte no sólo permanece sin respuesta, sino que desafía cualquier justificación.

Permítaseme tratar, tan breve como pueda, el problema en conjunto y hallar alguna luz. Volvamos a la frustración del profesor McClay y notemos que revela también otra decepción. Lo que legítimamente esperaba e implicaba era que, dentro del cometido de la religión, uno de los principales roles es brindar esperanza en una situación que, de otro modo, es irremediable.

Atrapados en el estéril desierto de la desesperanza, los dolientes necesitaban algo más que el terriblemente inadecuado sermón político en un momento tan trágico como el de la muerte. Pero, ¿no es esta también parte de la bancarrota de nuestro tiempo? Culpando a cualquiera y a todos, empezamos por enfocarnos en la educación, las teorías políticas y el progreso social como una salida de las arenas movedizas de nuestra moral, pensando que ellas pueden, de alguna manera, construir refugios a lo largo del camino que nos protejan del quemante calor de la realidad y tal vez aun rescatarnos de la muerte y la desesperanza. ¿No es esta una dislocación del problema a que se da lugar por tratar de vivir sin Dios? Ciertamente el profesor McClay observó este desplazamiento.

Por supuesto, la religión no se justifica sólo por proveer alivio en la desesperanza. No contaría para nada si fuera sólo una solución sicológicamente inducida. Si la verdad religiosa es encarada por un intelecto en actitud no crítica y vista como un escape a una realidad dolorosa, entonces, para usar la analogía escritural, el exorcismo de demonios de los desesperanzados sólo abre más ampliamente la siquis para el dominio total de una séptuple posesión, defraudando al poseído por una más patética ilusión del futuro. Si, en cambio, la creencia religiosa se basa en la verdad y es sometida al más minucioso escrutinio, entonces la paz y la esperanza que buscamos se hacen realidad para la vida y la muerte, son legítimas.

Tal escrutinio en busca de la verdad es requerido antes de que uno se someta a las pretensiones de cualquier religión. Pero aquí está la cuestión: ¿Por qué el *mismo* escrutinio no se aplica al pensamiento que lleva a vivir sin Dios? En pocas palabras, dónde está el ateísmo cuando se sufre?

De nuevo aquí, como en la lucha contra una ley moral, los pensadores antiteístas argumentan dando vueltas alrededor de un círculo y dan una respuesta que se esfuma en presencia de la razón. ¿Cómo se les puede dar a los hombres y mujeres pensantes una esperanza final cuando la vida misma está encaminada a la muerte? Cualquier esperanza impartida es sólo materializada al escamotear la realidad en aras de la apariencia. La afirmación de Nietzsche de que el moribundo extenderá y estrechará su mano cuando usted le asegure que su extinción es inminente es, en el mejor de los casos, una de esas bromas típicas: «Le tengo buenas y malas noticias». La mala es que la persona está muriendo; la buena es que cuando haya fallecido ya no necesitará nada. Así, la mala nueva, después de todo, no es tan mala; en efecto, es el cumplimiento de la liberación.

De un modo extraño, esto tiene tonalidades budistas sin la moral ni los impulsos espirituales del budismo. Gautama Buda, como podrá recordar, comenzó su búsqueda total de respuestas a la vida porque vio la vejez, las enfermedades y la muerte. Esta búsqueda lo llevó al abandono de su esposa, su hogar y todas las comodidades materiales. La respuesta yace en su creencia de que en el corazón de todos los sufrimientos humanos estaba el deseo y si sólo pudiera extinguirse el deseo, Nirvana está a la vuelta de la esquina. El budismo clásico fue, por supuesto, ateísta con tonalidades de gnosticismo y enseñaba que la respuesta al sufrimiento descansa en la erradicación del deseo. Para el budista, la meditación, la autorenuncia y la transmigración del alma traería ese estado de esplendor.

Para el antiteísta, la muerte de los deseos ocurre sólo con la muerte misma, de modo que ella resulta ser el libertador de los deseos. Fue en reconocimiento de este acertijo que Jean Paul Sartre destacó la cuestión de por qué no cometió suicidio, si con ello removería todo sufrimiento. Concebir la vida apartado de Dios es una cuestión muy legítima. La respuesta de Sartre fue absurda; no cometía suicidio porque hacerlo sería usar su libertad para quitar su libertad. Como muchas otras respuestas antiteístas, esta es también hueca y la réplica es obvia. ¿Por qué alguien habría de dudar en quitar la libertad cuando el problema es la suya, puesto que sólo le acarrea abandono, dolor y desesperación? La pérdida de algo que jamás se tiene en cuenta ni se siente ni se busca no es pérdida en absoluto. La muerte, en realidad, se convierte en un curalotodo por cuanto nos libera de tal estado. Y si cura todo, entonces no es un mal sino sólo para los sobrevivientes. Pero esto sólo hace avanzar la solución un paso. De un modo extraño, la muerte se convierte de un mal a un bien definitivo. Con este tipo de pensamiento, el hombre puede crear el mejor de los mundos mediante el mero expediente de la extinción. Aquí entra de nuevo el juego de palabras de los antiteístas.

Con todos los intentos de impartir esperanza, tratando de vivir sin Dios, se termina en un círculo vicioso; surgen interrogantes cuyas respuestas exigen preguntas mayores. En pocas palabras, el ateísmo no tiene respuesta al por qué deletreamos dolor en la forma que lo hacemos. Y las torvas, bárbaras opciones entre lo estoico y lo epicúreo, llamado ahora humanismo optimista, ni siquiera insinúa un alivio. Si uno tomara prestada la definición de Edward Murrow de lo que es un optimista: «alguien que le dice a usted que se alegre cuando las cosas le van bien a él», resulta evidente por qué el optimismo humanista es llamado como tal, aunque, en verdad redefine ambos términos porque el optimismo es inducido de modo artificial y su humanismo devalúa la humanidad. El optimismo aquí es un sustituto oscurecido de la razón en lugar de la esperanza.

El problema de filosofar mucho es que puede fácilmente convertirse en un proceso de colocar una estructura tras otra en un intento por alterar la realidad. Con todo y el palabrerío de esperanza utópica del ateísmo, nunca antes en la historia involucró la desesperanza a tantas personas mientras que los más profundos anhelos del corazón permanecen insatisfechos.

El conflicto fundamental en la Rusia de hoy es la desesperanza, y la misma situación se da para millones de personas jóvenes en nuestro propio país. No hace mucho tiempo, luego de una charla que di a los líderes del Acuerdo para la Paz en Sudáfrica, un joven asiático se levantó en una sesión abierta y me preguntó: «Señor Zacharias, ¿qué respuestas podría dar para evitar que nos convirtamos en otra Bosnia?» Cuando un joven adolescente puede dar voz a una cuestión como esa, abrumado por tal emoción y temor, resulta evidente que la vida sin Dios es algo que no funciona. La pregunta debería ser: «¿Qué es lo que va a preservar al mundo entero de llegar a ser otra Bosnia?»

Hace poco, el destacado y optimista humanista, Ted Turner, comentó que si Cable News Network (CNN) hubiera existido en la década del cuarenta, el holocausto jamás hubiera podido ocurrir. Infiero de este alarde que Turner quería significar que la propagación de la información hubiera contenido el mal en su avance y que hubiera prevalecido la energía humana para lo bueno. Con todo respeto a su capacidad de empresario, me pregunto: ¿qué les diría a los inocentes que aguardan la muerte en Bosnia y Rwanda? La esperanza jamás debe ser impartida en base a los avances tecnológicos cuando la muerte nos está clavando los ojos en la cara; sólo un torvo estoicismo prevalece. Podemos escapar de la realidad, pero como los muchos intentos por ocultar las cicatrices con cosméticos, no podemos evadir su personal y profundo dolor.

El borde mismo del dolor y de la muerte es sentido universalmente y toda religión o filosofía de la vida debe tratar con él. Una filosofía que no enlaza la creencia en Dios ni siquiera puede justificar la cuestión ni por sí misma proveer una respuesta excepto la esperanza de la extinción. Si sólo pudiera cubrirse esta brecha en el conocimiento humano, piense cómo redefiniría todas las cosas. La sinceridad lleva a cada generación a buscar una respuesta que no sepa a arrogancia ni ignorancia, y las transiciones vitales demandan algo mejor de cada vida antes que caiga el telón. Para el cristiano existe una respuesta.

Oscuridad decreciente, luz creciente

Hace muy poco hablaba en una iglesia que había atraído a varios líderes locales del gobierno y los negocios. Uno de los pastores me preguntó si estaría dispuesto a visitar a alguien, a quien yo no conocía, pero que había estado en algunas reuniones que había dirigido un año antes. Le agradaron tales reuniones y disfrutaba oyendo los mensajes grabados. Ahora estaba muriendo de SIDA. Junto con mi esposa y un colega, aprovechamos inmediatamente la oportunidad de visitarla.

Ojalá pudiera expresar mis emociones en tales ocasiones. Allí, reunidas en esa habitación, estaban la penosa realidad de una muerte indigna y la grandeza del coraje y la fe dentro del corazón. El edificio tenía una ubicación privilegiada desde la que podían verse los famosos lugares históricos de la ciudad. Pero nuestra amiga moribunda ya no podría disfrutar de esa vista, pues su vida estaba desapareciendo rápidamente. Cuando entramos a su departamento, bajamos las escaleras que nos llevaban a la sala de estar. En un sofá estaban sentados sus padres y, de pic a su lado, estaba una amiga. La enferma se veía patéticamente demacrada y sin fuerzas. Sin embargo, volvió débilmente su cabeza al oír que alguien llegaba, aunque no sabía quién era y al vernos jadeó. Cuando me incliné y la abracé, dijo repetidas veces: «No lo creo. No lo creo». Le ahorraré los detalles de la conversación, pero quisiera contarle dos simples pensamientos.

Cuando miré alrededor de la habitación, vi sobre una mesa, a su alcance, un grabador, algunos casetes y un libro abierto boca abajo; su título decía todo: *The Hunger for significance* [El hambre de significación]. Antes de salir, le pregunté si podíamos orar juntos y, con mucho deleite, asintió. Miré a su lamentable condición física, totalmente carente de formas; sólo piel y huesos. Inclinamos nuestras cabezas y oramos; cuando abrí mis ojos, capté el destellar en los suyos. Alargó sus brazos y la abracé de nuevo antes de salir. Ella sabía muy bien que su vida llegaba a su fin, pero en su interior brillaba una esperanza que transcendía el presente. Aunque algunas decisiones que había hecho en su vida le estaban costando tan caro, dos años antes hizo la elección más grande que jamás podía haber hecho; la decisión de confiar que Dios la sostendría a través de esto y, luego, más allá de la sepultura. Cinco días después falleció y, de acuerdo con las promesas de las Escrituras, sé que materializó esa esperanza. Cristo vivió, murió y se levantó de nuevo para proclamar la promesa del cielo.

Permítame llevarlo del aroma de la muerte, en un lugar donde se la esperaba, a un palacio en Londres. La ocasión fue un discurso de Nochebuena dirigido a la Mancomunidad británica por el Rey Jorge VI. Sus frases finales quedaron grabadas en la memoria de quienes eran los líderes en aquellos días difíciles, para Gran Bretaña y el mundo, después de la Segunda Guerra Mundial:

Dije al hombre a la Puerta del Año Nuevo: «Déme una luz que me permita caminar seguro hacia lo desconocido».

Me contestó: «Entre a las tinieblas y ponga su mano en la mano de Dios y esto será para usted mejor que la luz y más seguro que lo conocido».[4]

Cuando hablaba, sus oyentes desconocían que el rey estaba muriendo de cáncer. Tales palabras llegarían a ser un ancla en su propia hora de necesidad.

Desde las necesidades individuales hasta los conflictos internacionales, la única esperanza con sentido y legítima, es la que viene de Dios, la esperanza para la vida y para más allá de la muerte. Donde no hay esperanza para la muerte, la desesperanza inevitablemente invade la vida. Pascal sabía de qué estaba hablando cuando dijo que había aprendido a definir la vida mirando hacia atrás y a vivirla mirando hacia adelante. Con esto quería significar que primero había definido la muerte y luego, consecuentemente, su vida. Esto tiene total sentido. Todos los viajes son planeados con el destino final como prioridad. El apóstol Pablo dijo, refiriéndose a Jesús: «A fin de conocerle, y el poder de su resurrección, y la participación de sus padecimientos, llegando a ser semejante a Él en su muerte» (Flp 3.10). La resurrección de Cristo arroja luz sobre el sufrimiento ya que la existencia de Dios y la confiada esperanza van juntas. La vida ya no es vista a través de los vidrios empañados de la finitud sino a través de una más clara visión de Dios mismo, que brinda victoria sobre la muerte.

Es privilegio y prerrogativa de quienes tratan con asuntos del espíritu responder a estos conflictos. Pero con igual fuerza declaro que el ateísmo deja al interrogador doblemente culpable porque niega la justificación misma de la cuestión y relega el problema del dolor como una aberración estrictamente moral en una, de otra manera, especie en progreso.

---

4. Rey Jorge VI, citado por Leonard Griffith, *Reactions to God* [Reacciones a Dios], Anglican Book Center, Toronto, 1979, p. 138.

Bertrand Russel afirmó que su vida fue construida sobre la base de una desesperación inquebrantable; tal vez sea por esto que publicó una declaración conjunta con Albert Einstein, sólo dos días antes de la muerte de este último, confesando que: «Aquellos que sabemos más, somos los más pesimistas en cuanto al futuro».

Con un compromiso con la materia como realidad definitiva, las «tinieblas» y el pesimismo son un muy lógico resultado. La negación de Dios deja al hombre libre de abolir el pasado y decretar el futuro, pero aquellos que saben más no encuentran esperanza en los decretos del hombre. La falta de certidumbre y de una esperanza futura fue la úlcera en el corazón del paganismo. Es evidente, nuestro neopaganismo no lo pasa mejor; la úlcera se ha convertido en cáncer, y la conducta y el carácter humanos ciertamente no alivian el temor al futuro.

Escribiendo hace un cuarto de siglo, Archibald MacLeish proclamó con vigor este grito de advertencia respecto a la costosa victoria de la humanidad sobre Dios:

> Hay, en verdad, un terror en el mundo y las artes lo han captado como siempre lo hacen. Bajo el zumbido de máquinas milagrosas y las incesantes publicaciones de brillantes físicos, un silencio espera, escucha y es oído.
>
> Es el silencio de la aprehensión. No confiamos en nuestro tiempo y la razón de no confiar en él es porque somos nosotros quienes lo hicimos y no podemos confiar en nosotros mismos. Hemos jugado el papel de los héroes, dominamos los monstruos, cumplimos las labores, llegamos a ser dioses, pero no confiamos en nosotros mismos como dioses. Sabemos lo que somos.
>
> En los días antiguos, cuando los dioses eran otros, el conocimiento de lo que somos no nos asustaba. Había Furias para perseguir a los Hitlers y Atenas para restaurar la verdad. Pero ahora que somos dioses, debemos soportar el conocimiento de nosotros mismos. Como aquel viejo héroe griego

que aprendió, cuando todas las labores habían sido cumplidas, que él mismo había sido quien había matado a su hijo.[5]

Esas palabras describen las consecuencias de tratar de vivir sin Dios. Uno no tiene derecho a una esperanza futura, ni personal ni cósmica.

---

5. Archibald McLeish, «Cuando somos dioses», en *Saturday Review*, 14 de Octubre de 1967.

6

En busca de un significado inferior

HEMOS ARRIBADO AHORA al tercer dilema del antiteísmo. Separado de una ley moral racionalmente defendible y del cumplimiento existencial de la esperanza, el individuo queda en un curso destinado a estrellarse ya que ha dejado la pizarra de la existencia humana carente de cualquier significado. ¿Es la *tabula rasa* (la pizarra en blanco de la mente humana) una invitación a cualquier lápiz a escribir lo que le venga en ganas, porque es posible que significados contrarios compitan en un campo de sin razón y desesperanza? Stephens Jay Gould, sin pedir disculpas, ha trazado las líneas con claridad. Dice:

> La especie humana ha habitado este planeta por sólo 250.000 años o algo así, aproximadamente el 0.0015 por ciento de la historia de la vida, el último centímetro del kilómetro cósmico. El mundo pudo pasarlo muy bien sin nosotros, excepto el último momento del tiempo terrenal, este hecho hace parecer nuestro surgimiento más como un pensamiento accidental posterior que la culminación de un plan prefigurado.
>
> Sobre todo, y más importante, las sendas que han guiado a nuestra evolución son caprichosas, improbables, irrepetibles y decididamente imprevisibles. La evolución humana no

es casualidad; tiene sentido y puede ser explicada después de todo. Pero rebobinemos el casete de la vida hasta los albores del tiempo y dejémoslo andar de nuevo, jamás volveremos a tener seres humanos la segunda vez[...] No podemos leer el significado de la vida pasivamente en los hechos de la naturaleza. Debemos elaborar estas respuestas nosotros mismos; con nuestra propia sabiduría y sentido ético. No hay otro medio.[1]

Estas son declaraciones muy fuertes y no puede haber ninguna duda acerca de dónde el profesor Gould está parado en este asunto, dice, en efecto: «Estamos aquí por accidente[...] no tenemos significado intrínseco[...] debemos construir esto por nosotros mismos[...] no hay otra vía». Es obvio que no todos los pensadores críticos de este calibre están de acuerdo con él. Porque en tal asunto, ni aun todos los que admiten la teoría de la evolución están de acuerdo con él. Para Gould y los de su especie, la vida deber ser vivida sin Dios; sus extrapolarizaciones filosóficas no son meras reflexiones de suaves maneras, sino una filosofía agresiva a ser propagada. Sus diatribas contra Philip Johnson, profesor de leyes en Berkeley, han revelado el enojo con que reacciona cuando alguien desafía su devoto compromiso con la creencia atea evolucionista.[2]

Pero hay por lo menos una cosa sobre la que tanto teístas como antiteístas están de acuerdo y es que, no importa cuál sea el punto de partida, todos debemos procurar responder a la cuestión del sentido de la vida. Para una filosofía que concibe la vida sin Dios, hay una multitud de opciones, cada

---

1. Stephen Jay Gould, citado por David Friend y los editores de la revista *Life*, *The Meaning of Life* [El significado de la vida], p. 33.
2. Philip Johnson ha escrito un libro, *Darwin on Trial* [Darwin bajo juicio], InterVarsity, Downers Grove, Illinois, 1991, que ha asombrado el mundo de los evolucionistas demostrando la frágil base sobre la cual está construido.

una necesariamente invalidando el derecho a juzgar la opción de los demás. Para una filosofía que incluye a Dios, la vida es dirigida por conceptos y preceptos que son revelados por su carácter y propósito.

Uno de los lamentos más comunes que oímos de quienes han alcanzado el pináculo del éxito es la vaciedad que, no obstante, aún llena sus vidas. Esta especie de confesión es por lo menos una razón por la que la cuestión del significado resulta tan fundamental en el propósito de la vida. Aunque a nadie le guste admitirlo, lo que brinda propósito a muchos, sobre todo en países ricos en oportunidades empresariales, es un nivel de vida más elevado, aun si eso significa estar dispuesto a morir por ello. Sin embargo, si uno juzga por las afirmaciones de quienes han alcanzado esos niveles más elevados, con frecuencia puede ver un reconocimiento de frustración. Después de su segunda victoria en Wimbledon, Boris Becker sorprendió al mundo al admitir su gran conflicto con el suicidio.[3] Jack Higgins, el renombrado autor de *The Eagle has landed* [El águila ha aterrizado], ha dicho que una cosa que sabe en este punto tan elevado de su carrera, y que hubiera querido conocer desde pequeño, es esta: «Cuando usted alcanza el tope, allí no hay nada».[4]

Eso, me atrevo a sugerir, es una de las realidades de la vida más difíciles de aceptar. Aquellos que aún no han experimentado el éxito que anhelan, creen imposible que quienes lo han logrado hallan que carece, en términos de dar significado a la vida. La fuerza impulsora detrás de nuestra floreciente industria mercantil y la soberanía del tecnopolio (para usar la frase de Neil Potsman) es crear nuevas necesidades que nos ayuden a olvidar las pasadas. Si la rueda de la fortuna no nos da lo esperado, entonces volvemos nuestra atención hacia la decepción y el afán que tenemos de llegar

---

3. Alister McGrath, *Intellectuals Don't Need God* [Los intelectuales no necesitan a Dios], Zondervan, Grand Rapids, Michigan, 1993, p. 15.
4. *Ibid.*

a ser objeto de la adulación artística. Esta veloz carrera entre el scylla de la riqueza y el charybdis de la fama es exacerbada por el aliento de su atracción para todas las edades, y aun los jóvenes son forzados a descubrir que alcanzar el pináculo de la fama impone un precio. Tal vez una persona madura pueda sobrevivir con el engaño de la imagen plástica, de ser surreal o idolatrada. Pero es otra cosa inducirlo en un niño o un joven que no ha aprendido aún a distinguir entre lo que es la realidad y la fantasía. La resbalosa pendiente de la autodestrucción ha atrapado a muchos niños actores. ¿Con cuántas vidas ha jugado Madison Avenue antes que se reconozca el engaño? La búsqueda de satisfacción jamás termina porque la cura para el hastío requiere algo más elevado.

Ernest Van den Haag destaca esto que parece una interminable insaciabilidad a través de todas las líneas demográficas:

> Aunque la persona aburrida desea que le ocurran cosas, lo descorazonador es que, cuando ocurren, las priva del significado mismo que inconscientemente desea por usarlas como distracciones. En la cultura popular, aun la Segunda Venida llegará a ser solamente otro entretenimiento emocionante para ser visto en la televisión hasta que llegue Milton Berle. Ninguna distracción puede curar el aburrimiento, tal como la compañía tan incesantemente buscada no puede desechar la soledad. La persona aburrida es solitaria por sí misma no, como piensa, para otros. Ha perdido la individualidad, la capacidad de experimentar, de la cual está despojado. Ninguna distracción puede restituirla. Por lo tanto, la persona no tiene alivio y es insaciable.[5]

Es evidente que el problema es demasiado agudo para resolverlo con una nueva invención o por la oferta de una

---

5. Citado por Kenneth A. Myers, *All God's Children and Blue Suede Shoes* [Todos los hijos de Dios y los zapatos de seda azul], Crossway, Wheaton, Illinois, 1989, p. 63.

solución simplista. (Hemos llegado incluso a realidades inducidas de modo artificial; eliminando poco a poco el límite entre lo real y lo falso, lo verdadero y lo fantástico; haciendo que la vida resulte una contradicción.) Grandes pensadores de todo tipo han tratado este problema. Voltaire expuso el inexorable círculo de la vida, tal como lo veía, desde el hombre hasta el gusano, cada uno en su propia manera, como depredador o presa, completando el ciclo y las miserias de cada uno, haciendo lo bueno para todos. Pero, en todo esto, el hombre siempre permanece como un extraño a su propia búsqueda.

¿Cuál ha sido el resultado de nuestra constante búsqueda de algo que dé sentido a la vida aparte de Dios? Sea el pragmatismo, haciendo cualquier cosa que opere (una filosofía en la que somos especialistas en Norteamérica) o alguna forma de misticismo con algunos raptos de espiritualidad durante unos pocos momentos privados en preparación para volver de nuevo a la carrera. ¿Es posible que así como el dolor aliviado con connotaciones morales hace surgir el dilema moral, nuestras miserias en búsqueda de significado reflejen realmente nuestra grandeza? ¿Somos rehenes de un determinismo físico movido por la sopa prebiótica o estamos aquí por la voluntad creativa de un Gran Diseñador?

Vivir sin Dios y abrazando la primera opción presenta otro obstáculo insalvable. Lee Iacoca declaró esta enfermedad humana en su libro *Straight Talk* [Hablando llanamente]: «Aquí estoy en el crepúsculo de mi vida, aún preguntándome en qué consiste todo[...] puedo decirles esto: la fama y la fortuna son para las aves».

Voces disonantes

Permítaseme terminar citando algunas perspectivas que representan diferentes métodos en la búsqueda de una solución al problema del significado.

Ya hice referencia a una nota de la revista *Life* sobre la búsqueda humana de significado. Es un fascinante mosaico de palabras y fotos, desde filósofos hasta drogadictos y desde pintores hasta plomeros. Los argumentos —mejor dicho, las contradicciones— proveen horas de lectura absolutamente disímil tal como si se estuviera sobre una montaña rusa. Traigo un ejemplo, comenzando con José Martínez, chofer de taxi, el cual presenta una síntesis perfecta del nihilismo:

> Estamos aquí para morir; para vivir y morir. Vivo manejando un taxi; hago algo de pesca, saco a mi niña, pago impuestos, leo un poco y estoy listo para caer muerto. Debemos ser fuertes acerca de esto. La vida es un gran engaño. Algo que no vale la pena. Sea rico o pobre, uno está aquí y se va. Uno es como el viento. Después que usted se va vienen otros. Es demasiado tarde para mejorarlo. Todo el mundo está hastiado y ya no cree en nada. La gente no tiene dignidad ni temor. La gente no está asustada. Sólo tiene una preocupación y es el dinero. Vamos hacia la autodestrucción y nada hay que podamos hacer. La única cura para los males del mundo es una guerra nuclear. Barrer con todo y comenzar de nuevo. Somos como un animal acorralado luchando por sobrevivir. La vida no es nada.

Raymond Smullyan, un lógico matemático, habla desafiante:

> He estado siempre en extremo confuso por quienes afirman que si no hay Dios, la vida carece de significado. ¿Hay siquiera una pizca de evidencia de que los humanistas seculares encuentren la vida menos significativa que los creyentes religiosos? No estoy pretendiendo que no hay Dios ni que lo hay. Todo lo que digo es que la vida es extremadamente significativa para la mayoría de quienes la viven: ¡Con Dios o sin Dios!

No puedo menos que pensar en el maravilloso haiku:
«Aparte de nuestra religión, hay ciruelos y cerezos que
florecen».[6]

Irónicamente, Smullyan crea rompecabezas para vivir.
Supongo que son hechos con una solución en mente, a menos,
por supuesto, que sea bueno recortar las piezas para encajar
a cada individuo. ¿Qué importancia tiene mientras sea dis-
frutado? Y no le pregunten a Smullyan si debiera haber una
solución moral para Bosnia o el racismo; sólo manténganse
plantando cerezos o manzanos de modo que los combatientes
puedan disfrutarlos en sus bombardeadas sendas hacia la
tumba. Parece increíble leer tan cínicas palizas a las ideas del
significado, implicando, supongo, que la misma negación de
significado ha sido ofrecida «significativamente».

Resistiré un análisis inmediato del tipo del pensamiento
de Smullyan, excepto para decir que es indefendible en el
mundo real del conflicto en lo moral, político, social y religioso. Esta es una torre de marfil descaradamente despojada de
sentido, a la cual la sangre de la humanidad clama: «Ten
misericordia de mí».

En contraste, aunque si bien generando igualmente arduas
cuestiones, están las palabras de Andrei Bitov, novelista
soviético y escritor de pequeñas historias. Primero retrata su
agnosticismo y luego, con dramatismo, salta dentro de este
sentimiento:

A los veintisiete años, mientras viajaba en el metro en
Leningrado, fui presa de una desesperación tan grande que
la vida parecía escapárseme de pronto, dejando mi futuro
vacío por completo y sin significado. De repente, totalmente
por sí misma, apareció una frase: Sin Dios la vida no tiene
sentido. Repitiéndola con asombro, subí a la frase como si

---

6. David Friend y los editores de la revista *Life, The Meaning of Life* [El
significado de la vida], p. 194.

fuese una escalera mecánica en movimiento ascendente, salí del metro a la luz de Dios y seguí viviendo.

La fe es la única verdad y el más raro de los dones. La exageración sin fe es peligrosa; sea que el hombre reconozca o niegue la existencia de Dios. Si el hombre lo reconoce, su mala interpretación lo llevará cuesta abajo hacia la idolatría, de modo que terminará idolatrando lo general y lo particular. Si el hombre niega a Dios, está seguro de tomar lo particular por lo general y lo general por lo regular, y termina como prisionero de la lógica de la negación.[7]

La advertencia de Bitov es muy apropiada. Por un lado, si el hombre niega a Dios, hay una consiguiente exageración y confusión de la generalidad y de lo particular, tanto como un gran costo en la falta de propósito y en lo normativo. Esto, creo, es otro punto ciego del antiteísmo. En cambio, Bitov utiliza dos palabras que sobresalen. ¿Qué quiere significar con *fe* y *Dios*? Si estas dos ideas son definidas y defendidas de manera correcta, entonces no está hablando de credulidad, sino que presenta la respuesta concluyente. Esto será nuestro desafío cuando veamos la próxima parte de este libro, lo que me hace volver a donde comencé:

¿Está nuestra esperanza en cáscaras de nueces
   alrededor del cuello con campanas en la sien?
¿O dentro de espesas paredes claustrales
   donde encapuchadas figuras oran bajo mantos?
¿O arriba en estantes polvorientos?
   ¿O en las estrellas?
   ¿O en nosotros?
¿Quién responderá?[8]

---

7. *Ibid.*
8. L. E. Aute, Shiela Aute, «Who Will Answer?» [¿Quién responderá?]

Cuando uno intenta vivir sin Dios, las respuestas a la moralidad, la esperanza y el significado nos hacen retroceder dentro de nuestro propio mundo para elaborar una respuesta individualizada. Vivir sin Dios significa elevarse a sí mismo tirando de los cordones de sus zapatos metafísicos, cualquiera sea la vía escogida. En un mundo donde las culturas se entremezclan libremente, uno podría imaginar que el progreso es hecho en las coincidencias en lo pertinente a lo «sobrenatural». Pero, cuanto más nos acerquemos uno a otro, más separados parecen estar nuestros mundos interiores.

¿Puedo agregar a esto sólo una breve idea? No es que meramente vivir sin Dios cree una enorme tensión para la moralidad, la esperanza y el significado; vivir sin Dios significa también hacer un compromiso total con una filosofía de la esencia y el destino de la vida que, si es incorrecto, no nos proporcionará, en absoluto, ninguna vía de escape en caso de ser probado como falso. Este es el grado de fe que se requiere de alguien que ha abrazado un estilo de vida antiteísta. Bertrand Russell y otros, increíblemente únicos por la manera de expresarse, se jactaban acerca de lo que le dirían a Dios si recibieran la sorpresa de encontrarlo después de la muerte. Pero creo que ese palabrerío nos impresiona más a *nosotros* que a Dios y es más agradable antes del cruce final que después.

¿Puede el hombre vivir sin Dios? Por supuesto que sí, en un sentido físico. Pero ¿puede vivir sin Dios de un modo razonable? La respuesta a esto es: ¡No!, porque tal persona es compelida a negar la ley moral, a abandonar toda esperanza, a falsificar el propósito y a arriesgarse a la imposibilidad de recobrarse si está en el error. La vida ofrece demasiadas evidencias de lo contrario.

Fuera de Cristo no hay ley, esperanza ni propósito. Usted y solamente usted será quien defina y determine estos fundamentos esenciales de su vida; usted y solamente usted es el arquitecto de su propia ley moral; usted y solamente usted talla el propósito para su propia vida; usted y solamente usted arriesga todo lo que tiene en base a una esperanza que ve mentalmente. Como dijo una vez un cínico: «En todo esto en conjunto, estamos solos». Usted ha hecho la mayor decisión de su vida, ha hecho la apuesta más costosa, y ha contestado el interrogante más importante de nuestro tiempo, si eligió vivir sin Dios.

Las líneas están claramente trazadas; las respuestas son tan diferentes como dos universos. Traiga los exámenes para determinar la verdad y evaluar las razones que le llevan a sus conclusiones. ¿Puede la vida tener ya más sentido? Esto ahora merece nuestra atención.

PARTE II

¿QUÉ LE DA SIGNIFICADO A LA VIDA?

7

La ciencia del saber y el arte de vivir

¿Quién soy? Me dicen con frecuencia
quisiera salir del encierro de mi celda
calmada, alegre, firmemente
como un hacendado de su casa de campo.

¿Quién soy? Me dicen con frecuencia
hablaría a mis guardas
libre, amistosa y claramente,
como si estuviera en mí el ordenarlo.

¿Quién soy? También ellos me dicen
quisiera soportar los días de desdicha
ecuánime, sonriente y orgulloso
como alguien acostumbrado al triunfo.

¿Soy realmente todo aquello que otros dicen?
¿O soy sólo lo que sé que soy,
impaciente, anhelante y enfermo como ave en su jaula,
luchando por respirar como si manos
me apretaran la garganta,
anhelando colores, flores y el canto de las aves,
sediento de palabras de bondad, de buena vecindad,

temblando de enojo por el despotismo
y la mezquina humillación
movido en expectación de grandes acontecimientos
temblando sin fuerzas por amigos a una distancia infinita
cansado y vacío en la oración,
en el pensamiento y en la obra,
desmayado y listo a decir adiós a todo esto?
¿Quién soy? ¿Este o el otro?
¿Soy uno hoy y mañana otro?
¿Soy ambos a la vez? Un hipócrita ante otros,
¿Y ante mí un despreciable, desdichado ser?
¿O aun algo es en mí como un ejército golpeado,
huyendo en desbande de una victoria ya lograda?[1]

Estas palabras fueron escritas por Dietrich Bonhoeffer mientras estuvo prisionero de los nazis. Ningún lector puede obviar los rasgos conmovedores y punzantes que con tanta elocuencia expresan la búsqueda de una respuesta que pudiera brindar algún sentido a la vida y a sus vicisitudes. Bajo circunstancias parecidas, alguien más dijo una vez que podría soportar muchos «qué» acerca de la vida si sólo pudiera contestar los «por qué». Stephen Hawking terminó su éxito de librería, *A Brief History of Time* [Una breve historia del tiempo], habiendo explicado los «qué» y aun los «cómo» de este universo con las palabras: «Ahora si sólo supiéramos por qué, tendríamos la mente de Dios».[2] Su inevitable implicación es que la respuesta final a esa cuestión tendría que provenir de una mente que trascendiera nuestro universo material. Los «qué» nos dan el material de la existencia; es el «por qué» lo que provee el pegamento a todo aquello por lo cual vivimos

---

1. Dietrich Bonhoeffer, «¿Quien soy?», *Letters and Papers from Prison* [Cartas y escritos de la prisión], edición revisada, SCM Press Ltd., New York, 1953, 1967, 1971, p. 221. Reproducido con permiso de Simon and Schuster.
2. Stephen Hawking, *A Brief History of Time* [Una breve historia del tiempo], Bantam, New York, 1988, p. 175.

y la más importante interpretación de por qué estamos aquí en primer lugar.

Como con muchas de las cuestiones difíciles de la vida, sería fácil forzar una falsa dicotomía por separar dos componentes igualmente necesarios dentro de la respuesta. Los «qué» y los «por qué» de la vida están unidos, en forma inextricable, en las suposiciones de todos. Así es como debe ser. Es sólo cuando un individuo ha arribado a sus conclusiones sobre el «por qué» de la vida que los «qué» llegan a quedar definidos. Si soy una creación de Dios, entonces la vida debe considerarse sagrada. Pero si soy el producto de pura casualidad, el cuerpo puede ser profanado porque la vida en sí es disponible. Estos dos aspectos, por tanto —los «qué» y «por qué»—, han intervenido desde los tiempos de los antiguos gnósticos hasta los modernos hedonistas. Los dos componentes son inseparables cuando tratan con el tema que tenemos delante: Qué da propósito a la vida.

Pero debo declarar desde el principio que, antes que podamos hallar la solución a esta cuestión del propósito de la vida, debemos primero comprometernos en un serio escrutinio de la pregunta misma. Cuán fútil sería considerar el significado de la vida si los parámetros de la cuestión en sí no son claros o son absurdos.

El tema que da significado a la vida surge en cada generación y quizás en cada vida, con frecuencia es tratado en conversaciones informales y en presentaciones filosóficas formales. De vez en cuando me veo tentado a preguntar al disertante, en un lugar académico, qué quiere significar cuando afirma: «He hallado significado a la vida». ¿Hay una uniformidad de medida por la cual podemos exclamar: «¡Aquí está!?» ¿O estamos condenados a revolcarnos en un culturalmente cociente relativo, siempre cambiando el punto de referencia y relegando el significado a un sentimiento de felicidad o a cómo nos sentimos en determinado momento? Con más frecuencia de lo que pensamos, es este, en verdad, el nivel al cual cualquier tratamiento sobre el significado es reducido;

¿por qué más debería una nación considerar el alcanzar la felicidad como fundamental para su existencia?

Tuve una vez un profesor que articulaba con creatividad las variadas posturas filosóficas sobre este tema al contrastar el pensamiento de dos existencialistas: Jean-Paul Sartre y Martin Heidegger. Para Heidegger, dijo, el sentido de la vida podría ser expresado así: «Sé que todos estamos en este barco y que el barco se está hundiendo. Pero me voy a parar en el puente y a saludar porque esto parece mejor». Sartre, en cambio, exclamaría: «No! No! No! Sé que el barco se está hundiendo, pero vayamos al compartimiento más bajo y juguemos una última partida de póker. Por lo menos podemos disfrutar la vida mientras el barco se hunde!» Los filósofos están bien conscientes de cómo la filosofía de Heidegger lo llevó a involucrarse en el régimen nazi y de cómo Sartre sorprendió a todos cuando, en su lecho de muerte, repudió la elección por la cual había vivido.[3]

De la misma manera nosotros, también, meciéndonos desde lo torvo del estoicismo a la indulgencia del epicureísmo; ya sea manteniendo una fría resolución frente a la desesperación o corriendo hacia el placer desenfrenado como estilo de vida, sabemos que, no importa la opción, todo terminará en la nada. Esta es una postura común en nuestros tiempos, recordándome el libro de Ethelbert Stauffer, Cristo y los césares, en el cual la autora compara la adicción a la diversión en Roma con el efecto de la raíz sardónica, una planta venenosa que forzaba una sonrisa convulsiva en el rostro del moribundo.

Conozca el libreto

Cualquier estudiante de ciencias o filosofía está familiarizado con el nombre de Michael Polanyi. Miembro de la

---

3. Norman Geisler, *Is Man the Measure?* [¿Es el hombre el patrón de medida?], Baker, Grand Rapids, Michigan, 1983, p. 48.

Sociedad Real de Inglaterra, Polanyi fue profesor de química, física y estudios sociales en la Universidad de Manchester y profesor honorario de Merton College en Oxford. Poseía un intelecto extraordinario y fue autor de algunas de las obras más destacadas en su campo. En particular, el de la epistemología, esa rama de la filosofía que tiene que ver con la naturaleza y fundamentos del conocimiento. En su libro *Meaning* [Significado], Polanyi argumentó poderosamente que la ciencia es una forma normativa del conocimiento y que la sociedad le da significación a aquella, más que lo contrario; es decir, que la ciencia da significación (y o «verdad») a la sociedad. Advirtió que si la ciencia usa erróneamente su papel, será con peligro de destruir la vida en lugar de contribuir a ella. La religión, la poesía y el arte son las disciplinas, declara Polanyi, que infunden significación a la existencia; no la ciencia. Y, más interesante aún, este filósofo de la ciencia afirma que es la imaginación la que sintetiza y provee el pegamento de los —de otro modo— caóticos y disparatados elementos de la vida.

Presento a Polanyi y las restricciones que coloca sobre la ciencia en esta etapa porque, indudablemente, es el científico quien llegará a sentirse incómodo por la extensión en que involucraremos la imaginación durante las primeras partes de la discusión. Naturalmente, la base epistemológica o verdad tendrá que ser establecida sobre un fundamento más seguro tal como hemos hecho en la sección previa y como lo haremos en forma breve en la última parte. Pero aquí necesito revertir el procedimiento. Le recomiendo calurosamente el libro de Polanyi y su persuasivo argumento de que hay muchas insinuaciones de la realidad más allá del laboratorio.

Una palabra suya de admonición demanda nuestra atención inmediata antes de introducirnos en el corazón del tema.

El asentimiento intelectual a la reducción del mundo a sus elementos atómicos actuando a ciegas, en términos de equilibrio de fuerzas, un asentimiento que gradualmente ha

117

llegado a prevalecer desde el nacimiento de la ciencia moderna, ha logrado que cualquier clase de perspectiva teleológica del cosmos parezca no científica y soñadora. Y es este asentimiento, más que ningún otro factor intelectual, que ha puesto la ciencia y la religión (en todas o casi todas sus formas más frívolas) en oposición a la mente contemporánea.[4]

Polanyi dice que, al reducir toda la vida a los elementos atómicos y fuerzas ciegas, la ciencia, en efecto, ha hecho de la búsqueda de significado de la existencia algo sin sentido. Pero advierte que ello no es para que la ciencia haga esta determinación ni asigne propósito a la vida. La preocupación de Polanyi no puede ser contradicha al abordar el tema. Nuestro sociedad movida materialmente, viviendo con la miopía de una visión científica unilateral, parece determinada a vivir bajo la ilusión de que la ciencia es nuestra deidad consumada que nos libera de toda enfermedad o nuestro nuevo campeón en el ring que ha derribado a Dios con un golpe potente lanzado al azar. Cualquier entendimiento legítimo de las disciplinas no puede razonablemente arribar a tan indefendible conclusión. Cuando los bordes afilados de la realidad son expuestos —desde la infancia hasta la madurez— los «por qué» de la vida proliferan, silenciando la voz científica y desafiando la mentalidad filosófica.

El desafío que tenemos delante es responder a la magna cuestión del propósito de la vida en sí, lo cual, en su momento, nos llevará a los «por qué» y los «qué» de vivir una vida llena de significado. Considere por un momento dos muy profundas y provocativas declaraciones que admiten una penetrante, omnipresente vaciedad en la vida —soledad—, no obstante todos nuestros avances en el conocimiento. El primero es de D. H. Lawrence:

---

4. Michael Polanyi, *Meaning* [Significado], University of Chicago Press, Chicago, 1975, p. 162.

Quisiéramos engañarnos a nosotros mismos con la idea de que el problema de nuestra vaciedad, tiene su raíz en el amor. Deseo decirle que no es así. El amor es sólo las ramas. La raíz va más allá del amor. Una especie de desnudo aislamiento. Un yo aislado que no puede encontrarse ni mezclarse, ni nunca lo podrá. Es verdad lo que digo. Hay un más allá en usted y un más allá en mí que sobrepasa al amor, más allá de la esfera de las estrellas. De la misma manera en que algunas estrellas están más allá del campo de nuestra visión, así también nuestra propia búsqueda va más allá de la esfera del amor. Al menos, creo que eso es la raíz, yendo más allá del amor en sí.[5]

Haciéndose eco de los mismos sentimientos, Thomas Wolfe dice:

La completa convicción de mi vida ahora descansa sobre la creencia de que el sentimiento de soledad, lejos de ser un fenómeno raro y curioso, peculiar a mí mismo y a otras pocas personas solitarias, es el hecho central e inevitable de la existencia humana. Toda esta horrible duda, desesperación y oscura confusión del alma que una persona solitaria debe conocer es debido a que no está unida a imagen alguna, salvo aquella que él mismo haya creado. No está apoyada por ningún otro conocimiento excepto aquel que pueda reunir por sí mismo con la visión de sus propios ojos y cerebro. No es sostenido, aplaudido ni ayudado por ningún partido. No es consolado por ningún credo. No tiene fe excepto en sí mismo y con frecuencia esta lo abandona dejándolo sacudido e impotente. Luego le parece que su vida ha arribado a la nada. Que está arruinado, perdido y quebrado, más allá de toda posibilidad de redención y aquella mañana, esa brillante y soleada mañana,

---

5. D. H. Lawrence, fuente desconocida.

con sus promesas de un nuevo comienzo, nunca llegará a la tierra de nuevo como lo hizo una vez.[6]

Thomas Wolfe, en su corta vida de treinta y ocho años, microcósmicamente reflejó en esas palabras la postura que predomina en un enorme cuerpo de literatura. No puedo resistir la tentación de introducir aquí los mismos sentimientos expresados por Bertrand Russell, colocando su propia impresión sobre esta realidad. Su síntesis fue que la única posición sensible de la vida era la de una inamovible desesperación y que cualquier otra actitud, fuera de la desesperación, era una mera seducción de la mente. El mensaje es claro: Las respuestas simplistas que procuren un escape de este mal por predicar «el amor» como solución, no entienden la cuestión. La lucha por hallar significado es demasiado compleja para una solución tan vacía. Si esta lucha es tratada con tan limitada inteligencia, la mente quedará cautiva en las inevitables garras de la desesperación y la falta de propósito.

Pocas personas conocen tan bien las proporciones epidémicas de este síndrome de desesperación y falta de propósito como los consejeros profesionales o ministros religiosos. Por muchos años pensé que este dolor por esa falta de significado era sentido y tratado en conversaciones sólo por ciertas culturas, pero he hallado que la diferencia yace no tanto en la necesidad como en la voluntad o reticencia a hablar de ello. Desde el Medio hasta el Lejano Oriente y desde Europa hasta las Américas, cuando la puerta está cerrada los acentos pueden diferir, pero los sentimientos permanecen virtualmente idénticos. ¿Podría relatar una de esas historias que revela la profundidad y amplitud del conflicto humano en búsqueda de significado?

---

6. Thomas Wolfe, «El hombre solitario de Dios», en *The Hills Beyond* [Las colinas más allá], Plume/New American Library, New York, 1982, pp. 146,148.

Hace varios años, mientras hablaba en una serie de reuniones, cierta dama se sentaba cada noche en la primera fila, absorta en el tema y tomando frecuentes notas de la disertación. Hacia el fin de la semana, ella y su familia me invitaron a almorzar a su casa. Había sido informado que una profunda tragedia se había abatido sobre sus vidas, la que no daría descanso a su corazón hasta que pudiese encontrar algunas respuestas. No necesité mucho tiempo para adivinar hacia dónde estaba encaminada su historia; los detalles, sin embargo, me resultaron asombrosos.

Me habló mucho de su esposo y sus muchos logros profesionales. Había ganado buena reputación, al punto de ser considerado como pionero en su campo; y, financieramente, estaba cabalgando en la cúspide del éxito. En pocas palabras, era envidiado, admirado y muy querido por cuantos le conocían. Su vida entera, de la oficina a la casa, respiraba alegría, éxito e influencia. ¿Cómo pues, podría ella explicar los acontecimientos de una noche funesta?

Me contó de un repentino y horrible sonido que la hizo sobresaltar de su sueño. Tomando un momento para orientarse, miró a su cama y vio que su esposo no estaba en ella. Nerviosamente salió en dirección al ruido hasta que vio a su esposo doblado sobre la mesa de la cocina, la mirada de muerte en su rostro y una nota garabateada que le alcanzaba con su mano. Con una rápida mirada a la nota, su mundo se desplomó y miríadas de preguntas plagaron su mente. La nota era de un suicida y comenzaba con las palabras: «Algunas personas mueren por muerte natural. Otras, incapaces de enfrentar la vida, eligen acortarla». Seguía luego una prolongada y afectiva disculpa con un pedido de perdón por esa traición y la seguridad para la familia de que todas sus necesidades financieras habían sido previstas.

Pude sentir la carga terrible de esta descorazonadora experiencia aun cuando esta mujer era completamente extraña para mí. Su historia estaba saturada con las palabras: «No puedo entender esto. ¿Por qué lo hizo?» Así corría el apenado lloro de una esposa abandonada que ahora experimentaba el más grande de todos los rechazos.

Es obvio que no pude contestar por qué, pero permítame decirle lo que le dije a ella. Para muchos en nuestro mundo ultraacelerado, la desesperación no es un momento; es un modo de vida. Lapsos momentáneos de desconsuelo y aun de inutilidad no son raros y todos los experimentamos a veces. Pero la postura resignada que considera la vida privada por completo de todo propósito y un significado final, difícilmente puede ser elogiada como un dogma reconfortante. Aun es esta conclusión, que ronda tenazmente las mentes modernas, poco diferente a la solución de Heidegger de «ponerse de pie sobre el puente y saludar» cuando el barco se está hundiendo.

Tal vez usted encuentre sorpresivo el método que estoy adoptando para tratar este relevante conflicto de toda la vida por significado. Sin embargo, he elegido tomar esta ruta de modo que pueda tocar algunos temas que uno no está acostumbrado a tratar en los lugares académicos. Considérelo una metodología oriental, si así lo desea. Sólo le ruego su paciencia y que no salte a las conclusiones hasta que no hayamos terminado la totalidad del argumento. Si usted falsamente llega a una deducción estando aún en la mitad, perderá el cuadro que estoy tratando de pintar.

No tengo la menor duda de que el tema necesita una intrincada argumentación filosófica. Por el momento resistamos la tentación de igualar sofisticación con sabiduría. No puedo garantizar que este trabajo dejará al descubierto todas las respuestas que usted está buscando, pero pondré todo mi esfuerzo en ubicar el mal tan claramente como pueda, a fin de tener algunos puntos de referencia incontrovertibles por los cuales se puedan examinar las respuestas.

Durante un breve tiempo de estudio en la Universidad de Cambridge, en Inglaterra, me propuse investigar en las obras de algunos de los poetas del romanticismo: Coleridge, Blake, Shelley y otros. Las razones de mi interés eran dobles. Primero, deseaba entender mejor el desliz histórico que tomó al modo de pensar romántico desde la euforia de un sueño utópico visto por los mejores de ellos luego de la revolución francesa, hasta el oscuro y desesperanzado desaliento de las guerras napoleónicas. Pienso, por ejemplo, en el regocijo de Robert Southey que siguió a la toma de la Bastilla y su declaración de que: «El hombre ha nacido de nuevo». Tal optimismo fue desechado solo pocos años después.

¿Por qué, me pregunto, está la historia tan repleta de gráficos y dramáticos movimientos de un extremo al otro? ¿Estaba Martín Lutero en lo cierto cuando dijo que la historia es como un borracho que se tambalea de una pared a otra, golpeándose sin sentido con cada choque? ¿Es la descripción de Dickens sobre lo mejor y lo peor de los tiempos perennemente utilizable?

La segunda razón por la que deseaba estudiar a los poetas románticos fue por su entendimiento de la imaginación y su conocimiento del papel que juega en llevar a la mente intimidades de la realidad. Así, vuelvo ahora a los artistas, poetas y al romanticismo para tratar las ideas preliminares de este estudio antes de regresar al rigor de los filósofos.

Corra el telón

Comencemos por mirar a ese pasaje tan familiar en la obra de William Shakespeare, *As You Like It* [Como le guste].

Todo el mundo es un escenario,
Y los hombres y mujeres meros actores:
Tienen sus salidas y sus entradas;
Y cada uno, a su tiempo, actúa muchos roles,
Sus actos son siete etapas: Primero, el infante,
Lloriqueando y vomitando en brazos de su ama.
Luego, el quejoso escolar con su maletín,
Y su rostro brillante por la mañana,
Arrastrándose como un caracol
Obligado hacia la escuela. Luego el amante,

Suspirando como un horno, con una balada triste
Dedicado a las cejas de su amada. Luego, un soldado,
Lleno de extraños juramentos y barbado como leopardo,
Celoso en el honor, repentino y rápido en el conflicto
Buscando la burbuja de la reputación
Aun en la boca de los cañones. Y luego, la justicia
En clara barriga redonda, rellena con buen capón.
Con ojos severos y barba formalmente recortada,
Lleno de sabias miradas y modernas instancias;
Y así representa su parte. La sexta edad cambia
a el delgado pantalón y las pantuflas,
Con gafas sobre la nariz y zurrón al costado;
Sus juveniles calcetines bien cuidados,
un mundo demasiado amplio
Para su pierna encogida; y su voz varonil,
Volviendo de nuevo hacia su pueril clave de sol, tubos
Y silbidos en su firmeza. La última de todas las escenas,
Que termina su extraña historia pletórica de eventos,
Es segunda niñez y mero olvido;
Sin dientes, sin ojos, sin gusto, sin nada.

En estas siete etapas, Shakespeare presenta el libreto a ser actuado en la vida: infancia, niño de escuela, amante, soldado, edad media, declinación y ancianidad. Y la última de las escenas, que da fin a esta extraña historia, llena de hechos, presenta la vida como sin dientes, sin vista, sin sabor y sin significado.

Mucho antes de nuestros medios electrónicos de entretenimiento, exponiendo sobre la relación entre la vida y el arte, Fedor Dostoievski predijo que al principio el arte podría imitar la vida, pero luego esta imitaría al arte y, finalmente, que la vida tomaría la razón misma de su existencia, desde el arte. Creo que fue muy profético y si la analogía de Shakespeare es tomada como verdadera, hemos en verdad eliminado la diferencia entre los dos teatros de la vida y el drama; por lo pronto, el teatro ha tomado control de nuestro mundo real.

Uno casi podría detectar aquí una insinuación de la mitología oriental, la cual sostiene que los «dioses» están actuando el conflicto del bien y el mal en la vida de los mortales.

Para nuestros propósitos vamos a dividir la vida en cuatro etapas: infancia, adolescencia, juventud adulta y madurez y, en tal contexto, demostrar y explorar cómo, en cada período la búsqueda de significación es hecha, lograda y, a veces, perdida.

8

El romance del encanto

LA PRIMERA ETAPA que consideraremos es el mundo de un niño. Aquí estoy profundamente endeudado con los escritos de G. K. Chesterton, que proclamó sin vergüenza que aprendió mucho más sobre la vida observando a los niños en una guardería que lo que jamás logró reflexionando sobre los escritos de ninguno de los filósofos. Perdonaremos su exageración pero no nos arriesgaremos a perder el punto central de esto.

¿Qué es lo que nos fascina en un niño? Más que eso, ¿qué es lo que fascina a un niño? La respuesta a ambas preguntas es la misma. ¿No es ese sentido de asombro que satura mucho de lo que el niño ve y experimenta? Oigan a padres y madres jóvenes, que acaban de dar la bienvenida a un bebé a sus brazos y a sus hogares, están embelesados, absortos en la maravilla de ese ramillete de vida que, sin medida, ha enriquecido las suyas.

Déjenme narrarles una experiencia que mi esposa y yo tuvimos hace varios años, cuando fui a hablar al Medio Oriente. En aquel momento, la situación política en ese subcontinente había alcanzado el punto de ignición. En efecto, en las inmediaciones había delegaciones extranjeras procurando contener la marea de odio con la esperanza de traer algunos momentos de paz a esa parte turbulenta del mundo. Nuestra estadía incluyó un viaje en taxi desde Jordania hasta Israel, a través del West Bank, cruzando el puente Allenby.

Cuando llegamos al puente, dejamos el taxi en el lado jordano y caminamos con la ayuda de un portador de equipajes hasta la mitad del puente, que era el lugar hasta donde a él se le permitía avanzar. Allí un israelita se hizo cargo de nuestras maletas y nos escoltó hasta el lado israelí del puente. Los límites estaban muy bien marcados. Una vez en suelo israelí, fuimos llevados a un muy asegurado edificio de inmigración para el rutinario, pero riguroso interrogatorio, que precedía a nuestra solicitud de una visa de visitantes. Mi esposa, nuestra pequeña hija Sara y yo, estábamos en una de las filas; habíamos sido advertidos que debíamos esperar una mañana emocionalmente agotadora, que inclusive podría tomarnos todo el día entero.

En realidad no sabía cómo preparar mejor a nuestra hijita para la experiencia, puesto que tenía apenas dos años. Estábamos rodeados de soldados empuñando metralletas, cuyas miradas penetrantes nos llevaban a pensar que todos éramos culpables de algo. Había sacos de arena apilados contra todas las paredes y un verdadero ambiente de inquietud saturaba el lugar.

Al fin llegó nuestro turno de ser interrogados. Extraño para mí, como si estuviera estudiando la habitación llena de guardias armados, Sara había puesto sus ojos en un joven soldado israelí con quien estaba sosteniendo un «combate» de miradas. De pronto hubo un extraño momento de silencio en la habitación que fue roto por la vocesita chillona de nuestra hija preguntándole al soldado: «Disculpe, ¿no tiene una goma de mascar que haga globos?»

Las palabras de por sí no pueden expresar lo que esa pequeña voz y su pedido hicieron con todos en la habitación, donde hasta ese momento las armas de guerra y el mundo de «ideas adultas» nos habían mantenido como acorralados. Todos cuantos entendían inglés no pudieron reprimir una sonrisa y quienes no lo entendían supieron que el corazón del soldado había sido irresistiblemente tocado. Todas las miradas se volvieron hacia él.

Se detuvo por un momento, luego, con cuidado, pasó su metralleta a un compañero. Vino hacia donde estábamos, miró cariñosamente a Sara y la levantó en sus brazos. La llevó a una habitación trasera y regresó pocos minutos después con ella en un brazo y en el otro tres vasos de limonada sobre una bandeja: uno para mi esposa, uno para Sara y otro para mí. Entramos y salimos de la oficina de inmigración en veinticinco minutos. Inclusive, el soldado condujo su jeep hasta la puerta y nos llevó a la parada de taxis, enviándonos de camino hacia Jericó. Si nos perdonan el juego de palabras, ¡otra pared había caído! Con frecuencia he remarcado que Sara ganó su sostén de un año con una pequeña pregunta hecha en el momento oportuno.

¡El poder increíble de un niño! Por un momento, en aquella habitación, trajo una pausa a la guerra. En verdad, tal es la fuerza de la inocencia. ¿No es cierto? Al menos un soldado vio algo en ella; tal vez el rostro de su propia hijita en su hogar y sus sentimientos trascendieron su mundo inmediato de armas, odio y desconfianza. El rostro maravillado de una niña de dos años hizo posible que él se elevara por sobre todo el ambiente impregnado de sospechas y por amor a la infancia y la belleza esencial de la vida, momentáneamente desechar todo temor. La medida de la influencia de esa niña fue sólo enfatizada por el hecho de que ella no tenía idea del poder que había ejercido y lo que había logrado.

¿Es suficiente, pienso, reconocer el poder de una vida joven? Estoy consciente por completo del lado volátil de este maravilloso mundo de un niño; ese lado que habla de una credulidad. Pero si avanzamos demasiado rápido para tomar ese lado descendente de la niñez, nos privaremos de algunas de las mayores lecciones de la vida que nos exigen prestar atención a esas fuerzas llenas de esplendor que ofrece la existencia de los infantes: Su capacidad para disfrutar y

engendrar asombro. Es consecuencia de esa emoción y sentido de asombro que un mundo de significación sobreviene
para el niño. Desde mirar a los ojos de su madre, mientras es
amamantado en sus brazos, hasta el éxtasis que experimenta
cuando está pegado a las parpadeantes luces de un árbol
navideño, el niño jadea una docena de veces al día abrumado
por las sublimes ofertas de la vida. Mire a la carita del niño
cuando prueba un helado por primera vez, cómo gira su
cuerpo entero pidiendo más. Oigalo reír cuando su padre
juega con él en el jardín y corre tras él procurando agarrarlo.

La risa y la alegría de los simples pero aun exquisitos
deleites mantienen lleno el corazón del niño. Cada experiencia es vivida a plenitud y el pequeño sólo se resiste a dormir
para no perder ni un momento de diversión.

Nada es mayor indicador de este sentido de asombro y del
mundo de fantasía, que el amor del niño por las fábulas e
historias fantásticas. Walt Disney construyó un imperio mundial sobre esa propensión. Y pienso que es en el mundo de la
fantasía donde adquirimos nuestra primera indicación del
significado de la vida. Ninguno, en mi estimación, capta mejor
este encanto que la ingeniosa imaginación de G. K. Chesterton
en la que considero su obra maestra y, quizás, uno de los más
grandes ensayos de la literatura, brillantemente titulado *The
Ethics of Elfland* [La ética en la tierra de los duendes].
Chesterton al mismo tiempo retiene y desenreda el misterio
de un niño y su amor por los cuentos de fantasía. Saca a la
luz tres componentes siempre presentes en cada cuento de
fantasía. Estos tres elementos se entrelazan dentro de la
conciencia e imaginación del pequeño a tal grado que cuando
ellos se desarrollan en la historia, nunca hay una muestra de
decepción y siempre una postura de aceptación inmediata.

El primer elemento es el de un principio moral que emerge
como la lección sobresaliente de toda historia. (En realidad,
la misma palabra *moral* derivó originariamente su uso del
mundo de tal literatura.) Estos principios están diseñados
para impartir alguna de las virtudes más inviolables de la

vida. En *La bella y la bestia*, la moral es que debemos amar algo antes que sea amable; en *Cenicienta*, es la exaltación del humilde y el rescate de los oprimidos; en *La bella durmiente*, es que uno puede ser bendecido con todo lo que ofrece la vida y, sin embargo, ser maldecido por la realidad de la muerte, y que la muerte misma puede ser suavizada hasta el efecto de un sueño y finalmente derrotada por la verdad. Todo este encanto —toda esta maravilla—, dan lugar a una lección moral.

Pero esto no es todo lo que nos traen esas historias. El segundo componente del cuento de fantasía es el de una muy específica e inalterable condición. Esta condición no es negociable. No siempre es explicada, ni siquiera defendida. La condición es meramente declarada: «Si usted no vuelve atrás por tal y tal cosa, llegará a ser tal y cual cosa».

El tercer elemento es aún más importante, alguien a quien es dada la condición jamás dice: «¿Cómo es posible?» Ella es aceptada sin discusión. Chesterton sugiere que si alguien así advertido fuera a cuestionar el mandato del hada madrina, ella bien podría replicar: «Si esa es la manera como usted lo desea, dígame ¿cómo ha llegado a haber una tierra de los duendes?»

Eso, puedo decir, es un recordatorio increíblemente importante. El misterio y el temor reverente son legítimas respuestas en un mundo de tan estupendas dimensiones, que requieren algunos parámetros de conducta sin los cuales no puede haber ninguna promesa de un mañana más brillante. En algún punto el cuestionante debe rendirse a la mente mayor que coloca las estipulaciones.

Y sin embargo le digo que, pocas disposiciones de la mente moderna son tan patentemente audaces como nuestra presunción de que se nos debe una explicación de ilimitadas proporciones de la realidad. Perseguimos esa búsqueda de conocimiento a un grado que demanda la remoción de todo misterio, aun de las más sublimes insinuaciones de la vida. Deseamos no tener ni una parte de un Dios que nos niega la más ligera pizca de información sobre cualquier asunto que sentimos que se nos debe. Pienso en todos los grandes misterios de la vida con los cuales tenemos el privilegio de vivir y en los muchos cuya esencia hemos destruido por relegarlos a un lugar común.

Pienso en el gran misterio y bendición de la sexualidad humana, la maravilla que Dios ha dotado en la consumación del amor conyugal dentro de la santidad del matrimonio. Aun esto hemos profanado sin remordimientos. Pienso en la maravilla del nacimiento de un bebé, cómo dentro del cuerpo de una mujer una vida nueva puede ser formada a la perfección. Pero ahora el niño es concebido en un mundo rodeado de voluntades humanas autocentradas que lo han reducido a una abstracción como un «producto de la concepción». Pienso en la maravilla de una pequeña vida, alimentada en los pechos de su madre. Pero ¡ay! Estamos viviendo en días cuando hemos perdido el esplendor de la maternidad y, si pudiéramos hacerlo, aun erradicaríamos las diferencias fisiológicas entre los sexos. Pienso en la gloria de un amanecer o un atardecer, todo ahora parte de un universo sin mente, haciendo estas cosas en ciclos indefinidos. Oscar Wilde dijo una vez que no apreciamos las puestas de sol porque no tenemos que pagar por ellas. Wilde estaba equivocado. Podemos «pagar» por las puestas de sol viviendo en concordancia con los propósitos de nuestro Creador y su gran designio. Al dejar el generoso mundo de nuestra niñez, no hemos simplemente salido del país de los duendes; hemos vagado con cierto descaro en un desierto estéril despojado de belleza y significado, habiendo rasgado, supuestamente, el horizonte de nuestra estrechez sin ver nada allí. La búsqueda fue comprensible, la partida legítima, pero el viaje fue encaminado a la perdición.

De la miseria al misterio

La Biblia no desconoce el hambre de la humanidad por conocimiento y el Dios de la Biblia entiende bien este anhelo.

El libro de Job, por ejemplo, es uno de los más conocidos de la Biblia porque busca una respuesta a la miríada de preguntas de la mente y en particular, al problema de Dios en relación con la humanidad y el sufrimiento. Sospecho que hay más interrogantes surgidas en ese libro que en ningún otro de las Escrituras.

Pero deseo enfatizar el proceso de argumentación que Dios emplea para traer a Job a través de su búsqueda de una explicación a una gozosa sumisión a la voluntad divina. Somos conscientes de que Job estaba experimentando la noche oscura de su alma, su teología iba desmoronándose porque él había sido «bueno» pero no estaba siendo «bendecido». Había perdido todo y anhelaba no sólo una tregua, sino una respuesta de un Dios omnisciente. Es obvio que la multitud de preguntas que Job lanzó a sus presuntos simpatizantes fue un conducto para ventilar su frustración con Dios. «¿Por qué estoy sufriendo cuando he vivido una vida justa?[...] A menos que tenga la respuesta aquí y ahora para despejar toda duda y temor, no puedo continuar».

De una manera inesperada y dramática, Dios rompió las ociosas y repetidas diatribas y dijo: «Está bien, Job, te voy a contestar». Esto captó la atención de Job. Al fin el cielo ya no parecía de bronce y la mente humana podría tocar lo eterno en su deseo de entender uno de los enigmas más espinosos de la vida. Aun la primera parte de la respuesta de Dios fue una serie de sesenta y cuatro preguntas que comenzaron con: «Ahora ciñe como varón tus lomos; yo te preguntaré y tú me contestarás. ¿Dónde estabas tú cuando yo fundaba la tierra?» (Job 38.3-4). Si ese escenario de Dios preguntando a Job hubiera sido puesto en el formato de un juego, Job hubiera ganado el gran premio anual «Yo no sé».

¿Qué estaba haciendo Dios en aquel tan personal intercambio con un hombre devoto e inteligente? Quisiera proponer que el propósito de Dios tenía dos partes. Primero, fue capacitar a Job para reconocer la legitimidad y sensibilidad de la limitación humana. Nos engañamos a nosotros mismos cuando creemos que nuestras mentes finitas no sólo pueden saber, sino que deberíamos saber todo sobre todo. La respuesta de Dios es: «Tú no puedes; y lo que es más, hay un legítimo misterio que alimenta un necesario sentimiento de admiración».

Pero hay una segunda parte en el propósito de Dios para con Job y debemos notarlo porque aquí es donde el hombre moderno, a diferencia de sus predecesores, más que en otro tiempo de la historia, se ha empobrecido a sí mismo. Dios apela a Job al compelerlo a abrir su modesto depósito de certidumbres dentro del cual estaba su no comprometida creencia de que el mundo era obra de la mano de Dios, que era soberano y bueno. «Si tú aceptas que soy el autor de este universo y reconoces tanto su maravilla como su misterio, ¿por qué no puedes confiar en que puedo tomarte a través de este conflicto también, sin levantar totalmente el telón?» En ese terreno común de la creencia de Job en Dios como creador, él podría confiar que era también el preservador.

Aquí es donde la pregunta de Dios resulta totalmente irrelevante para nuestros hombres modernos y sofisticados, que piensan que han resuelto el enigma del origen del universo con sus instrumentos de laboratorio. Una audaz teoría de tiempo, más materia, más azar, es abrazada confiadamente. Con tal abandono de la maravilla de este universo como la expresión de un Dios omnisciente, la expulsión de todos los principios morales es la consecuencia natural, culminando en una pomposa demanda del Creador: «¿Cómo es posible?» Las «éticas del país de los duendes» han abierto la senda a la tiranía de los más oscuros instintos.

Déjeme ilustrar cómo esta actitud es demostrada en los más sofisticados reductos académicos. Hace poco leí un extenso artículo del profesor Kenneth Miller, de la Universidad Brown, titulado «El gran diseño de la vida». El subtítulo rezaba: «Aunque algunos insisten que la vida, como la conocemos, surge de los planos originales de un gran diseñador, la biología ofrece nuevas evidencias de que los organismos fueron reunidos, estrato sobre estrato, por un soldador llamado evolución». El autor lanza otro de esos ataques tan familiares contra el clásico argumento de la existencia de Dios partiendo del diseño que ofrece el universo. Más específicamente, se dirigió a sí mismo a la ilustración del ojo humano y da atención especial a la posición del nervio óptico. Como usted tal vez sepa, las células fotoreceptoras ubicadas en la retina, envían impulsos a una serie de células interconectadas que procesan información para las células del nervio óptico, el cual las conduce al cerebro. Así es como Miller describe nuestra «imperfección»:

Un diseñador inteligente trabajando con los componentes de estos nervios hubiera elegido la orientación que produce el máximo grado de calidad visual. Ninguno, por ejemplo, hubiera sugerido que los conectores neurales debían ser emplazados frente a las células fotoreceptoras —impidiendo que la luz le llegue— más que detrás de la retina. Increíblemente, así es como la retina humana está diseñada. La calidad visual es disminuida porque la luz se divide cuando pasa a través de varias capas de nervios celulares antes de alcanzar la retina. Esta dispersión de la luz ha sido minimizada porque las células del nervio son casi transparentes, pero no puede ser eliminada debido al diseño defectuoso.

Sobre todo, los efectos se complican porque una cadena de vasos que se necesita para suplir las células del nervio con una abundante cantidad de sangre, también está ubicada directamente frente a la capa sensitiva a la luz, otro defecto que ningún ingeniero hubiera propuesto.[1]

Evitaré considerar algunas evidentes debilidades filosóficas en el artículo de Miller. Aun a nivel de fundamento, su argumentación adolece de tres errores esenciales: Primero y

---

1. Kenneth R. Miller, «El gran diseño de la vida», en *Technology Review* [Revisión tecnológica], Febrero/marzo, 1994. Usado con permiso.

sobre todo, su desatino inicial es el mismo que comete la mayoría de los pensadores evolucionistas ateos, caricaturizan el pensamiento bíblico y luego lo hacen añicos. En ninguna parte la enseñanza bíblica sobre la creación dice que, en su actual condición, el hombre está perfectamente diseñado. ¡Pregunte a cualquier mujer que ha tenido que pasar por los difíciles y dolorosos momentos durante su alumbramiento, si tiene dudas acerca de la perfección del diseño del cuerpo humano! Miller no necesita mirar solamente al ojo para hallar lo que llama un «defecto».

Segundo, si su deducción es en verdad válida y el diseño del órgano de la vista es tan terriblemente defectuoso a causa de sus limitaciones fisiológicas y estructurales, ¿qué le hace pensar al profesor Miller que su cerebro ha hecho una deducción perfecta, siendo que el cerebro mismo puede estar impedido por un diseño defectuoso? En su presuposición materialista, el profesor Miller sabe que el ojo engendra vista y que el hígado segrega bilis; por tanto, debe también sostener que el cerebro segrega pensamiento. Por qué presume que la última secreción ha de ser perfecta, levantándose por sobre sus deducciones determinantes y siendo trascendentemente consciente de las imperfecciones y defectos de los subagentes orgánicos?

Por último, el profesor Miller debe estar al tanto de que otros eruditos ilustres han demostrado las limitaciones que se impondrían al ojo si su diseño tuviera que ser revertido, tal como él lo entiende.

Hace algunos años, cuando nuestra hija mayor, tenía trece años de edad, fuimos a pasar la tarde a un campo de golf. En cierto momento la niña se paró detrás de mi sobrino; este, que no la había visto, impulsó el palo hacia atrás para dar un golpe violento a la pelota. Ella recibió el golpe en la cara y cayó de rodillas cubriéndose un ojo con las manos; la sangre corría entre sus dedos en aterradora profusión.

Un vistazo nos convenció de que había perdido el ojo. Muchos recuerdos de esa experiencia resultan incomprensibles.

En minutos la niña estaba en una ambulancia y en horas estaba en las manos de uno de los mejores especialistas en oftalmología pediátrica de los Estados Unidos. Pocos días después de esta cirugía de emergencia, declarada por el médico como un éxito total, fue dada de alta del hospital y recobró su visión por completo. Cuando dimos las gracias al médico por su atención y habilidad, nos explicó que su tarea había sido simplificada por el maravilloso diseño de la estructura del ojo y por la protección que él brindaba a sus partes más sensitivas.

No deseo presionar demasiado con esto, pero debo preguntarme acerca de las críticas presentadas por la caterva de profesores como Miller, del mundo y toda su especie. Aquí está el punto: En un insolente levantar la cortina del ojo con la misma desaprensión conque se levanta el capó del auto, este distinguido educador ha perdido la admiración de una maravillosa provisión.

Puedo aceptar que los teístas algunas veces, por desgracia, exageran sus argumentos basados en el diseño, sobre todo en el caso del ojo. Pero en verdad el argumento sobre el diseño, cuando es colocado junto con otras evidencias, no es falto de razón.[2] En efecto, de un modo extraño y desconcertante, el profesor Miller termina su propio artículo con estas palabras:

> William Paley esperaba que el estudio de la vida podría decirnos algo sobre la personalidad del Creador. Aunque Paley estaba errado en el argumento desde el diseño, pudo haber estado acertado en su noción de la personalidad. Para el devoto religioso, la evolución puede ser vista no como un desafío sino más bien como una prueba del poder y sutileza de los medios del Creador. El alcance y escala de la evolución sólo pueden magnificar nuestra admiración por un Creador

---

2. El argumento *sobre* el diseño es muy diferente al argumento *desde* el diseño. Es muy importante que lo comprendamos, y para ello lo he tratado con más amplitud en el apéndice A.

que pudo poner semejante proceso en movimiento. El Gran Arquitecto del universo pudo no haber escrito cada DNA básico del gene humano; pero tal arquitecto tiene que haber sido en verdad muy inteligente.[3]

En un condescendiente quitarse el sombrero ante los teístas, Miller ha procurado cubrir sus propias espaldas, las cuales, en su esquema de los orígenes, han surgido de la nada. Llevado por la arrogancia, la pérdida de la admiración deja al crítico doblemente empobrecido, tanto por su rechazo de la verdad como por su incapacidad de experimentar un legítimo disfrute. La advertencia de Polanyi no fue considerada por Miller y, en un intento por defender su disciplina, en su posdata no científica traiciona algo de su pobre filosofar.

Intelecto y sublimidad

Sería muy fácil para el escéptico decir: «¡Ah! ¿Pero usted no va a tomar el punto de vista de un niño acerca del universo en oposición al de un hombre de tantas letras, no?» Preguntar eso es desconocer la cuestión. Estoy argumentando que, para un niño, la significación es procurada por su reconocimiento del sentido de reverencia que inspira la realidad que rodea su vida. Tal realidad es fusionada con admiración y diseño, y engendra propósito. El mundo no es visto como sin razón o caprichoso. Pero, con la echada por la borda de esos factores, la vida misma pierde su sentido, ¿por qué entonces considerar cualquier criticismo como significativo? Además, y mucho más importante, los mismos datos que los millers de este mundo utilizan son tomados igualmente por individuos tanto o mejor calificados que, mediante grandes proezas académicas, establecieron la imposibilidad de una explicación para este universo si se deja a Dios de lado. Estos eruditos no sólo ven un inteligible y ceñidamente entretejido universo, sino

3. Miller, «El gran diseño de la vida», p. 32.

que de igual manera sacan de él el asombro que brinda la significación porque, detrás de todo, reconocen la mente y la mano de un diseñador. Para ellos, los concordantes principios morales permanecen y saben cuándo dejar de preguntar: «¿Cómo es posible?» Su concepción del universo es mucho más coherente, a diferencia de Miller, que tiene que escabullirse en salvedades al final de su crítica.

Como un ejemplo, permítame trasladarlo a una sofisticada sala de conferencias en la Universidad de Cambridge, donde estoy sentado escuchando una exposición del físico cuántico, Dr. John Polkinghorne, presidente de Queens College, Cambridge. Su libro *The Quantum World* [El mundo cuántico], ha sido aclamado por el *Boletín de física* como uno de los más refinados en su género. En su otro libro *One World* [Un mundo], Polkinghorne argumenta con elocuencia que la existencia de Dios es insinuada por nuestro universo inteligible y finamente entonado, con una semejante exactitud en cada detalle que los pensadores ateos encuentran difícil de explicar.

En la temprana expansión del universo tiene que haber existido un delicado equilibrio entre la energía expansiva (que separa las cosas) y la fuerza de gravedad (que las atrae entre sí). Si la fuerza expansiva dominara, la materia viajaría apartándose demasiado rápido para que la condensación de estrellas y galaxias tuviera lugar. Nada interesante podría ocurrir en un mundo tan esparcido. En cambio, si predominara la gravedad, el mundo entraría en colapso consigo mismo de nuevo antes que hubiera tiempo para que el proceso de la vida ocurriera. La posibilidad de nuestra existencia requiere un balance entre las fuerzas de expansión y contracción que, en una época muy temprana en la historia del universo (el tiempo de Planck) debía diferir de la igualdad en no más de 1 en 10^{60}. El versado en los números se asombrará de tal grado de exactitud. Para el no versado, tomaré prestada una ilustración de Paul Davies sobre lo que significa esa precisión: Afirma que es la misma que ¡apuntar a un blanco de dos centímetros y medio de ancho, colocado en el extremo observable del universo, a veinte mil millones de años luz de distancia, ¡disparar y dar en el centro![4]

Recuerdo otra ocasión cuando estaba sentado en el auditorio de la universidad de Witwatersrand en Johannesburg, en Sudáfrica, esperando mi turno para hablar. Tuve el privilegio de oír a un astrónomo connotado, el profesor David Block (aceptado en la Sociedad de Astronomía Británica a la edad de diecinueve años), que hizo su exposición de por qué creía en un universo diseñado. Una de sus diapositivas mostraba una foto de cien mil millones de estrellas, llevando la atención a la magnificencia que hace retroceder la mente ante un universo cuyas cifras siderales son interdependientes. El Dr. Block recordó a la audiencia que si pudiéramos contar aquella cantidad de estrellas a una por segundo, nos tomaría dos mil quinientos años.

Las similitudes entre los doctores Block y Polkinghorne, si me perdonan el juego de palabras, no son de infantes con ojos deslumbrados. Estoy al tanto de la réplica de David Hume a esta clase de argumentación y de su ataque al principio de lo causal en filosofía extrapolada de la ciencia. Pero es la afirmación del empírico John Locke: «El hombre sabe, por una certeza intuitiva, que una mera nada no puede producir ningún ser real más que lo que pueden igualarse dos ángulos rectos», ¿una afirmación burlesca? Tal vez el niño, en su intuición, tiene algo que enseñarnos aquí, sostenido además por el intelecto del adulto. Desde un niñito en la guardería hasta el Queen's College en Cambridge, hay disfrute, encanto y asombro cuando Dios es visto detrás de las maravillas de este universo. Pero cuando el telón es abierto en búsqueda del conocimiento por mero amor al conocimiento, el hambre se hace insaciable y se pierde la admiración.

---

4. John Polkinghorne, *One World* [Un mundo], SPCK, Londres, 1987, pp. 57-58.

Permítaseme condensar esto en las palabras de Christopher Morley:

> Fui al teatro con el autor de una obra exitosa. Insistía en explicarme cada detalle. Me dijo qué debía observar, los detalles de la dirección, los errores del propietario y los puntos débiles del actor. Me anticipó todas las sorpresas y me arruinó la noche. ¡Nunca más! Le advierto, el más grande autor de todo no cometió tal error.[5]

Cuando el asombro se disipa

Si uno elige definir todo en términos mecánicos o de casualidad, inevitablemente sobrevendrá la pérdida de ese sentido infantil del asombro; y donde este se pierde, hay tres consecuencias directas. Primero, hay una inevitable reducción de todo lo que constituye la vida; y todo, en última instancia, será químico y molecular. Las implicaciones de esta reducción se transfieren a nuestras relaciones interpersonales en la sociedad. En los turbulentos días de los motines raciales, el Dr. Martin Luther King suplicó a la nación volver sus espaldas a los odios pasados. Al recibir el Premio Nobel de la Paz, el Dr. King dijo: «No puedo aceptar la idea de que el hombre sea un objeto o un desecho flotando en el río de la vida[...] incapaz de responder a los deberes que lo confrontan por siempre».

El Dr. King invoca con claridad un valor trascendente de la vida humana. En contraste, el materialista es forzado a una teoría de generalizaciones y no puede evitar esta reducción del hombre a un objeto o desperdicio flotante. Donde se produce la pérdida de la maravilla hay una derivación natural hacia una perspectiva que ensombrece todo lo estético o

---

5. Christopher Morley, «Sin dirección», citado por Luccock & Brentano, ed., *The Questing Spirit* [El espíritu inquisitivo], Coward-McCann, New York, 1947, p. 418.

virtuoso. Por esa causa, todo en la vida se reduce a su mínima expresión, un andrajo de materia en reacción química o física, donde las «reacciones» más fuertes son las que ganan. El hombre ha quedado reducido a una mera señal detectable en la pantalla de radar del tiempo. Lo más sublime es reducido a lo más bajo y el amor es meramente algo glandular. Cuán trágica la filosofía que engendra el antiteísmo, porque cuanto más alto escala el pináculo de la evolución, más es recordado de su total insignificancia.

En el marxismo, el burocrático control del estado erige edificios gubernamentales gigantescos para empequeñecer al individuo. A guisa de libertad académica y hedonista, hemos erigido edificios educacionales y monetarios que han reducido al individuo a materia y dinero. En ambas palestras el resultado es el mismo: nacido del polvo, nada sino polvo.

«No, gracias»

Segundo, a la pérdida de la admiración sigue naturalmente una pérdida de gratitud puesto que no hay a quien agradecer. Como el universo «está allí», así nosotros en el universo «estamos aquí». Este es un fenómeno intrigante en Occidente que gana impulso todo el tiempo. En todo el mundo hay millones que se levantan en la mañana agradeciendo a Dios por la vida y la fuerza. Cuando usted viaja puede ver cabezas inclinadas delante de una comida, y aun en el ojo de una tormenta, a diez mil metros de altura, reconociendo con reverencia la soberanía de Dios. Pero aquí, mientras que, como nación, apartamos un día en el año para decir «gracias», gracias a los escépticos, el Día de Acción de Gracias ha quedado reducido al día del pavo. Tan irónico título puede muy bien ser más descriptivo que lo que jamás hayamos imaginado.

Estamos viviendo peligrosamente en este gran continente imaginando que por nuestro propio poderío o nuestra propia voluntad o que por nuestras capacidades hemos construido la nación más moderna de la historia. Pensamos que nos hemos impulsado a nosotros mismos hacia arriba económica y tecnológicamente tirando los cordones de nuestro calzado. Dios dice que las naciones son como una gota en un balde y no sería muy difícil que nuestra gloria nacional fuera de pronto cosa del pasado. Todo lo que se necesita es una gran catástrofe para poner a una nación de rodillas.

La pérdida de gratitud es una pérdida seria. Si los niños crecen sin un sentimiento de gratitud para con aquellos que les dan la vida y el sustento, llegarán a ser enemigos potenciales con aterradoras posibilidades.

Para reforzar esta conexión entre el asombro, la gratitud y el significado, voy a tomar prestadas dos situaciones dramáticas, ambas ocurridas en el aire, a varios miles de metros de altura. Hace algunos años, un avión de la compañía Air Canada volaba desde algún punto en los Estados Unidos hacia Ottawa, en Canadá. Estando de tres a cinco mil metros de altura, según recuerdo el incidente, estalló un fuego en uno de los baños traseros. El piloto sólo contaba con unos breves momentos antes que el avión se convirtiera en una bola de fuego en el cielo. De inmediato comenzó un rápido descenso hacia el aeropuerto más cercano, que era el de Cincinnati. En este punto el fuego no se pudo controlar. El piloto tocó la pista con tal violencia que se rompieron las ruedas. El equipo de emergencia se dispuso a trabajar arduamente para rescatar a cuantos pasajeros fuera posible. Sin embargo, en cuanto las puertas fueron abiertas, la irrupción de oxígeno hizo que el avión estallara en llamas. Varios pasajeros perdieron la vida, pero los valientes miembros de la tripulación del avión fueron capaces de rescatar a la mayoría. El piloto mismo, como debía hacerlo un capitán, fue el último en abandonar el avión, con su uniforme en llamas.

No me cabe duda de que cuando la última línea sobre el trágico accidente fue escrita, no obstante la muerte de algunos, todos los espaldarazos fueron dados a la habilidad y conducta del capitán. Si usted o yo hubiéramos tenido en ese avión un ser querido que debió la vida a ese capitán, hubiera sido lo más razonable estrechar su mano y decirle «¡Gracias!» Puedo sugerir inclusive la posibilidad de que, aunque usted hubiera perdido a un ser querido, aún hubiera deseado decirle «Gracias por haberlo intentado».

Ahora vuelva su atención a otro incidente ocurrido poco tiempo después. Un avión de una de las grandes empresas estaba en vuelo hacia las Islas del Caribe cuando en algún lugar sobre el mar una de las turbinas perdió la potencia. A través de una extraña serie de incidentes, una a una, las restantes corrieron igual suerte. La voz trémula del piloto resonó en el sistema de altavoces para anunciar: «Señoras y señores[...] un aterrizaje de emergencia es inevitable». De pronto, rompiendo el silencio a bordo, una de las turbinas volvió a trabajar y el piloto fue capaz de recobrar la potencia suficiente para que el avión volviera a estar seguro. ¿A quién da usted esta vez las gracias?

«Supongo que eso es como esto», dice Chesterton, «si mis hijos despertaran en la mañana de Navidad y tuvieran a alguien que agradecer por haberles puesto confites en sus medias, ¿no tendría yo a quien agradecer por haber puesto dos pies en las mías?»[6] La gratitud es una consecuencia natural del asombro y maravillarse es un reconocimiento a Dios mismo. Donde no hay asombro no hay gratitud. La autoexaltación alimenta un sentido de merecimientos y los insatisfechos conducen a medios catastróficos de procurarlos, las ramificaciones son inmensas.

Una pasión inútil

Esto me lleva a la tercera consecuencia de la pérdida del asombro. No sólo hay un reduccionismo y una pérdida de gratitud, sino también un inevitable deslizamiento hacia la vaciedad. Pienso que, sobre todo en nuestra presente generación,

6. G. K. Chesterton, *Ortodoxia*, Doubleday, New York, 1959, p. 55.

que cuenta con juguetes más sofisticados que nunca antes, cada uno de ellos tiene una capacidad de brindar disfrute cada vez más breve que los anteriores. Estamos permanentemente aburridos con nuestras nuevas invenciones y la expresión «edificar en obsolescencia» ha tomado un nuevo matiz aplicable no sólo a los juguetes sino a la vida en sí.

H. L. Mencken dijo: «El problema con la vida no es que ella sea una tragedia, sino un aburrimiento». Un niño que está lleno de asombro está también lleno de encanto, un sentido de significación, un sentido de propósito. Cuando concluye el asombro, el aburrimiento y la vaciedad comienzan a rondar nuestra existencia.

Una necesaria defunción

La infeliz realidad es que a cierta altura de nuestra vida infantil, la maravilla evocada por los globos de colores, las lucecillas intermitentes y los cuentos de fantasías comienza a palidecer. Aunque esta transición es vista por los padres con ojos nostálgicos, quedarían muy preocupados si esa etapa en la experiencia infantil no se terminara. ¿Qué puede reemplazar al asombro, sin que le supere y llene la vida de significado?

Es en eso que vamos a enfocar ahora nuestra atención, ilustrando su gran significación. Observando esta etapa de transición, deseo apuntar no sólo al «por qué» de ella, sino también dirigirnos a lo que, sin duda, le ha interesado durante nuestra excursión al país de los duendes. De nuevo estoy en deuda con Chesterton por esta idea.

Imagínese desarrollando un cuento con toda la emoción y gesticulaciones apropiadas a tres niños. Puedo identificarme con ese escenario porque mi esposa y yo tenemos tres niños: Sara, Naomi y Nathan. Entre a su mundo conmigo a la edad de siete, cuatro y un año, cuando les contamos a cada uno la misma historia por separado. Permítame invitarlo a escuchar cuando el cuento está llegando a su clímax.

A Sara le digo: «El pequeño Tommy se levantó, caminó hacia la puerta y la abrió. De repente, un dragón saltó y se puso delante de Tommy». Los ojos de Sara se agrandan y permanecen fijos hasta que le aseguro que Tommy espantó al dragón.

Luego cuento la misma historia a Naomi, de cuatro años. Le digo: «Nimmi, el pequeño Tommy se levantó, caminó hacia la puerta y (con voz susurrante y las palabras dichas lentamente)... Tommy... abre... la... puerta!» Los ojos de Naomi se agrandan y tiene un hormigueo con la expectativa de lo que hay detrás de la puerta.

Ahora cuento la historia a Nathan, que tiene un año. Usted debe recordar que su completa visión del mundo queda exhausta con una palabra: «bizcocho». Le digo: «Natie, el pequeño Tommy se levantó y... caminó... hacia... la... puerta». En este punto los ojos de Nathan están listos a hacer correr lágrimas por sobre sus mejillas regordetas.

¿Entiende lo que está ocurriendo aquí? A los siete años, Sara necesitaba el dragón para evocar asombro. A la edad de cuatro, el mero gesto de abrir la puerta tocaba esa cuerda para Naomi. Y para Nathan, a la edad de un año, ya era un montón el sólo caminar hacia la puerta. Le digo con énfasis que *cuanto mayor sea usted, más demandará para llenar su corazón con asombro y sólo Dios será lo suficientemente grande para hacerlo*. No sólo es suficientemente grande sino que, en términos cristianos, está también lo suficientemente cerca.

Este fue el máximo descubrimiento de aquella gran mente y genio, el poeta Francis Thompson. Muchos de ustedes tal vez recuerden su más paciente trabajo «El sabueso del cielo». Thompson tuvo una vida muy turbulenta. Habiendo dejado su hogar en conflicto, vivió como un vagabundo en las calles de Londres en lugar de ir a la escuela, errando a través de dos áreas de la ciudad. Durante el día se daba a satisfacer su adicción al opio acomodándose entre los perdedores y perdidos en el distrito de Charing Cross de la ciudad de Londres.

Por la noche se dirigía lentamente hacia el Támesis, y se acomodaba en algún lugar de sus márgenes para dormir. Cada tanto tomaba algún diario de los basurales que llenaban el área y rebuscaba un espacio en el cual pudiera escribir una carta al editor en respuesta a algún artículo que había leído. El editor llegó a quedar frustrado acerca del por qué reconocía el genio de un Milton detrás de esas cartas pero el remitente nunca escribió su dirección.

A lo largo de su permanente y deliberado huir de Dios, Thompson se mantuvo en contacto con las Escrituras y hubo un pasaje que comenzó a atraerlo: la historia de Jacob, que había pasado la mayor parte de su vida huyendo. Las Escrituras hablaban de un sueño que Jacob había tenido una noche, en el cual vio una escalera entre el cielo y la tierra y al Señor mismo en su tope. Cuando despertó de ese sueño, dijo: «Ciertamente DIOS está en este lugar y yo no lo sabía» (Gn 28.16). Mientras Francis Thompson seguía pensando en esa historia, ocurrió algo importante y tuvo lugar lo que sólo puede llamarse una dramática conversión de su vida. Escuche estas palabras increíbles:

Oh mundo invisible, te vemos,
Oh mundo intangible, te tocamos,
Oh mundo irreconocible, te conocemos,
Oh mundo inalcanzable, ¡te tenemos!

Nada el pez para hallar el océano,
Se arroja el águila para hallar el aire,
Preguntamos a las estrellas en movimiento
Si tienen rumor de ti allá?

No donde el sistema de ruedas ensombrece
Y nuestras torpezas soñando elevarse.
El impulso de alas escucharíamos
Golpeando a las puertas cerradas.

147

Los ángeles guardan sus antiguos lugares;
Tornan una roca y comienzan un ala.
Es usted, son sus extraños rostros
Que pierden la cosa esplendente.

Pero cuando tan triste que no puedes serlo más.
Llora y, sobre ellos, tanto dolor pierde
Brillará el tráfico de la escala de Jacob
Pendiendo entre el cielo y Charing Cross.

Sí, en la noche, alma mía, hija mía
Llora, aférrate al cielo por sus bordes;
Y he aquí, Cristo andando sobre el agua
No de Genesaret, sino del Támesis.[7]

Dios encontró a Francis Thompson donde estaba, y restauró la admiración y el propósito a su vida. Nietzsche dijo que había estado buscando a Dios y no pudo encontrarlo, el nihilismo nació. El salmista David, que llegó a ser conocido como el dulce cantor de Israel, dijo en Salmo 139.7-8: «¿A dónde me iré de tu Espíritu? ¿Y dónde huiré de tu presencia? Si subiere a los cielos, allí estás tú. Y si en el Seol hiciere mi estrado, he aquí, allí tú estás». La esperanza había nacido. Los escritos de Francis Thompson hablan de la maravilla que llenó su vida cuando dejó de escapar de Dios, una relación había nacido. El Dios que caminó en Genesaret y en el Támesis está también al alcance en Haight-Ashbury o en la avenida Pennsylvania.

¿Cómo encontrará esa maravilla? Puedo sugerirle, mi amigo, que no es en el argumentar ni en el mero dogma. Ni siquiera en la iglesia. Hay una guía hacia el significado en nuestras experiencias, esa guía está en nuestras relaciones. La piedra angular de la historia, dice la Biblia, es Cristo mismo

---

7. Francis Thompson, *Complete Poetical Works of Francis Thompson*, Boni & Liveright, NY, 1913, pp. 356-7.

y usted hallará un asombro sinfín en una relación con Él. El historiador Lecky nos recuerda que nadie en la historia ha efectuado tal cambio sobre la tela moral de la sociedad como Cristo Jesús. La respuesta a la búsqueda del asombro está en una relación con Cristo. Él fue más allá de la fantasía, señaló hacia la verdad.

9

La verdad, una especie en peligro

EN LOS AÑOS DE LA INFANCIA, el asombro puede ser logrado al introducirse en el mundo de la fantasía. Eso es tanto la gloria como la fragilidad de la niñez. Pero a medida que los años pasan, la capacidad de maravillarse es erosionada a la luz de la realidad y en el reconocimiento de que la vida no puede ser vivida en un mundo de fantasía. Se produce un desplazamiento provocado por la siempre creciente demanda de la mente, no sólo por lo fantástico, sino por lo verdadero. La búsqueda de la verdad llega a impregnarlo todo incluyendo las implicaciones de la esencia y el destino de la vida misma. Y aunque no se lo admita abiertamente, la búsqueda de la verdad está siempre presente, impulsada por la necesidad de hallar respuestas valederas a las cuatro preguntas inexorables, aquellas que tratan con el origen, el significado, la moral y el destino. Ninguna persona que piense puede evitar esta búsqueda, sólo puede terminar cuando uno queda convencido de que las respuestas halladas son verdaderas. Aristóteles estuvo en lo correcto cuando opinó que la filosofía comienza con la maravilla. Pero la jornada, sugiero, sólo puede progresar a través de la verdad.

Las normas culturales con frecuencia pueden cambiar y establecerse de modos precarios. Tales cambios están ocurriendo en la actualidad, ayudados por una explosión de información, imágenes y tecnología que ha dejado la mente asediada por muchas tentaciones. En los dramáticos desplazamientos que estamos presenciando la pregunta: «¿Qué es la verdad?» debe ser contestada si la esencia de la vida ha de preservarse.

Hace poco, después de una charla que di en una reunión de dirigentes deportivos de diversas partes del mundo, tuve la oportunidad de conversar informalmente con varios de los delegados. Para algunos de ellos, esa era la primera vez en sus vidas que habían tenido la libertad de concurrir y experimentar una conferencia como esa. Recuerdo en particular a un delegado de lo que fuera Alemania Oriental. Naturalmente hice alusión a la radical transformación que tuvo ese país con el desmantelamiento del muro de Berlín y le pregunté de qué modo fueron afectados los ciudadanos por un cambio tan histórico. Su respuesta me sorprendió, aunque venía de un contexto deportivo. Dijo que los atletas de Alemania Oriental tenían un profundo sentimiento de traición, traición de los líderes políticos que permitieron llevar el país a la bancarrota mientras alardeaban de superioridad olímpica. «Nos mintieron» y «Hemos estado siendo usados» fueron los comentarios más frecuentes que oí de ese líder. «Nos mintieron acerca del pasado, del presente y del futuro. Nos vendimos a nosotros mismos al servicio del Estado y ahora vemos la explotación a que estuvimos sujetos: las matanzas, la corrupción y la manipulación eran endémicas en nuestro sistema».

Tan terribles experimentos perpetrados contra la humanidad han cobrado un costo irrecuperable en vidas humanas y sufrimientos. Quienes hemos vivido con el gran privilegio de la libertad sólo podemos bajar nuestras cabezas con dolor por aquellos que tuvieron que pagar el precio funesto de tales experimentos.

Pero hagamos una pausa por un momento. ¿A qué mentiras hemos estado sujetos? Por todas partes podemos ver el brillo de letreros de anuncios comerciales asegurando que la felicidad descansa en el próximo auto o la próxima casa. Los educadores prometen que si sólo hablamos a nuestros hijos acerca del sexo, reduciremos el promedio de embarazos entre las adolescentes y la amenaza de enfermedades venéreas. Los trabajadores sociales prometen que la educación sobre drogas nos liberará de este azote en el continente si «tan solo decimos No». Los políticos nos prometen que la tecnología y las comunicaciones llevarán a un mejor entendimiento y a la paz. Los legisladores prometen que las nuevas leyes erradicarán las tensiones raciales. Ahora se nos promete que si eliminamos a Dios de la educación y dejamos al Creador fuera del esquema de las cosas todos vamos a ser mejores por ello.

Pero la duplicidad que emerge de los líderes políticos, los tecnócratas legales e inclusive de algunos proveedores de religión, han dejado una generación de jóvenes apáticos, cínicos y aun temerosos. Para la pregunta: «¿Qué es lo que más deseas para tu vida?» hecha a adolescentes canadienses durante una encuesta realizada hace pocos años, la respuesta número uno, reveladora de nuestra tragedia cultural, fue: «Alguien en quien poder confiar».

Y así nos alejamos de la respuesta de un niño con ojos deslumbrados por su mundo de fantasía al mundo duro del conocimiento y la verdad, esta última llegando a ser ahora una especie en peligro de extinción y sin garantía de protección.

Pocos incidentes han revelado esta manipulación de la verdad con más elocuencia que cuando el avión del vuelo 007 de Korean Airlines fue derribado por la fuerza aérea soviética. Hasta este día preguntamos si hemos oído la verdad. Usted puede recordar que los líderes soviéticos rodearon la historia con negativas, cartas de vuelos y personal militar —con medallas colgando de sus pechos— para contar al mundo su versión del episodio. Uno de los más fuertes argumentos que expusieron en su defensa fue que el avión volaba con sus luces de navegación apagadas y no fueron encendidas pese a que se dio tal orden al piloto.

En algún momento, más tarde, las conversaciones grabadas en la cabina fueron reveladas por los servicios de inteligencia de otra nación. En su programa nocturno, el periodista americano Tedd Koppel junto con el columnista William Safire, entrevistaron a Vladimir Posner, del diario ruso *Pravda*. Al comenzar su intercambio, Safire recordó a Posner que la conversación completa, por escrito, estaba al alcance de la mano. Posner reconoció ese hecho. Luego la entrevista se desarrolló como sigue:

—Señor Posner, hasta este momento, las autoridades de su país han insistido en que el vuelo KAL 007 no llevaba encendidas sus luces de navegación.

—Correcto —respondió Posner.

—Pero en la grabación oímos a uno de sus pilotos diciendo que las luces sí estaban encendidas.

—Oh, sí —contestó—, las luces a las que él se refiere son las del avión de un camarada que también rodeaba al jet coreano.

Con el gozo de un fiscal, William Safire disparó:

—Pero la grabación que registra las palabras exactas, dice: «Las luces del blanco están encendidas». Desde cuándo uno de sus pilotos se refiere al avión de su camarada como «blanco»?

Hubo un conspicuo silencio de parte del señor Posner seguido de una especie de refunfuño que hábilmente desvió el diálogo. Cuando oí aquella conversación reflexioné en la ironía de todo eso porque *Pravda* significa «verdad» y, puedo agregar, que con los cambios en el escenario político, en un extraño vuelco, entiendo que el señor Posner es una figura televisiva que aparece con frecuencia en un programa de noticias junto con Phil Donahue. Me abstendré de otros comentarios excepto decir que este episodio bien puede ser la ilustración final de la burla que son los medios masivos de comunicación.

La quimera ha dejado de ser un monstruo de la mitología griega; el híbrido puede estar muy bien dándonos las noticias. No asombra gran cosa que como periodista Malcolm Muggeridge llegó a ser la quintaesencia del cinismo, habiendo sido testigo de la clara hipocresía y manipulación de la gente por los medios que él conocía tan bien. Su autobiografía es subtitulada *A Chronicle of Wasted Tears* [Crónica de años malgastados]. Observe cómo colocó los mundos del totalitarismo y la democracia, y las mentiras que, de ambas partes, hemos estado creyendo.

> Aun así, la verdad es muy hermosa; más aún, según considero, que la justicia —tan buscada hoy en día—, la cual se pone fácilmente un rostro falso. A través de las casi siete décadas que he vivido, el mundo ha sido inundado con derramamientos de sangre y explosiones cuyo polvo jamás tuvo tiempo de asentarse antes que otras estallaran; todo en pretendidas causas justas. La búsqueda de justicia continúa, y las armas y el odio se amontonan; pero la verdad ha sido una víctima temprana. ¡Las mentiras en nombre de las cuales se desataron nuestras guerras y concluyeron nuestros tratados de paz! ¡Las mentiras de la revolución y la contrarrevolución! ¡Las mentiras de la publicidad, de las noticias, de los vendedores, de la política! ¡Las mentiras del sacerdote en el púlpito, del profesor en su podio, del periodista en su máquina de escribir! La mentira que obstruye como una espina de pescado en la garganta del micrófono, las mentiras sostienen las manos del fotógrafo ambulante. Ignazio Silone me dijo cómo una vez, cuando era miembro del antiguo Comintern, se discutían algunas estratagemas, y un delegado, alguien nuevo que nunca había concurrido antes, hizo la extraordinaria observación de que si tal y tal declaración fuera dada, eso no sería verdad. Hubo un momento de embarazoso silencio y luego todos soltaron la risa. Rieron hasta que las lágrimas corrían por sus mejillas y las paredes del Kremlin parecían sacudirse. Esas risas tienen eco en toda sala de consejo o gabinete, dondequiera que dos o más se reúnan para ejercer autoridad. No es Dios el que ha muerto, sino la verdad.[1]

---

1. Malcolm Muggeridge, *The Green Stick: A Chronicle of Wasted Years* [La

Luego siguió una acusación a nuestra parte del mundo con una crítica aún más gráfica, aunque con gratitud insinúa una solución en la última línea.

En este Mar de los Sargazos de fantasía y fraude, ¿cómo puedo yo, o cualquier otro, esperar nadar sin estorbos? ¿Cómo puedo aprender a ver a través y no con los ojos? ¿Quitarme el vestido de payaso, lavarme la máscara de cosméticos, levantar la persiana metálica, apagar las luces del estudio, silenciar los efectos sonoros y poner las cámaras a dormir? ¿Mirar la salida del sol sobre Sunset Bulevard y ponerse sobre Forest Lawn?

¿Hallar en el mueble el camarín, silencio en una discoteca, amor en una mujer desnudándose? ¿Leer la verdad de un libreto, tomarla en una pantalla y perseguirla sobre las alas de muzak? ¿Verla en colores vivos en las noticias, oírla en sonido viviente a lo largo de las rutas? No en el viento que rasga las montañas y hace pedazos las rocas; no en el terremoto que sigue; no en el fuego que sigue al terremoto. En una acallada, pequeña voz. No en el chirrido de neumáticos, no en el rechinar de frenos; no en el rugido de los jets ni en el silbido de sirenas, el bramido de trombones, el redoble de tambores o el canto de voces de demostración. De nuevo esa acallada, suave voz, si uno pudiera atraparla.[2]

Muggeridge toca aquí el nervio del problema al tratar nuestra búsqueda de significación separada de la verdad. Su comparación de la mentira con una espina de pescado clavada en la garganta del micrófono es dolorosa y descriptiva. Diferenciar teorías políticas puede darnos diferentes niveles de vida y ni por un momento voy a menospreciar esto. Sin embargo, estoy diciendo que aquellas diferencias pueden

varilla verde: una crónica de años malgastados], William Collins & Sons, Glasgow, 1972, pp. 16.17.
2. *Ibid.*, pp. 19-20.

fácilmente oscurecer algunas similaridades fundamentales, de las cuales una es la condición humana esencial. Si no entendemos esto, nos traicionamos a nosotros mismos doblemente. Jesús, en forma muy directa dirige nuestra atención a las razones de esta dolencia común.

Cómo juzgar nuestros juicios

En la breve pero significativa conversación entre Jesús y Pilato, leemos que éste preguntó a Jesús: «¿Eres tú un rey?» Podemos imaginar una sonrisa sardónica en la cara de este títere de César, al inquirir sobre el reinado de este carpintero judío.

La respuesta de Jesús cuestionó a Pilato: «¿Dices tú esto por ti mismo o te lo han dicho otros de mí?» Este método de cuestionar las preguntas fue muy utilizado por el Maestro con muy buena razón porque mueve a quien inquiere a exponer sus propias suposiciones.

Pilato se exasperó por lo que parecía una insolencia y le dijo: «¿Soy yo acaso judío? Tu nación y los principales sacerdotes te han entregado a mí».

Jesús contestó: «Mi reino no es de este mundo; si mi reino fuera de este mundo, mis servidores pelearían para que no fuese entregado a los judíos; pero mi reino no es de aquí».

Pilato dijo: «¿¡Ah! luego, tú eres rey?»

La respuesta de Jesús descubre el real predicamento de Pilato. «Tú dices que yo soy rey. Yo para esto he nacido y para esto he venido al mundo, para dar testimonio a la verdad. Todo aquel que es de la verdad, oye mi voz».

Esta respuesta es sutil y desafiante. El problema fundamental que Jesús estaba exponiendo a Pilato y al mundo no es la escasez de verdad disponible; más frecuentemente es la hipocresía de nuestra búsqueda. La verdad en el corazón, dice Jesús, precede a la verdad en el campo objetivo. *La intención precede al contenido*. La declaración más provocativa que hizo Jesús durante esa conversación penetrante fue que la plenitud de la verdad o la falsedad en el corazón de un individuo era revelada por la respuesta que éste le diera a Él. La implicación era terminante. Él era y es la verdad. Lo que usted haga con Él revela más acerca de usted que acerca de Él.

Pilato sirve como perfecta ilustración de la posición de Jesús. Él musitó: «¿Qué es la verdad?» y no esperó la respuesta. Pienso que la conocía, pero era un esclavo del sistema en busca de poder para sus propias ambiciones políticas. Pilato en realidad no deseaba una solución; meramente procuraba una salida (véase Juan 18.28—19.16).

Perdido en la interpretación

Permítaseme tratar en su totalidad el asunto de la verdad objetiva externa y la veracidad interna desde un ángulo diferente. Soy de la India y mi esposa es de Canadá. Uno de los idiomas conque he crecido es el hindi. El idioma, por supuesto, tiene esa capacidad única de abrir un mundo de imaginación y una riqueza de memoria. Aunque dejé mi país hace varios años, hay conceptos que sólo puedo captar en hindi; no así en inglés. Por eso, cuando estoy con amigos hindúes, a veces alguno de ellos dice algo en hindi que provoca la risa de cuantos lo entienden.

Mi esposa invariablemente pregunta: «¿Qué dijo?» De inmediato traduzco sabiendo muy bien su predecible reacción. Ni siquiera un asomo de sonrisa y luego pregunta: «¿Pero qué fue tan gracioso?» Y agrega: «Ah, ya sé, algo se perdió en la traducción». Cualquier lector que alguna vez haya tenido que traducir conoce muy bien el problema.

¿Ha oído el cuento popular del bandido José Rivera, que llegó a ser notorio en varias pequeñas poblaciones de Texas por asaltar sus bancos y negocios? Finalmente los vecinos, hartos del constante saqueo, emplearon un guardia que siguiera el rastro de José Rivera hasta su escondite en México y recuperara el dinero. El policía llegó a una cantina desolada y destartalada. En el mostrador había un joven bebiendo. En una de las mesas, con las manos sobre su voluminosa barriga y el sombrero sobre los ojos, roncaba otro cliente. Con mucho gusto el policía se acercó al hombre del mostrador y le dijo que tenía por misión llevar de vuelta a José Rivera vivo o muerto. «¿Podría ayudarme a encontrarlo?» preguntó. El muchacho sonrió y, señalando al cliente de la mesa, le dijo: «Ese es José Rivera».

El perseguidor movió su cinturón sureño, caminó hacia el bandido dormido y, dándole unos golpecitos en un hombro, le preguntó: «¿Es usted José Rivera?» El hombre murmuró «No hablo inglés». El policía hizo un ademán al muchacho del mostrador para que le ayudara a comunicarle su misión.

Siguió una tediosa conversación. El policía hablaba en inglés y el muchacho traducía al español. José Rivera contestaba en español y el muchacho lo vertía al inglés para el policía.

Al fin, este advirtió al bandido que tenía dos opciones: La primera, hacerle saber dónde tenía las cosas que había robado, en cuyo caso lo dejaría en libertad. La segunda, que si no decía dónde estaba el botín, lo mataría enseguida. El muchacho tradujo el ultimátum.

José Rivera saltó y dijo al joven: «Dile que salga del bar, doble a la derecha, vaya alrededor de una milla y va a ver un pozo de agua. Cerca del pozo hay un árbol muy alto. Junto al tronco de ese árbol hay una losa de concreto tan grande que va a necesitar ayuda para moverla; debajo de ella hay un agujero en la tierra. Si lo destapa cuidadosamente, allí hallará la mayoría de las joyas y el dinero que he robado».

El muchacho se volvió al policía, abrió la boca[...] tragó saliva[...] y pausadamente dijo: «José Rivera dice[...] José Rivera dice[...] adelante, dispare».

Algo se perdió en la traducción, ¿no es así? No fue la ausencia de conocimiento producto de la ignorancia, sino la supresión de la verdad. Pregunto: ¿Necesita alguien decir a nuestra élite de Hollywood que hay demasiada violencia en las pantallas, glorificando la degradación? ¿Necesita alguien realmente advertir a nuestra sociedad sobre el peligro de la promiscuidad? Sí y no. Sí, porque las voces de advertencia siempre deben resonar para mantener alertas a nuestros jóvenes sobre las inmundicias morales a que están expuesto. Y no porque, para la mayoría, la verdad en realidad no cuenta, es la voluntad la que está mal.

Imágenes y templos

Es esta voluntaria supresión de la verdad la que resulta en un asalto a lo sagrado en procura de lo profano. Piense por un momento conmigo sobre este asunto. De todas las posibilidades a las cuales podemos recurrir por entretenimiento, ¿por qué la sensualidad y la violencia son las dos a que más frecuentemente se prefiere? ¿Por qué no más risa saludable? ¿Por qué no más estímulos morales? ¿Por qué no más ilustraciones normativas acerca de cómo un hogar debería y no debería ser? ¿Por qué no más entretenimiento creativo y legítimo en lugar de lo destructivo y ofensivo? ¿Puedo proponer una respuesta?

Dios nos dice que somos creados a su imagen. En el libro de Génesis, exige con vehemencia la misma paga para el que mata porque el asesinato es un ataque directo a la dignidad del hombre, creado a la imagen de Dios. Cuando miramos las Escrituras, Jesús recordó a sus seguidores que la verdadera adoración no es un edificio de ladrillos o piedras. El cuerpo humano en sí es un templo.

Estas verdades: Que el hombre está hecho a la imagen de Dios y que el cuerpo es un templo de Dios, son dos de las enseñanzas cardinales de las Escrituras. ¿Qué más harán los entretenimientos cuando resulten profanos y ataquen las dos enseñanzas principales sobre la esencia humana? La violencia destruye la imagen de Dios y la sensualidad profana su templo. La imagen y el templo de Dios han sido violados y reemplazados con los dioses e ídolos de nuestro tiempo. Así, cuando el vicepresidente Dan Quayle reprendió a Hollywood por lo que está haciendo, fue furiosamente fustigado porque tocó los ídolos de nuestra edad. Y aun cuando *Atlantic Monthly*, meses después, comentó en su nota titular la historia bajo el título «Dan Quayle tenía razón», ¿qué diferencia hace esa confesión si a nadie le interesa ya la verdad? La pérdida de la verdad, como la pérdida del asombro, se escurre de nuestras vidas cotidianas y cobra su precio sobre nuestra sociedad.

Personal, no meramente proposicional

Aquí de nuevo el mensaje cristiano es único y brinda una guía que nos ayuda a aliviarnos de este asfixiante contexto. Así como el asombro fue hallado en una persona, así las Escrituras declaran y prueban que la verdad es encarnada en una persona en forma completa, la persona de Cristo. No es meramente que Él tiene la respuesta a los interrogantes de la vida, sino que Él mismo es la respuesta. Una vez más hallamos la verdad no sólo en afirmaciones abstractas o de credos, sino en conocerle a Él. Cuando el apóstol Tomás le pidió a Jesús que le mostrara el camino al Padre, Jesús le contestó: «*Yo* soy el camino, y la verdad, y la vida; y nadie viene al Padre sino por mí» (Juan 14.6, énfasis agregado).

De esta afirmación de Jesús surgen dos obvias deducciones: Primero, que la verdad es absoluta y, segundo, que la verdad es conocible. Dicho de manera más sencilla, la verdad es simplemente lo que es. Falsedad es declarar que algo es cuando no lo es. En realidad, antes de esta conversación con Tomás, Jesús habló acerca de la realidad del cielo y dijo: «Si no fuera así, yo os lo hubiera dicho». Todo lo que Jesús afirma acerca de la realidad, corresponde a ella. Todo lo que niega acerca de ella, es porque tal negativa corresponde a la realidad.[3]

---

3. He tratado con mayor amplitud el tema de la comprobación de la verdad en el segundo apéndice, «El establecimiento de una concepción del

Reafirmar la declaración absoluta de Jesús, de que es el camino, la verdad y la vida, significa categóricamente que cualquier cosa que contradiga lo que Él dice es, por definición, falsa. Lo desafío a que se tome la tarea de estudiar lo que Él se atribuía y sus enseñanzas, y hallará un mensaje que, hermosamente desarrollado, abarca toda la extensión de la necesidad humana y la profundidad del intelecto humano. La belleza de la vida de Jesús es que los niños pueden entenderlo y, a la vez, sus opositores más enconados como Saulo, pueden finalmente doblar sus rodillas y llamarlo Señor.

¿Puedo tomarme la libertad de hacer aquí una sugerencia personal? Tan incómodo como es admitirlo, mucho de lo que la Iglesia ha tenido que soportar por vía de crítica, ha sido merecido. Muchas cosas incorrectas han sido perpetradas por personas que actuaban supuestamente en nombre de Cristo. En muchas partes del mundo hoy la Iglesia tiene un pobre nombre y una mirada retrospectiva a su trayectoria en esos lugares, con frecuencia revela razones válidas para que se le mire con desprecio. Pero esto puede también dar lugar a una perspectiva defectuosa cuando a todos se los percibe como igual, lo cual sería injusto porque quienes se desvían atraen, con frecuencia, mayor atención que quienes hacen lo correcto. En nuestros días, mucho de lo que se ofrece en los programas de televisión llamados cristianos, deja confundidos a los incrédulos y en situación embarazosa a muchos creyentes. Aquellos que han usado el nombre de Cristo para obtener beneficios personales serán responsables delante de Dios. Pero no estoy señalando a ellos ni a ningún otro hombre; más bien estoy señalándole a la persona de Cristo. Mire quién es Él y quién proclama ser.

Hay una magnífica historia en el libro de Marie Chapian, *Of Whom the World Was Not Worthy* [De quienes el mundo

---

mundo», en mi libro *A Shattered Visage: The Real Face of Atheism* [El rostro destruido: la cara real del ateísmo], Baker, Grand Rapids, Michigan, 1990, p. 189.

no era digno].[4] El libro habla de los sufrimientos de la verdadera iglesia en Yugoslavia, donde mucho mal fue perpetrado por la jerarquía eclesiástica politizada. Todo lo que fue hecho en el nombre de Cristo por los enriquecidos, poderosos y corruptos oficiales de la iglesia ha sido una terrible afrenta a la decencia.

Un día un evangelista llamado Jakov arribó a cierta villa. Sintió compasión por las tragedias que había experimentado un anciano, llamado Cimmerman, y le habló del amor de Cristo. Cimmerman interrumpió abruptamente a Jakov y le dijo que no quería tener nada que ver con el cristianismo. Le contó la dolorosa historia de la iglesia de su pueblo; una historia repleta de saqueos, explotación y, en verdad, muerte de gente inocente.

—Mi propio sobrino fue muerto por ellos —dijo y rechazó enojado todos los esfuerzos de Jakov por hablarle de Cristo—. Vestían todas sus elaboradas vestiduras, capas y cruces como si fueran una comisión celestial, pero no puedo ignorar sus designios malvados ni sus vidas.

Jakov, procurando la oportunidad de lograr que Cimmerman cambiara su forma de pensar, dijo:

—Cimmerman, ¿puedo hacerle una pregunta? Suponga que yo hubiera robado su chaqueta, me la pusiera y robara un banco. Imagine además que la policía me viera corriendo a la distancia, pero no pudiera prenderme. Un indicio los pone a ellos en su camino, reconocen su ropa. ¿Qué les diría si vinieran a su casa y lo acusaran a usted de haber robado el banco? Lo negaría.

»Ah, pero reconocimos su chaqueta, dirían ellos —continuó Jakov.

Esta analogía molestó a Cimmerman, que ordenó a Jakov salir de su casa.

Jakov siguió visitando la villa sólo para ganar la amistad

---

4. Marie Chapian, *Of Whom the World Was Not Worthy* [De quienes el mundo no era digno], Bethany House, Minneaolis, 1978, pp. 122-3.

de Cimmerman, animarle y comunicarle el amor de Cristo. Por fin, un día Cimmerman le preguntó:

—¿Qué hay que hacer para ser cristiano?

Jakov le enseñó los simples pasos del arrepentimiento del pecado y confiar en la obra; gentilmente le señaló al Pastor de su alma. Cimmerman se arrodilló en el piso, inclinó la cabeza y rindió su vida a Cristo. Cuando se puso de pie, secándose las lágrimas, abrazó a Jakov y dijo:

—Gracias por haber venido a mi vida —luego señaló al cielo y murmuró—, usted viste la chaqueta de Él muy bien.

Hágase un favor a usted mismo, quite los ojos de las falencias de las instituciones, la gente y las historias de manchas negras. Enfoque su escrutinio en la persona de Cristo y verá a quien viste muy bien la chaqueta de su Padre. Pilato dijo de Él: «No hallo falta alguna en este hombre». El ladrón en la cruz, dijo: «Nosotros recibimos la recompensa que merecieron nuestros hechos, mas este ningún mal hizo». Jesús miró a sus furiosos oponentes y dijo: «¿Quién de vosotros me acusa de pecado?» Este último desafío no pudo haber sido hecho por ningún otro líder religioso, fundador ni profeta. La pecaminosidad de cada uno de ellos es claramente visible e innegable. Sólo Jesús permanece sin tachas morales. Los cuentos de fantasía son meramente fantásticos; Jesús es fantásticamente verdadero.

Cuando se proclama como la verdad, Jesús implica que todo lo que afirma es cierto y nada de lo que dijo es falso. Es verdad que la búsqueda fundamental de la vida es significado; luego, ese significado debe entrar en los confines de la verdad y esta no puede ser hallada fuera de Cristo. En la búsqueda de nosotros mismos, jamás podremos conocernos hasta tanto no conozcamos a Jesús. Él hizo una profunda declaración cuando dijo que había venido a revelar el corazón de los hombres. Esta interminable búsqueda de nosotros mismos culmina sólo cuando lo hallamos a Él, que conoce la verdad. Entonces y sólo entonces quedamos disponibles para los propósitos de nuestro Creador.

10

La obra del amor triunfó

HASTA AQUÍ HE EXPUESTO dos componentes esenciales de la significación: la búsqueda del asombro y el conocimiento de la verdad; además he sugerido que ambos se cumplen en una persona. Sugiero ahora que el tercer ingrediente esencial en la significación es el amor. Desde el asombro en la niñez hasta la búsqueda de la verdad en la adolescencia, venimos a la consumación del amor cuando somos jóvenes adultos. Christopher Morley dijo: «Si todos descubriéramos que contamos con sólo cinco minutos para decir cuanto deseamos decir, todas las cabinas telefónicas serían ocupadas por personas que llamarían a otras para tartamudear que las amamos».[1]

Ninguno de nosotros podría negar el papel indispensable que juega el amor en llenar nuestras vidas de significado, lo cual explica por qué hay tal devastación cuando se pierde.

Hablando sobre amor y matrimonio, G. K. Chesterton hizo esta aguda observación:

> Inventaron una nueva frase de dos palabras que se contradicen como blanco y negro: «Amor libre». Como si un amante ha sido o alguna vez ha podido ser libre. Es la naturaleza misma del amor la que lo ata y la institución del matrimonio

---

1. Christopher Morley, citado en un escrito por Ruth Walker, en *Christian Science Monitor*, 20 de Noviembre de 1991.

simplemente pagó al hombre promedio la atención de tomarlo en su palabra.[2]

La declaración que, para mí, capta el concepto de amor de forma tan clara y aun parece extraña a nuestra sociedad es que «la naturaleza del amor consiste en atarse a sí mismo». En términos reales, mucho de lo que hoy pasa por amor tendría que ser mejor descrito como autogratificación o indulgencia. Una vez más, he tenido en mi propia vida la oportunidad de estudiar los contrastantes conceptos culturales y las manifestaciones de aquello a lo cual los seres humanos llaman amor.

En Oriente, la devoción, el compromiso y el papel de las relaciones hallan un énfasis cultural. En Occidente, el romance llega a ser la suma y sustancia de todo. En algún punto ambos deben ser unificados porque, sin romance, el matrimonio resulta una carga penosa, pero sin la voluntad y el compromiso, el matrimonio es una burla. Pero tanto en Oriente como en Occidente hay algo que ocurre en nuestros años de juventud adulta que quizás provoque una de las transformaciones más radicales de nuestra existencia. Ya sin el asombro de nuestra niñez y la continua búsqueda de la verdad, la verdadera condición del corazón es entonces puesta a prueba en el amor. Es aquí donde todo nuestro sentimentalismo es forzado a soportar la prueba de carácter y lo genuino. Es aquí donde los principios universalizados de Kant dejan la torre de marfil de la filosofía y son personalmente puestos a prueba en los dormitorios y salas de nuestros hogares.

Todas esas declaraciones que hacemos censurando a Dios y cuestionando su equidad son ahora puestas junto con nuestra práctica de la verdad y, con frecuencia, revelan la patente incongruencia entre nuestras palabras y nuestros

---

2. G. K. Chesterton, *As I Was Saying* [Como iba diciendo], Eerdmans, Grand Rapids, Michigan, 1985, p. 267.

hechos. Nadie que sea infiel a su compromiso de amor puede ser tomado con seriedad cuando defienda su engaño como provocado por la ausencia de una pauta objetiva de la verdad. Lo que está claramente ausente es la integridad y el carácter implícitos en el amor. Hablamos de que el amor hace girar el mundo cuando en realidad es la búsqueda de un amor fiel y valorado lo que nos envía a viajar por todo el mundo.

Lamentablemente, nos engañamos a nosotros mismos al usar el mismo término *amor* para cubrir una amplia gama de relaciones. En el griego hay cuatro palabras diferentes que describen otras tantas clases de amor. *Agape* se refiere a un amor puro en particular relación con Dios. *Fileo* es el amor de la amistad. *Storge* describe el amor a un padre y *Eros* es el amor romántico.

Note con sumo cuidado que, aunque sólo uno de esos tipos de amor tiene consumación física, todos implican compromiso. Sin embargo, en nuestra cultura, cuando usted habla de amor, lo que está implícito es, con frecuencia, esencialmente el amor físico y sin ningún tipo de compromiso. Cuán extraño es que llamemos al acto sexual «hacer el amor» cuando en realidad, si ese acto se realiza sin compromiso en términos reales, es un literal y figurativo despojo del amor en el cual el individuo es reducido a un objeto. El amor no es tal cuando ha sido elaborado para un momento. Amor es la postura del alma y sus vinculaciones son obligatorias. Cuando el amor es ínfimo, el corazón está vacío, pero si es entendido el amor sacrificial, uno puede beber abundantemente de su copa y quedar satisfecho por completo.

Permítaseme, por tanto, trasladar el enfoque desde la analogía del amor marital al amor paternal y proveer el contexto, porque es en el amor de los padres para con sus hijos que Oriente y Occidente comparten un mismo sentimiento de corazón. Desde las selvas de Ecuador o Nueva Guinea hasta las salas de directorios de empresas comerciales en Tokio, Nueva York o Londres, los niños son valorados muy altamente. Lo que todos los sectores de la sociedad, desde el más bajo hasta el más elevado, tienen en común, es el amor por nuestros hijos.

Muchas veces he visto demostrar este afecto en lugares extraños y, a veces, inesperados. Cualquiera que haya tratado de mover su auto centímetro a centímetro en las atestadas ciudades de la India ha sido confrontado con un inteligente recurso empleado por mendigos «profesionales». Cada centímetro que el mendigo camina a la par, el ocupante del auto es confrontado con una expresión de apremiante necesidad en la cara del mendigo, una expresión que parece haber sido penosamente ensayada. Pero la treta no siempre es garantía de generosidad por parte del automovilista. El «golpe» final es dado, por lo tanto, cuando el mendigo pone ante los ojos del benefactor potencial un niño pequeño en un esfuerzo supremo por provocar algún vestigio de compasión humana.

Es una natural y universal sensibilidad que anida en el corazón humano, desde el mendigo hasta el rey, derramar amor por nuestros jóvenes y cuidado por nuestros niños. Esta es aun la prueba mínima de la civilidad y con más frecuencia nos referimos proverbialmente al amor de una madre como el amor supremo. Es por eso que en un avión, las madres son expresamente instruidas para que, antes de hacerlo con sus hijos, cubran su rostro con una máscara de oxígeno. El instinto natural es obrar al revés.

Erma Bombeck destaca que supo que había llegado a la vejez cuando su hija, que la llevaba en automóvil, en un momento aplicó los frenos e instintivamente hizo un gesto para protegerla. El sacrificio del amor había hecho un círculo completo cubriendo una generación.

Creo que aquí debemos hacer una pausa para entender el punto que estamos señalando. El principio unificante en el amor romántico y en el amor paternal es el mismo: honor y fidelidad. El cuidado y el brindarse del amor sólo puede ser comunicado a nuestros hijos si les enseñamos que la naturaleza del amor es honrar sus compromisos: Atarse a sí mismo. Si no entendemos esto, todo lo que estaremos haciendo será

168

amor —

transferir un patético egoísmo disfrazado de amor. Una vez que el verdadero amor es entendido, el mundo se abre a una verdad que da calidez al corazón. Amor y sacrificio van juntos y es en el derramamiento del primero donde está el enriquecimiento del espíritu. Cuanto más uno consuma el amor en sí mismo, más arruinado y empobrecido estará.

Subir hacia la cumbre equivocada

Permítame poner a su consideración dos dramáticas historias, una verdadera y la otra simbólica. Reflexionar sobre los pensamientos que generan estas historias en nosotros, proveerá otra insinuación de nuestra profunda necesidad que señala más allá de sí mismo hacia un cumplimiento mayor que buscamos. Y lo que es más, si analizamos con cuidado por qué experimentamos las emociones que sentimos luego de oír tales relatos, nuestras conclusiones pueden muy bien abrir el tesoro que satisfará una de nuestras mayores necesidades. Cada una de estas historias, a su manera, es trágica, pero no sin remedio. Muchos de ustedes podrán recordar la canción popular «El gato está en la cuna», cantada por Harry Chapin. Sus palabras siempre hacen rodar una lágrima por mis mejillas porque soy padre y a lo largo de los años he tenido que viajar mucho. La canción se desarrolla como sigue:

Mi niño llegó justamente el otro día;
Vino al mundo de la manera usual,
Pero había aviones que tomar y cuentas que pagar,
Y aprendió a caminar mientras estuve lejos.
Habló antes que yo lo supiera y cuando creció,
Dijo: «Voy a ser como tú, papá.
¿Sabes? Voy a ser como tú».

Y el gato está en la cuna y la cuchara de plata,
El pequeño niño triste y el hombre en la luna.
«¿Cuándo vienes a casa, papá?»

169

«No sé cuándo, pero estaremos juntos entonces;
Y ¿sabes? Disfrutaremos un buen tiempo».

Mi hijo cumplió diez justamente el otro día.
Dijo: «Gracias por la pelota, papá; ven y juguemos.
¿puedes enseñarme a tirar?»
Dije: «No, no hoy,
Tengo mucho que hacer».
Me dijo: «Está bien».
Y se alejó, pero su sonrisa no se borró.
Y dijo: «Voy a ser como él, sí,
¿Sabe? Voy a ser como él...»

Y volvió del colegio justamente el otro día;
Hecho todo un hombre, tuve que decir:
«Hijo, estoy orgulloso de ti, puedes sentarte por un
        momento?»
Sacudió la cabeza y dijo con una sonrisa,
«Lo que quisiera, papá, es que me prestes las llaves del auto.
        Hasta luego; por favor, puedo tenerlas?»

Hace mucho que me jubilé, mi hijo se ha mudado.
Lo llamé justamente el otro día,
Le dije: «Quisiera verte, si no te molesta».
Dijo: «Lo quisiera, papá, si pudiera hallar el tiempo.
Mi nuevo trabajo es una lucha y los niños tienen gripe,
Pero es un placer hablar contigo, papá,
Ha sido agradable hablar contigo».

Y cuando colgué el teléfono
Se me ocurrió,
Él ha crecido como yo,
Mi hijo fue justamente como yo.

Y el gato está en la cuna y la cuchara de plata,
El pequeño niño triste y el hombre en la luna,

«¿Cuándo vendrás a casa, hijo?»
«No sé cuándo, pero entonces será lindo, papá.
Disfrutaremos un buen tiempo entonces».[3]

El melodrama de esta canción fue representado en la propia vida de Chapin como una especie de profecía cumplida. Me han dicho que su esposa, que escribió las palabras de la canción, un día le preguntó cuándo iba a aminorar el acelerado ritmo de su vida y dedicar algún tiempo a sus hijos. Su respuesta fue: «Al final de este verano tan ocupado tomaré algún tiempo para estar con ellos». Ese verano, irónica y trágicamente, Harry Chapin murió en un accidente de automóvil.

No es posible la postdata de la muerte de Chapin y perder el punto más importante: Que algo era conocido, creído y aun «predicado», pero jamás vivido. Cuando perseguimos coronas de manufactura humana y sacrificamos los tesoros para los cuales Dios nos ha hecho, la vida pierde su significado. Incuestionablemente, esa historia estimula nuestra simpatía, pero un sentimiento íntimo nos dice que el amor fue malgastado cuando el espíritu perdió su batalla contra la carne.

De una índole dramáticamente diferente, la parábola que voy a contarles la oí por primera vez cuando era niño en Nueva Delhi, donde se imparte mucha instrucción por medio de proverbios y parábolas. Esta no es una excepción en la riqueza de su melodrama ni en la hipérbole oriental, pero encierra una de las más poderosas verdades. Usted tendrá que perdonar los detalles minuciosos de la parábola, pero eso es también un reflejo cultural.

Es la historia de un muchacho que vivía en una villa y se enamoró de una chica que vivía en otra villa vecina. Su amor era genuino y pidió su mano. Ella, por su parte, no le tenía gran afecto, y sólo explotaba los sentimientos de él a su antojo.

---

3. Sandy & Harry Chapin, «El gato está en la cuna», Story Songs, Ltd., 1974, Usado con permiso. Todos los derechos reservados.

Todo lo convirtió en un juego al demandarle más y más pruebas de su amor.

Al final, cuando todos sus recursos quedaron exhaustos, le pidió lo increíble: «Si realmente me amas —le dijo—, desearía poder confiar en que el tuyo es un amor sin rival. Para probarlo, te pido que quites la vida a tu mamá y me traigas su corazón como un trofeo de mi victoria sobre tu amor por ella». El muchacho quedó confuso por completo durante varias semanas y dolorosamente acosado por la opción. Incapaz de resistir su «pérdida» por más tiempo y viendo a su madre sola, en un acceso frenético, la mató y extirpó su corazón. Corrió tan rápido como pudo para presentar su trofeo a su amada, a la vez que huía del sentimiento de culpa que lo atormentaba. Mientras corría por un bosque, tropezó y cayó y el corazón escapó de sus manos. Vuelto sobre sus pies, lo buscó con ansiedad en el suelo. Al fin lo halló y lo levantó, y cuando se sacudía el polvo de sus rodillas, oyó una voz que venía del corazón diciéndole: «Hijo, ¿estás herido?[...] Hijo, ¿estás herido?»

Cuando oí esta historia por primera vez, no necesité que nadie me la explicara. Su mensaje sobre el amor inmortal de una madre surgió con claridad de entre los detalles sangrientos. Pero permítame preguntarle. ¿Qué tiene semejante amor que conquista nuestra suprema admiración? ¿No es acaso porque la grandeza triunfó sobre la pequeñez y el espíritu sobre la carne? Permítaseme profundizar aún un poco más: ¿De dónde viene, en primer lugar, tal concepto del amor? ¿Puedo sugerir que un amor sacrificial, tan noble como ese, no proviene de la materia sin mente y que fue colocado allí por Dios mismo, nuestro Creador? Agustín señaló esto muy bien: «Tú nos has hecho para ti y nuestros corazones no hallan descanso hasta que lo encuentran en ti». Nuestra capacidad para reconocer el amor viene de Dios y, por tanto, los términos definitivos del amor y el sacrificio que involucra también deben provenir de él. La Biblia no sólo nos dice que Dios es amor, sino también que Dios ha demostrado ese amor en su expresión suprema.

El Dr. Stanley Jones, famoso y notable misionero en la India, que fue admirado y respetado aun por Mahatma Gandhi, solía contar la historia de un funcionario de gobierno, hindú devoto, a quien estuvo tratando de explicar el concepto de la cruz. El hombre repetía al Dr. Jones que a él no le era posible encontrar sentido en la cruz ni en el amor de Dios. Sus conversaciones sobre el tema giraban sobre sí mismas y parecían no arribar a un fin satisfactorio.

Un día, a través de una serie de circunstancias, el hombre se involucró en un asunto extramarital que le atormentaba la conciencia. No podía vivir encerrado en sí mismo por más tiempo con el problema y, finalmente, mirando a los ojos a su devota esposa, le contó la historia desalentadora de su infidelidad. Las horas y los días de angustia y dolor se transformaron en semanas de pesadez en el corazón de ella. Aun cuando pudo sobreponerse al primer efecto, confesó a su esposo no sólo su profundo dolor por haber sido herida, sino la promesa de su irreductible compromiso y amor.

De repente, casi como un relámpago que iluminó la oscuridad del cielo y el paisaje, se halló a sí mismo susurrando: «Ahora sé lo que significa ver el amor crucificado por el pecado». Dobló sus rodillas en adoración a su Salvador, y abrazó a su esposa de nuevo con la solemnidad de un compromiso de por vida. Ese abrumador sentido del supremo amor de Dios fue lo que inspiró las palabras del himno:

Oh amor que no me dejaras
Descansa mi alma siempre en ti,
Es tuya y tú la guardaras
Y en el océano de tu amor
más pura al fin será.[4]

El amor tiene sus demandas. El amor requiere sacrificios. Pero en nuestras vidas de alto nivel, nuestras prioridades han

---

4. Albert Lister Peace, «Oh amor que no me dejarás», 1885.

sido invertidas y malgastamos lo sagrado para proteger lo profano. Es el amor de Cristo que desafía nuestras prioridades y conduce la necesidad del corazón a amar y ser amado. Él llega a ser la expresión consumada del amor y al conocerle hallamos el amor que brinda significado.

Pero hay un obstáculo. Antes comenté sobre la vigorosa declaración de D. H. Lawrence de que debe haber algo más que amor que llene el vacío del corazón, y aquí me agradaría presentar la verdad crucial que Cristo nos dio y que nos lleva más allá de un mero concepto relacional del amor.

Si usted comprometiese a cualquier filósofo religioso a conversar seriamente sobre el concepto del amor en las enseñanzas de otras religiones, quizás quedaría sorprendido de lo que surge. En el budismo, su mismo fundador, Gautama Buda, renunció a su esposa y familia en procura de su paz interior. En el hinduismo, el concepto del amor es lastimoso. En el islam, se demanda la sumisión a un dios compasivo, pero cuanto uno más lee las obras de este dios compasivo, más se ve la compasión como un término vacío. Sólo en la fe cristiana la vida con Dios es siempre retratada como una relación de amor. Con todo, en términos cristianos, el amor no es establecido como una mera emoción o expresión. En una relación con Dios, en última instancia, se florece para adorar. Toda relación terrenal, como la conozcamos, algún día llegará a su fin. Es sólo en la adoración que el asombro y la verdad se fusionan y nuestros corazones se enriquecen por su amor. Tal enriquecimiento, que resulta de adorar, alimenta todas las otras relaciones y nos ayuda a considerar como sagrados nuestros compromisos. Este concepto es demasiado profundo para ignorarlo y merecerá una cuidadosa atención en la tercera parte de este libro.

D. H. Lawrence estaba en lo correcto cuando dijo que el hambre más profunda del corazón va más allá del amor: Jesús llamó adoración a ese «más allá». Y Wolfe estaba en lo cierto; fuera de Dios, está ese sentido de soledad cósmica. Jesús dijo: «Yo he venido para que tengan vida; pero para que la tengan

174

en abundancia (Juan 10.10). En Cristo esa soledad es conquistada cuando los anhelos del corazón son satisfechos y las luchas del intelecto reciben respuesta.

Aceptando entonces que ese compromiso de amor es esencial para el significado, se deduce que la ausencia del amor contribuye a la ausencia de significado. Jean-Paul Sartre dijo una vez que el infierno es otra gente. Para Sartre, la vida era soportable hasta que otros vinieran también. En uno de sus libros, Dostoievski presenta una conversación entre dos de sus personajes sobre el infierno. «El infierno —dice uno de ellos— debe ser la incapacidad para amar». Yo estaría de acuerdo. Y en tal sentido, el infierno se ha desatado sobre nuestra cultura, porque a pesar de todo el hablar sobre el amor, podemos ver más infidelidad y la ruptura de la familia ahora domina nuestra sociedad. A menos que se revierta esta tendencia, nos desintegraremos totalmente como civilización, porque la falta de significado desatará la violencia aun sobre aquellos que dicen amar. El amor de Dios es indispensable en el significado de la vida, ese amor se revela en Cristo y puede ser experimentado personalmente.

ojo
sobre el amor

11

Cruzar la barrera

HEMOS LLEGADO al último factor necesario para brindar sentido a la vida: seguridad. Esto es buscado ardientemente en los años del crepúsculo de la vida, el final de las siete etapas de Shakespeare. Comenzando con la capacidad de asombro en la niñez, a través de la búsqueda de la verdad en la adolescencia, y el cumplimiento del amor en los años adultos; por último encaramos una vejez que reclama seguridad. La razón es que la maravilla se ha marchitado con la decadencia del cuerpo. La verdad nos confronta con la realidad de un término para la existencia terrenal. El amor será pronto cosa del pasado, si la muerte es la cesación del estado consciente. ¿Dónde entonces halla uno la seguridad que puede recuperar la maravilla, saber la verdad y disfrutar el amor?

Si no hay vida después de la muerte, entonces la vida es definida sólo en términos de «Lo que me hace feliz» o «Haga lo que piense que está bien» siendo que no hay «Por qué» para la vida en sí. En cambio, si hay vida más allá de la sepultura, entonces la vida debe ser definida desde ese punto superior y la pregunta central es: «¿Qué es correcto sentir?» Sobre la base de tal conocimiento, sobrevienen los hechos.

Las religiones más importantes, de un modo u otro, creen en una vida más allá pero ninguna, excepto el cristianismo, ha provisto la sustanciación histórica de ella. La fe cristiana,

177

La fe cristiana.

Verdad rel. Resurrecion Josh McDowell

aunque es un sistema integral, puede ser destruida en principio si uno puede establecer fehacientemente que Jesús no se levantó de la muerte. Muchos han tratado de hacerlo y han terminado entregándose a Cristo en el proceso o han abandonado su intento de refutación como un fracaso terminante. Nadie en la historia hubiera deseado desaprobar la resurrección de Cristo más que las autoridades del templo o la jerarquía romana. En los años subsecuentes, ninguna fuerza hubiera deseado privar al cristianismo de esa proclama más que el islam. Pero la verdad permanece en alto.

Para mí, el debate sobre el manto sagrado de Turín siempre me resultó fascinante. No creo ni por un momento que debería ser utilizado como evidencia de la resurrección de Cristo porque siempre permanecerá en discusión, aun cuando pertenezca a aquel período. Pero lo que es interesante es que sostiene la semblanza de una intriga que rodea aun al escéptico y evoca profundos interrogantes.

Pese a las impresiones del éxito mundano, la fama, la adulación, a veces somos alertados a historias de interés humano que revelan que las figuras de tal adulación tienen los mismos anhelos que el resto de nosotros. Cuando el cuerpo de Elvis Presley fue hallado la mañana siguiente a su muerte, su hermanastro testificó que yacía inclinado sobre el suelo con una Biblia y un libro sobre el Manto de Turín abierto debajo de él. Permítaseme repetir que el anhelo de nuestros corazones por vida más allá de la tumba no establece de por sí que hay en verdad vida más allá de la tumba; pero este anhelo habla de nuestra necesidad de conocer la verdad acerca de la muerte porque eso define la vida y provee seguridad. Jesús dijo: «Yo soy la resurrección y la vida. El que cree en mí, aunque esté muerto, vivirá; y el que vive y cree en mí, no morirá eternamente» (Jn 11.25).

La promesa de esta esperanza ha impulsado la vida de millones. Uno de los principales agentes de tal mensaje fue Saulo de Tarso, que, respirando amenazas y muerte, estaba en su camino para erradicar la iglesia naciente hasta que fue derribado en su viaje a Damasco por una luz enceguecedora y la voz del Cristo resucitado. Fue llevado, ciego, a una casa en una calle llamada la Derecha. Qué maravilla es visitar Damasco, como lo he hecho, y caminar por la calle llamada Derecha. Hay una antigua, pequeña y oscura casa que pretende ser la de Ananías, el hombre que ayudó a Pablo en la hora de su conversión. Si es o no tal casa, no podemos estar seguros, pero dos mil años después del suceso, el nombre de la calle no ha cambiado, recordando al visitante lo que ocurrió allí.

Fue allí que Saulo de Tarso recibió su comisión divina de comparecer ante líderes y príncipes en nombre de ese Cristo resucitado. No temiendo nada desde ese momento, dijo: «De aquí en adelante nadie me cause molestias; porque yo traigo en mi cuerpo las marcas del Señor Jesús» (Gl 6.17). De ser un terrorista y perseguidor de los seguidores de Cristo, este joven judío, ciudadano romano, que había vivido en una ciudad griega, afectó al mundo con el mensaje de Cristo, el que había triunfado sobre la tumba. Este fue el mensaje que le brindó seguridad y el conocimiento de que la vida es mucho mas que setenta años.

Al llevar esta parte del libro a su conclusión, le recuerdo los cuatro componentes esenciales del significado en la vida: asombro, verdad, amor y seguridad. Cuando alguien proclama haber encontrado significado, este debe reunir esos cuatro elementos. Y los cuatro se hallan en la persona de Cristo, que por sí solo trae significado a la existencia al soportar la prueba a cualquier altura de la vida. Ninguna de esas pruebas provee la respuesta en forma aislada. Pero, tomadas en conjunto, tienen perfecto sentido.

Hace muchos años tuve el privilegio de hablar a lo largo y a lo ancho de Vietnam. Fue en 1971, estaba aún completando mis estudios superiores cuando me llegó la invitación para ir a hablar en las bases militares, en los hospitales norteamericanos y en otros lugares. Esa fue una experiencia que cambió mi vida. Recuerdo muchas charlas con personal militar; la mayoría de las veces la conversación recaía sobre el tema de la muerte y, por último, sobre Dios. Esas conversaciones están profundamente grabadas en mi memoria.

Uno de los recuerdos de aquellos años es un poema que un soldado estadounidense escribió y me regaló. Lo guardé desde entonces como un tesoro y resumiré lo que describió con dolor y poética belleza. Habla de una noche que definió su vida en la cual fue tomado por el fuego cruzado de una batalla que estalló alrededor suyo y una guerra que no podía silenciar dentro de él. Una, un conflicto de ideologías por el cual las armas de guerra ahora tronaban con furia; la otra, un esfuerzo del corazón y la mente cuando tratan con materias del alma. Fue hacia esta lucha interior que dirigió su atención.

El ruido ensordecedor de las explosiones de los proyectiles de artillería y el sonido de los llamados a la lucha, que bien podía ser la última, no desalentaban sus anhelos de aquietar su turbulencia interior. De nuevo oía dentro de sí las voces de amigos de su juventud que lo habían convencido de un universo sin mente. Pero ahora, desde el pozo creado por un proyectil, al ver el cielo estrellado, sentía que los escépticos no habían llamado espada a la espada. En silencio y en paz se entregó al Señor, cuyo amor no podía resistir por más tiempo y, con el triunfo de su alma, dijo: «Ahora que te he encontrado ya no temo morir».

Irónicamente, algunos años más tarde, estando en Siria, oí a un joven oficial testificar sobre una idéntica lucha y su victoria a través de Cristo durante una noche funesta en las alturas de Golán. Esa batalla, registra la historia, cobró un terrible precio en vidas humanas. Aunque parezca extraño, esos escenarios han terminado con guerras sobre el destino personal para un número asombroso de soldados. La victoria sobre la tumba pone toda otra batalla en perspectiva.

Permítanme expresar aquellas gloriosas palabras de Malcolm Muggeridge sobre su descubrimiento de una relación personal con Cristo:

Vidacristiana

Puedo, supongo, considerarme a mí mismo como un hombre relativamente exitoso. La gente a veces me mira en las calles; eso es fama. Puedo ganar dinero suficiente como para calificar y ser admitido en las categorías más elevadas establecidas por el sistema impositivo. Eso es éxito. Lleno de dinero y un poco de fama, aun el anciano, si lo deseara, puede participar en amistosas diversiones. Eso es placer. Podría suceder de tanto en tanto que algo que he dicho o escrito fue lo suficientemente oído por mí para persuadirme a mí mismo que esto representó un serio impacto sobre nuestro tiempo. Eso es realización. Aun, le digo y le ruego que me crea, multiplique estos triunfos insignificantes por millones, póngalos todos juntos y no son nada, menos que nada; en verdad, un positivo impedimento medido contra una gota de esa agua viviente que ofrece Cristo al sediento espiritual, no importa qué o quiénes son.[1]

En nuestra búsqueda de significado hemos ido desde el mundo de un niño a los años del atardecer de nuestra vida y hemos visto cómo esta búsqueda falla si nuestras vidas transcurren sin Dios. Voy a tomarme ahora la libertad de poner todo esto junto en esta anécdota personal.

Cuando nuestro hijo Nathan tenía muy pocos años, un domingo en la mañana lo vi entretenido con el simple juego de dejar que un globo inflado flotara hasta el cielo raso; luego subía a un sofá y lo bajaba. Repitió la secuencia un número incontable de veces. La arrebatada expresión de su cara era digna de la pluma de Milton, con su corazón desbordante de gozo dejaba que el globo escapara y lo traía una y otra vez desde el sofá.

G. K. Chesterton dijo algo respecto a que la infinita capacidad de Dios es revelada en la propensión de un niño a la alegría aun en medio de lo monótono. ¿Quién no está familiarizado

---

1. Malcolm Muggeridge, *Jesus Rediscovered* [Jesús redescubierto], Doubleday, Garden City, New York, 1969, p. 77.

con la vista de un niñito a quien impulsamos hacia arriba sólo para oírlo decir: «¡Otra vez!» «¡Otra vez!»?

Para alguien que vive con Dios, la gozosa repetición es testificada a diario en la medida que disfrutamos su Creación: Dios dice al sol: «¡Otra vez!», y a la luna: «¡Otra vez!» y a las estaciones: «¡Otra vez!»

¡Pero, ay! Allí vino el primer indicio de aburrimiento para el niño y la inevitable partida de la niñez. Así, nuestro pequeño se fue de la casa por la salida para el auto donde dejó que su globo se perdiera en la vastedad del espacio. Traté demasiado tarde de detenerlo y juntos lo vimos partir. Al caer dolorosamente en cuenta de que ya no había sofá tan grande para traerle de nuevo su globo, predeciblemente estalló en lágrimas. Luego, con un repentino e insinuante brillo en sus ojos, se detuvo y dijo: «Ya sé, papá. La próxima vez que estés en un avión, puedes traérmelo!» Lo más frustrante para él fue oírme decir: «Lo siento hijo, no puedo hacer eso».

En alguna parte y alguna vez, los pasatiempos humanos encuentran sus límites al igual que la capacidad humana. Sólo Dios es perpetuamente novedoso: proveyendo asombro, verdad, amor y seguridad.

¿Quién soy?[...] quienquiera que sea, tú sabes oh Dios, soy tuyo.[2]

---

2. Dietrich Bonhoeffer, «¡Quien soy?», *Letters and Papers from Prison* [Cartas y escritos de la prisión].

PARTE III

Quién es Jesús (¿y por qué importa?)

12

Arribo a la verdad

Best chapter

D<small>E ALGUNA MANERA</small>, llegar a la conclusión de que sólo Dios es la perpetua novedad es declarar lo que es obvio. No negaremos que si, en verdad, podemos determinar con certeza que hay un Dios y que ha hablado, la secuela inevitable es que sólo Él puede ser la novedad eterna. Lógicamente la consecuencia es que conocerle, vivir con Él, serían el propósito y placer supremos de la vida. Pero este es un gran «si». ¿Cómo sabemos si Cristo es realmente el camino, la verdad y la vida, tal como afirmó ser? En nuestra consideración de este tema tan importante, examinemos una de las más controversiales y atacadas afirmaciones de la fe cristiana: Su aseveración de ser la verdad exclusiva.

El cristianismo es, con frecuencia, menospreciado como el paria entre las religiones del mundo y considerado por sus detractores como controversial porque la erudición moderna hace burla de la noción de la verdad como absoluta. La fe cristiana es atacada con frecuencia porque el modo de pensar contemporáneo se enfurece ante cualquier pretensión de un elitismo idealista en una sociedad pluralista. ¿Cómo se atreve una idea a proclamar que es superior a otra? Después de todo, se supone que somos una sociedad multicultural: ¿No debería, entonces, la verdad venir con vestidos diferentes?

Uno de los elementos recurrentes en la Biblia, sobre todo en los encuentros que involucran a Jesús, es el de la sorpresa. La misma no sólo está contenida en lo que Jesús dijo, sino con mayor frecuencia en las personas a las que dirigió esas palabras sorprendentes. Considere la afirmación de Jesús: «Yo soy el camino, la verdad [veritas] y la vida; y nadie viene al Padre sino por mí» (Jn 14.6). Jesús dijo estas palabras a Tomás, el apóstol cuyo nombre, aún después de dos milenios, es sinónimo de duda. Fue el último en creer la resurrección de Jesús porque no aceptaba que tan estupenda afirmación le viniera de segunda mano. Necesitaba ver y sentir antes de doblar sus rodillas ante el Cristo que él sabía que había sido crucificado.

Irónicamente, este Tomás, una vez que vio y tocó al Cristo resucitado, fue a predicar el evangelio a la India, donde el panorama religioso alardeaba de tener 330 millones de deidades en su polifacético panteísmo, un número siempre creciente. Dentro de este amplio espectro, una mezcla entre el crudo politeísmo y el panteísmo en evolución, Tomás predicó a Jesús como el camino, la verdad y la vida. Pagó el precio final de su vida y, si la tradición está en lo cierto (de lo cual hay evidencias suficientes), fue martirizado en Madras, la ciudad de mi nacimiento.

Tenemos delante la tarea de justificar tan extraordinaria pretensión: la exclusividad y singularidad de Cristo Jesús. ¿Quién es Él? ¿Interesa realmente después de dos mil años de haber caminado sobre este mundo? Obviamente, una vez que la primera parte de la pregunta es contestada, la última es una conclusión inevitable. Permítaseme colocar un modelo ante usted para determinar la verdad y luego examinaremos cinco distintas categorías en las que las pretensiones de Cristo, de que Él es la verdad, son sustentadas y dignas de consideración y escrutinio.

La humillación de la verdad

Una seria víctima de nuestro tiempo, que desafía nuestra comprensión, es la muerte de la verdad. Por negar lo absoluto y eliminar todos los puntos de referencia por los cuales ponemos a prueba la veracidad, nuestra civilización ha entrado en *terra incognita* sobre materias de primordial importancia aun para sobrevivir. Negociamos en el ruedo de los valores como si este fuera terreno virgen, jamás hollado por algún explorador experimentado. El escepticismo y el cinismo de pronto han llegado a ser el distintivo de la sofisticación, y el conocimiento de quienes somos ha sido dejado al dominio de los no educados o no científicos (siendo que son los únicos suficientemente ingenuos para creer en la verdad absoluta). Los pronunciamientos sobre la esencia de la vida han sido relegados a salones de funerales y hospitales siquiátricos, pero en el mundo real de la sustancia y lo académico, la verdad es ahora una palabra hueca, un refugio solipsístico. Al menos, esa es la postura que han tomado algunas de las consideradas mentes más brillantes de nuestro tiempo.

La historiadora Gertrude Himmelfarb, en un análisis erudito e incisivo del empobrecimiento de lo académico que ahora nos plaga, lamenta esta pérdida de la verdad como una tragedia que profana la vida. Cita a uno de los filósofos líderes de Norteamérica, Richard Rorty, que orgullosamente baja del pedestal a su propia disciplina de la filosofía como mitológica e insiste que cualquier filósofo que piense que puede localizar la realidad es «un melindroso metafísico viviente». Rorty deplora: «De estos petimetres, seguramente, han quedado muy pocos».

> Usted aún puede hallar profesores de filosofía que solemnemente le dirán que están buscando la verdad, no meramente una historia o un consenso sino una sincera práctica, para con Dios, exacta representación del camino en que está el mundo. Algunos de ellos aun dicen escribir de un modo transparente, claro y preciso, orgullosos de sí mismos en cuanto a su estilo directo, renunciando a inventos «literarios».[1]

---

1. Richard Rorty, *Essays on Heidegger and Others* [Ensayos sobre Heidegger y otros], «Escritos filosóficos», Cambridge, Gran Bretaña, 1991, 2:86,

Es patético oír tal ilógica —tal notoria carencia de sentido en el más verdadero aspecto de la palabra— salir de la pluma de alguien que se tiene por pensador. Lo que necesitamos preguntar a Rorty es si su conclusión contra la posibilidad de la verdad es cierta en sí misma o meramente otro invento literario. El hecho es que cada uno de nosotros, implícita o explícitamente, vivimos por ciertos preconcebidos principios de la vida que creemos no son negociables. No creemos cualquier cosa que oímos en forma arbitraria, sino que, consciente o inconscientemente, ponemos a prueba las propuestas a fin de determinar su verdad o falsedad. Una vez que una propuesta ha sido examinada y ha probado ser cierta, podemos elegir desconocer las derivaciones que siguen, pero no podemos por más tiempo negar su veracidad.

La verdad acerca de la verdad

Antes de entrar al corazón de la defensa cristiana, el primer paso es cruzar dos vallas mayores. La primera trata con el método mismo de cómo vamos a arribar a la verdad de cualquier religión y la segunda examina si la verdad puede ser exclusiva. Tan árida como podrá parecer esta tarea, es una necesidad de procedimiento si hemos de ser equitativos en la cuestión.

Hay tres pruebas a las cuales cualquier sistema o declaración que pretenda ser la verdad debe sujetarse como un requerimiento preliminar si tal declaración se considerara significativa como para debatir. Tales pruebas son: 1) coherencia lógica, 2) adecuación empírica, y 3) experiencia relevante.

Estas tres pruebas proveen tan alto grado de confianza que, si se aplican a un sistema de creencia, puede determinarse su veracidad o falsedad.

---

citado por Gertrude Himmerfalb en, *On Looking into the Abyss* [Mirando al abismo], Knopf, New York, 1994, p. 14.

Pruebas ? verdad

Las verdades afirmadas por el cristianismo, el hinduismo, el budismo, el islamismo o el ateísmo, deben enfrentar *todas* estas pruebas. ¿Hay una coherencia lógica en lo que se afirma? ¿Hay una empírica adecuación donde la verdad proclamada pueda someterse a prueba? ¿Hay una relevancia experimentable, puede aplicarse significativamente a mi vida?

Hay, no obstante, una potencial imperfección en esta triple prueba, lo cual ha sido tratado por el filósofo Norman Geisler en sus escritos sobre epistemología. El Dr. Geisler, astutamente, señala que, para algunos sistemas filosóficos, es posible salir airosos de estas tres pruebas y aún ser intrínsecamente falsos. Por ejemplo, si alguien admitiera algunas de las presuposiciones del hinduismo, este puede satisfacer las tres pruebas mencionadas. Pero cuando esas presuposiciones son escrutadas por otros métodos de probar la verdad, que caen fuera de los límites de la lógica pura, tales proposiciones son halladas indefendibles. Por ejemplo, una de las presuposiciones del hinduismo es que el mundo material, como lo conocemos, no es distinto a la realidad final e impersonal, Brahman. Si concedemos tal presunción al hinduismo, satisface los tres exámenes de la verdad. En cambio, si podemos probar que esa presuposición es falsa, el edificio del panteísmo se desplomará.

¿Cómo podemos demostrar esa falsedad? Aunque no puedo entrar aquí en grandes profundidades en tal búsqueda, puedo subrayar por lo menos un defecto mientras permanezcamos dentro del contexto de este libro. El Dr. Geisler nos ayuda al llevar a nuestra atención dos pruebas que, en efecto, niegan el panteísmo. Una es llamada la prueba de la innegabilidad; esta es una prueba para la verdad. La otra es la de la inafirmabilidad, una prueba para la falsedad.

Tome, por ejemplo, el tema de mi existencia. Aunque mi propia existencia no puede ser lógicamente probada, ella es, sin embargo, existencialmente innegable. Esto significa que no puedo negar mi existencia sin afirmarlo a la vez. Recuerdo la clásica conversación entre un estudiante y su profesor. «¿Cómo sé que existo?», demandó el estudiante en una exposición de filosofía. «¿Y quién diré que está preguntando?», vino la réplica. La innegabilidad, por tanto, es una prueba para la verdad.

La prueba de inafirmabilidad, en cambio, es para la falsedad. Esta básicamente significa que sólo porque algo puede ser dicho, ello no quiere decir que necesariamente sea verdad. Podría decir con vehemencia: «No puedo hablar una palabra de español»; pero esto no implica una verdad. Porque aunque estoy diciendo: «No puedo hablar una palabra en español», estoy hablando varias palabras en castellano; por tanto, mi declaración es falsa. En el hinduismo, uno tiene que decir, en efecto, «Dios existe, pero yo no». Esta es una posición inafirmable. La inafirmabilidad, por tanto, es una prueba para la falsedad.

Estas dos pruebas, agregadas a las otras tres de la coherencia lógica, la adecuación empírica y la relevancia experimental, completan un muy efectivo sistema quíntuple para determinar la verdad. Antes que irme demasiado lejos, voy a recomendarle su propia lectura personal sobre este tema tan importante.

No obstante todas las enojadas, acusadoras palabras de los rortys de este mundo, estas pruebas son relevantes. Cualquiera que tome seriamente la declaración de que no hay verdad que corresponda a la realidad, destruye la declaración misma por implicar que ella no refleja la realidad. Si eso ocurre, ¿por qué tomarla seriamente? La verdad como una categoría debe existir aunque uno esté negando su existencia y debe también permitir la posibilidad de ser conocida.

Esto establece la primera parte de lo que hemos considerado una necesidad de procedimiento. Existe también un segundo prejuicio que debemos tratar.

La verdad oculta acerca de la verdad exclusiva

Una sorprendente ilusión bajo la cual vive el moderno crítico del cristianismo es la creencia de que el cristianismo es el único sistema de creencia exclusivista. Este modo de creer revela una significativa ignorancia de todas las concepciones de la realidad más importantes del presente. En realidad, cada sistema es implícitamente exclusivista. El budismo nació como repudio a dos doctrinas del hinduismo. Gautama Buda rechazó los vedas como verdad final y denunció el sistema de castas duramente. Este sistema, por supuesto, fue inextricablemente tejido dentro de la doctrina de la reencarnación y de aquí el matiz diferente en la doctrina budista de la transmigración.

El sikhismo, en la práctica, rechaza tanto al hinduismo como al budismo. Con la valiente intención de poner todas las cosas juntas, el bahaísmo, un intento religioso de universalismo, extirpa las venas de todos ellos y excluye a los exclusivistas. La más somera comprensión de la enseñanza del islam basta para percibir su exclusivismo radical. El islam es no sólo exclusivista teológicamente, sino también lingüísticamente. De acuerdo con la enseñanza islámica, el único, suficiente y consumado milagro en el islam es el Korán, el cual es sólo reconocido en árabe. Cualquier traducción disminuye la fuente principal y desacraliza las palabras. Y podría agregar que lo que se requiere es no sólo una comprensión del árabe, sino un conocimiento sofisticado de él. En cuanto al antiteísmo, rechaza todo otro punto de vista teístico y trata sus creencias como huérfanas de razón. Por tanto seamos sinceros, quitemos estas cicatrices que el antiteísmo atribuye al cristianismo que, por supuesto, impide el de otro modo hermoso semblante de la tolerancia religiosa o secular.

La cuestión, entonces, no es si el sistema religioso que usted abraza —monoteísta, panteísta o el que sea— es exclusivista. El asunto es si las respuestas a las cuatro cuestiones básicas de la vida respecto al origen, significado, moralidad y destino, dentro del contexto de cada una de esas perspectivas universales, satisfacen o no las pruebas de la verdad. ¿Son lógicamente coherentes, empíricamente adecuadas y experimentalmente relevantes? ¿Satisfacen las pruebas de inafirmabilidad e innegabilidad? Las respuestas a las cuatro cuestiones de la vida deben, en cada instancia, corresponder a la realidad y la suma de las respuestas deben ser coherentes como sistema.

Es absolutamente imperativo entender que, cuando un opositor a la fe cristiana cuestiona a un cristiano, este, por su parte, debe estar dispuesto, primero, a justificar la cuestión dentro del contexto de sus propias presuposiciones. Segundo, debe también responder a la pregunta sobre la base de esas presuposiciones. En otras palabras, quien cuestiona está también obligado a responder la misma pregunta. Una actitud que dice: «Usted no puede contestar a mi interrogante; por tanto, puedo creer lo que quiera», es hipocresía intelectual.

Permítame, por tanto, reiterar que *la verdad, por definición, será siempre exclusiva*. En realidad, Jesús proclamó esa exclusividad. Si Él no hubiera hecho tal aserto, hubiera estado implicando irrazonablemente que la verdad es toda inclusiva, lo cual no puede ser. La cuestión de fondo que permanece es si las pretensiones de Jesús respecto a que Él era la verdad soportan las pruebas determinantes de la verdad y si, en su persona, Él soportaría tales pruebas. Permítame presentarle una ilustración muy significativa para probar mi argumento sobre la exclusividad de la verdad.

Este/o, ambos/y

Hace algún tiempo estaba en California dando una serie de charlas sobre la fe cristiana; un profesor de filosofía que había estado en la audiencia, me confrontó con un desafío más bien duro. La situación era algo irónica y pudo haber sido graciosa si no hubiera habido una obvia dosis de irritación de parte de mi antagonista. Me arrojó el guante desafiándome a hablar la noche siguiente sobre: «Por qué no soy hinduista». Debo confesar que me tomó por sorpresa, ya que este caballero norteamericano había adoptado la mística concepción de la realidad oriental para sí mismo y le enojaba mucho que yo, un hindú, entregara mi vida a Cristo. Conversé con él un momento a fin de percibir el nivel intelectual de nuestra discusión y le dije que prefería no tratar un ataque frontal sobre un tema tan culturalmente sensitivo en tal lugar. «Además», dije, «he oído que fue dicho que cuando usted tira lodo a otros, no sólo usted pierde una buena parte de terreno, sino que también se ensucia las manos». No quedó persuadido ni alegre.

Insistió y siguió desafiándome: «Vamos, hable sobre ese tema y traeré mi clase de filosofía conmigo. Ellos lo sacarán aparte luego que haya terminado». Sin lugar a dudas, por su polémica postura estaba haciendo una guerra sicológica.

A esa altura, una verdadera multitud nos rodeaba oyendo con el alborozo de los gladiadores esta especie de duelo verbal. Incapaz de sacarme de encima a este individuo decidido, al fin le hice una proposición. Había planeado hablar una noche sobre: «¿Por qué soy cristiano?»; le sugerí que el tema tal vez tendría material suficiente para que sus superpesados filósofos pudieran golpear. «Sería un placer para mí», dije, «responder a cualquier desafío sobre eso. Después de todo, implícita en esa presentación estará el por qué no soy ninguna otra cosa». Y así estuvo de acuerdo.

Durante el desarrollo de la conferencia pude percibir su incomodidad porque estaba tocando el nervio vital de su concepción de la realidad, las leyes básicas de la lógica y cómo aplicarlas a la realidad. Comencé por establecer la ley de la no contradicción, la cual sostiene que si una declaración es absolutamente contradictoria, sin calificación, esa declaración no puede ser verdad. Seguí demostrando que en la miríada de postulaciones del hinduismo hay numerosas contradicciones, un hecho admitido incluso por sus máximos defensores. Si la ley de no contradicción se aplica a la realidad y el hinduismo está plagado de contradicciones, entonces concluí que, como sistema, el hinduismo es falso. Hoy mismo, el hinduismo vive en un esfuerzo titánico entre sus dos polos de teísmo (creencia en una deidad personal) y monismo (creencia en una realidad absoluta, impersonal). En verdad, los hinduistas están cada vez más inclinados a ofrecer el hinduismo no como religión sino como una cultura a causa de sus mezclas de tantas contradicciones.

Entre paréntesis, para aquellos no familiarizados con esta clase de pensamiento, y para quienes la filosofía no es parte de su dieta diaria, la ley de la no contradicción actúa más o menos así: Suponga que mi esposa y yo estuviéramos caminando juntos; usted se nos acerca y nos dice: «Hola, señor y señora Zacharias. He oído que están esperando un bebé». Si a su comentario mi esposa respondiera «Sí» y, simultáneamente, yo respondiera «No», ¿qué pensaría usted? Lo más probable es que creyera que estábamos bromeando o que tal vez la señora que me acompaña no es mi esposa o que quizás ella aún no me había dado la noticia. Eso es porque la misma pregunta, hecha de una vez, significando una misma cosa, no puede recibir dos respuestas absolutamente contradictorias. Esta es la simple guía hacia la verdad que usamos en las salas de juicios y en el mercado. Es la ley de la no contradicción. Este fue el tema clave que ese profesor iba a tratar en nuestra discusión.

Al final de la conferencia, corrió hacia el frente con su cuaderno de notas y estalló: «Usted ha hecho el mayor daño, a la filosofía oriental, que nunca he visto hacer a nadie y la razón es que no entiende la mentalidad oriental». Ni sus estudiantes pudieron dejar de percibir la ironía de un occidental diciéndole a un oriental que no entendía la mentalidad oriental. Eso era realmente cómico.

Decidí que había llegado el momento de rescatar esta discusión de la ridiculez y le sugerí que el día siguiente almorzáramos juntos y entonces podríamos tratar el tema y trabajar sobre nuestro desacuerdo. Aceptó y, cuando nos encontramos, no perdió tiempo. Comenzó con: «Su mayor problema es que usted no entiende la lógica oriental». Pensé que lo mejor sería dejarlo explicarme la lógica oriental. Su argumento se extendió sobre dos clases de lógica; una, la de «este/o» y la otra, la lógica de «ambos/y». «La primera», dijo, «es construida sobre la ley de la contradicción, lo cual significa que si una declaración es cierta, lo opuesto tiene que ser falso». Hasta allí estuve de acuerdo con él.

El profesor se extendió con pulida elocuencia sobre la ley de no contradicción y de una u otra manera trazó su conclusión: «Este es el modo occidental de mirar la realidad». No estuve de acuerdo con tal conclusión y le pedí la cruzara sobre el mantel individual donde había delineado sus silogismos. Lo rechazó y le permití proseguir, sabiendo que tarde o temprano iba a tener que rechazar su propia conclusión.

Su próxima explicación fue sobre el método dialéctico. Este no es «este/o», sino «ambos/y». G. W. F. Hegel lo usaba en su dialéctica entre una idea (una tesis) y lo opuesto (la antítesis), para formar la síntesis (hallar la mitad del terreno). Karl Marx utilizaba ese método para demostrar el inexorable movimiento de la historia desde el empleador, por un lado, y el empleado, por el otro, hasta converger en una sociedad sin clases. (Extrañamente, nadie puede mostrarnos una sociedad sin clases.) Mi amigo filósofo se extendió largamente para establecer la lógica de ambos/y como un medio superior de establecer la verdad.

«De modo, Dr. Zacharias», dijo: «que cuando usted ve a un hinduista afirmando que Dios es personal y a otro insistiendo que Dios no es personal, sólo porque eso es contradictorio, no lo ve como un problema. El verdadero conflicto es que usted está viendo esa contradicción como occidental cuando debe encararla como un oriental. El ambos/y es el modo oriental de ver la realidad». De nuevo le pedí eliminar la última línea de su conclusión sobre el sistema ambos/y pero, por supuesto, no lo hizo.

Luego que había elaborado las dos ideas de «este/o» y «ambos/y» durante algún tiempo y siguió con su discurso de que no debemos estudiar la verdad desde un punto de vista occidental sino más bien desde uno oriental, finalmente le pregunté si podía interrumpir su eslabonado tren de pensamiento y hacerle una pregunta. Asintió y dejó su lápiz.

Le dije: «Señor, ¿me estuvo diciendo que cuando estudio hinduismo *debo* usar el sistema de lógica "ambos/y" *o* ningún otro?»

Hubo un silencio que pareció una eternidad. Repetí mi pregunta: «¿Usted me está diciendo que cuando estudio el hinduismo use la lógica "ambos/y" *o* ninguna otra? ¿He entendido bien?»

Echó la cabeza para atrás y dijo: «El "este/o" parece emerger, no es así?»

«En verdad, este emerge», dije, «y, en realidad, aun en India miramos a ambas direcciones antes de cruzar la calle: Este es el ómnibus o yo, no ambos».

¿Advierte usted el error que el profesor estaba cometiendo? Estaba utilizando la lógica de este/o para probar la de ambos/y. Cuanto más tratamos de martillar la ley de no contradicción, ella más lo martilla a uno. (Otro modo de considerar esta discusión es decir que si la lógica de «ambos/y» es todo lo que usted hace que sea, ¿por qué no puedo usar *ambas*, la «ambos/y» *y* la «este/o?» ¿Por qué sólo una de ellas?)

Ahora déjeme señalar aquí dos puntos vitalmente importantes. Este filósofo estuvo correcto en parte. En Oriente hay una tendencia popular a *aparecer* aceptando todas las religiones sólo como diferentes faces de una misma verdad. El Dr. Radhakrishnan (el notable filósofo hindú que enseñó en Oxford reemplazando al renombrado Dr. Zaehner y que llegó a ser presidente de la India) hizo un asombroso comentario en su libro *The Hindu View of Life* [La perspectiva hindú de la vida]. Dijo que uno puede ser musulmán, cristiano o budista e incluso ateo y seguir siendo hindú. Radhakrishnan estaba claramente equivocado. Él mismo confesó en algún lugar que el hinduismo había abierto los brazos tan ampliamente para abarcar a tantos que, cuando finalmente los cerró, se estranguló con lo que había abrazado.

Sin embargo, el hinduismo popular no es el mismo clásico y el método integral de enseñanza del mayor filósofo hindú, Shankara, fue claramente socrático en su forma de debatir ideas no de un modo dialéctico (ambos/y) sino de un modo no contradictorio (este/o). Desafiaba a sus antagonistas a probarle que estaba errado y si no, a rendirse a su posición. El punto, entonces, no es si usamos una lógica oriental u occidental. Usamos la lógica que refleja mejor la realidad y la ley de no contradicción es implícita o explícitamente implicada por Oriente como por Occidente.

Hay un segundo punto que necesita establecerse respecto a la ley de no contradicción. Este es, en definitiva, no una prueba para la verdad sino para la falsedad. Una declaración puede ser no contradictoria y sin embargo ser falsa. Por ejemplo, no hay nada contradictorio dentro de la declaración en sí de que hay un auto rojo en la entrada del garage; con todo, puedo estar diciendo algo que es falso. En cambio, si la afirmación es decididamente contradictoria —como hablar de círculos cuadrados— no puede ser verdad. Es por esto que hallo el ateísmo claramente falso. Sus teorías y deducciones están saturadas de contradicciones.

Ahora, si la ley de no contradicción se aplica a la realidad y si la misma pregunta hecha al mismo tiempo no puede dar lugar a dos respuestas opuestas, ambas declarando ser verdad, debemos someternos a una conclusión: Jesús hizo una afirmación muy razonable cuando exigió exclusividad. Usted puede decir que estaba equivocado, pero debe reconocer que hacía una declaración muy significativa porque la verdad, por definición, es exclusiva. Lo ineludible de este hecho queda probado si usted elige desafiar lo que estoy diciendo. Cuando trate de refutar lo que estoy diciendo, estará empleando la ley de no contradicción, implicando que usted está en lo cierto y yo errado. Es por esto que Aristóteles dijo: «Puedo probarle esa ley. Todo lo que usted debe hacer es abrir su boca y decir algo». Incluso el místico oriental sabía que no podía escapar a la ley de la no contradicción. Por tanto, optó por el silencio al decir: «El que sabe no habla; el que habla no sabe». ¡Pero *habló* para decirnos eso! Otro filósofo dijo: «Cuando la boca se abre, todos son tontos». Por desgracia, su boca se abrió para pronunciar tal sentencia.

Usted también puede tratar de describir una vara de una sola punta como negar la ley de no contradicción. En efecto, usted está obligado a no decir nada y Aristóteles definió la nada como «aquello con lo que sueñan las rocas».

Somos dejados con los sueños de las rocas o la aceptación de la ley de la no contradicción. Jesús proclamó ser «la verdad». Sometamos a prueba sus pretensiones y enseñanzas. Si son verdad, lo que dijo importa más que cualquier otra cosa en la vida.

13
El dilema de la humanidad

EN LAS SIGUIENTES PÁGINAS espero examinar algunas de las principales enseñanzas de Cristo sobre las cuales se apoya todo el edificio del cristianismo. Primero y sobre todo, consideremos las cuidadosas y específicas descripciones que hizo de la naturaleza humana. Este es sin duda uno de esos aspectos más espinosos y distintivos entre el cristianismo y todas las otras religiones o concepciones de la realidad. Las diferencias tienen ramificaciones serias para nuestras teorías políticas y culturales. Por ejemplo, considere las dos siguientes perspectivas de la naturaleza humana y observe cuán dispares pueden ser las ramificaciones. Traigo a su atención los pensamientos de Rousseau y Pascal sobre la naturaleza fundamental del hombre. Sus posiciones son la diferencia entre dos destinos.

Con su propensión a lo oracular y los comienzos epigramáticos, Jean Jacques Rousseau abrió el primer capítulo de *The Social Contract* [El contrato social] con las palabras: «El hombre nació libre y por doquier está en cadenas». En sus doctrinas Rousseau propuso que el hombre es básica e inherentemente bueno; y, sin embargo, vio que el bien no prevaleció. Su desarrollo de la teoría del socialismo vino mano a mano con un plan para el tratamiento ambiental y los contratos sociales que se capitalizan en esa bondad innata y desembocan en un estado ideal. Aquello que previó nunca se iba a concretar porque su postulado fundamental sobre la naturaleza del hombre fue erróneo. Sus nociones muy pronto fueron hechas añicos, más o menos como los sueños utópicos del renacimiento del hombre anticipado por los poetas del Romanticismo de comienzos del siglo diecinueve fueron pulverizados por las guerras napoleónicas. Cualquier filosofía cuya estructura se base en una bondad innata hallará su optimismo siempre frustrado. La historia desmiente tal creencia.

En contraposición a esas falsas presunciones sobre la naturaleza humana y las utópicas esperanzas humanísticas en el hombre, por el hombre y para el hombre, Blaise Pascal expuso el problema fundamental con tal optimismo:

> Es en vano, oh hombre, que busques dentro de ti mismo la cura para todas tus miserias. Todo tu discernimiento ha permitido saber que no es en ti mismo que descubres lo verdadero y lo bueno. Los filósofos te lo prometen, pero son incapaces de cumplir su promesa. Desconocen tu verdadera bondad y tu verdadera naturaleza. ¿Cómo podrían haberte provisto una cura para males que ni siquiera han entendido? Tus males principales son el orgullo, que te separa de Dios, y la sensualidad, que te ata a la tierra. Y ellos nada han hecho fuera de fomentar uno de estos males. Si ellos te han dado a Dios como uno de tus objetivos ha sido para apelar a tu orgullo. Te han hecho pensar que eres como él y parecido a él por naturaleza. Y aquellos que se aferraron a la vanidad de tal pretensión te han arrojado en el otro abismo al hacerte creer que tu naturaleza es como la de las bestias del campo y te han llevado a buscar tu bien en la lujuria que es la porción de los animales.[1]

¿Está en lo correcto Pascal? ¿Cómo hemos llegado a estar en términos con lo que es la naturaleza humana? Jesús

---

1. Blaise Pascal, *The Mind on Fire* [La mente en fuego], James M. Houston, ed., Multnomah, Portland, Oregon, 1989, p. 115.

enseñó inequívocamente que la voluntad en nuestras vidas, que busca la autonomía absoluta y sujetarse a leyes no más altas que las hechas por sí mismo, es rebelión a un orden más alto, que inevitablemente desciende a los niveles más bajos de indignidad e indecencia.

Ningún bien puede surgir si la voluntad está mal. Esta enseñanza de Jesús es con frecuencia desestimada como doctrinaria y como un impedimento a la creatividad humana. Pero en la sabiduría proverbial de cada cultura es sostenida y probada una y otra vez, aun en la forma de tragicomedia. Permítaseme contar un par de anécdotas cómicas para ilustrar lo que estoy diciendo.

Australia es un país hermoso en su geografía y paisaje pero, cada vez que he ido de visita, alguien me recuerda que la nación fue colonizada por criminales enviados desde Gran Bretaña. Sobre los talones de tal recuerdo casi siempre sigue una cínica explicación de la actual condición cultural a la luz de su pasado criminal. Por tanto, voy a decirles esta historia tal como la contó uno de los australianos que habló en una conferencia en Sidney, de la que participé.

En la historia, dos australianos llegaron a las puertas perladas del cielo; esto fue una sorpresa total para el portero, que estaba seguro de que no debía esperar australianos allí. Les pidió que esperaran un momento mientras hacía verificar sus credenciales por San Pedro —a quien, por alguna razón en nuestro folklore, se le asigna toda autoridad en el cielo—. Cuando Pedro fue informado de esos solicitantes que venían de Australia, también fue tomado por sorpresa y decidió que debía acompañar al portero de regreso a las puertas perladas para hablar con los visitantes inesperados. Pero cuando llegaron a la puerta, los australianos habían desaparecido, ¡y también las puertas de perlas!

¿No es una revelación de nuestras profundas creencias por sobre las pretensiones académicas cuando la gente puede burlarse de sí misma y mostrar su propia duplicidad, reconociéndola como la causa de su falla común? En nuestra sofisticada educación y descarada filosofía, podemos mofarnos de la creencia en la depravación del hombre como una idea anticuada, pero ella resurge cada día, en cada vida y en cada cultura, destruyendo la civilización a su paso.

Me gusta contar la segunda historia porque tiene un tono de autenticidad universal. Es la de dos hermanos bien conocidos en el pueblo por ser tan sucios en sus negocios como podían. No obstante, seguían progresando en riquezas hasta que, de repente, uno de ellos murió. El sobreviviente se dio a la búsqueda de un ministro que estuviera dispuesto a dar los toques finales al funeral. Al fin le hizo una oferta a un ministro, la cual era muy difícil rechazar. «Le daré una buena suma», le dijo, «si me hace solamente un favor. Al hablar de mi hermano, quisiera que lo llame "santo"; si lo hace, le daré una excelente recompensa». El ministro, un astuto pragmático, estuvo de acuerdo en complacerlo. ¿Por qué no? El dinero vendría bien para poner un techo nuevo a la iglesia.

Cuando comenzó el servicio fúnebre, la iglesia estaba atestada por los comerciantes que habían sido estafados a lo largo de los años por los dos hermanos. Ajenos al trato que se había hecho para el sermón funeral, esperaban ser vindicados por la pública exposición del carácter del difunto.

Al fin llegó el momento largamente esperado y el ministro dijo: «El hombre que ustedes ven en el féretro fue un individuo vil y corrupto. Fue un mentiroso, un ladrón, engañador, manipulador, réprobo y libertino. Destruyó las fortunas, carreras y vidas de incontables personas en esta ciudad, algunas de las cuales están hoy aquí. Este hombre hizo las cosas más sucias, corrompidas e irrazonables que ustedes puedan pensar. Pero, comparado con su hermano aquí presente, *fue un santo*».

Conté por primera vez esta historia en una conferencia en Amsterdam concurrida por diez mil delegados de todo el mundo. Cuando más tarde vi la filmación de la audiencia, todas las caras estaban descompuestas de la risa. Fue entendida por todos los presentes porque, no importa de qué parte del mundo vinieran o qué estrato de la sociedad representaran, todos debemos admitir nuestra propia falencia: Que sólo nos sentimos exonerados cuando comparamos nuestro nivel de santidad con el de otros de menos estima.

El punto que estoy estableciendo es que cualquier conclusión acerca de la naturaleza del hombre, sólo en términos humanos, sigue siendo circular cuando usamos vocablos como *bueno* y *malo*. La Biblia es muy clara en su descripción de la naturaleza humana. La palabra griega para *pecado* usada en la enseñanza cristiana encierra no simplemente la idea de transgresión o violación que connotamos comúnmente, sino la de errar el blanco o no alcanzar la meta. ¿Cuál es ese blanco? Los escritores de la Biblia declaran que es la norma de Dios mismo.

Por años hemos combatido este concepto, llamándole insignificante, condenatorio, moralmente vulgar y repudiándolo como un residuo de ideas que ahora son anacrónicas. Nos preguntamos cómo los hombres y las mujeres de hoy pueden meterse en esa posición anticuada que es propagada por una iglesia traficante, ansiosa de mantener gente siquiera a sus puertas. (Ted Turner ha declarado categóricamente, en su autoproclamado papel de vocero del humanismo optimista, que: «A la gente de esta edad no debe decírsele que haga nada».[2]) Pero esta audacia ¿no hace sino apoyar la enseñanza de Cristo sobre la naturaleza del hombre: Que desea no ser responsable ante nadie?

Una de las historias más elocuentes, que jamás he oído sobre la naturaleza del corazón humano, fue contada por Malcolm Muggeridge. Trabajando como periodista en India, dejó una tarde su casa para ir a nadar a un río cercano. Al entrar al agua, a través del río vio a una mujer hindú de la villa cercana que había venido a tomar su baño. Muggeridge sintió la tentación momentánea atormentándole la mente.

---

2. Ted Turner, citado por David Friend y los editores de la revista *Life*, en *The Meaning of Life* [El significado de la vida], p. 73.

Había vivido con esta clase de lucha por años, pero de alguna manera había vencido en honor a su compromiso con su esposa Kitty. En esta ocasión, sin embargo, se preguntaba si podría cruzar el límite de la fidelidad conyugal. Luchó consigo mismo por un momento, pero luego nadó con vigor hacia la mujer, tratando literalmente de desechar su conciencia. Su mente le había inducido la ilusión de que las aguas robadas debían ser dulces y nadaba con todas sus fuerzas hacia ellas. Cuando estaba a menos de un metro de ella y se detuvo, cualquier emoción que pudiera haberlo embargado quedó reducida a la insignificancia comparada con la devastación que le sobrevino cuando la miró. «Era anciana, horrible[...] su piel arrugada y, lo peor de todo, era leprosa[...] esa criatura me sonrió con su boca desdentada». La experiencia dejó a Muggeridge temblando y murmurando: «¡Qué mujer tan lasciva!» Pero pasado el rudo choque, se le hizo la luz: No era la mujer quien había sido lasciva, sino su propio corazón.[3]

Esta es precisamente la enseñanza del mensaje de Cristo. Cuando miramos el corazón, vemos la lascivia, codicia, odio, orgullo, enojo y celos que son tan destructivos. Esto está en el corazón de la condición humana y a esta las Escrituras la llaman pecado.

Hemos aprendido con mucha facilidad a trivializar nuestra condición. En un meduloso artículo por uno de los más autorizados historiadores del holocausto de los judíos, se dio atención a toda posible explicación que intentara contestar la pregunta «¿Por qué?» La economía alemana, la falta de equidad del Tratado de Versalles, el surgimiento de un demagogo; todo esto y mucho más fue considerado como posible respuesta al porqué del holocausto. La única causa que el autor no consideró fue exactamente la que indicó Jesús: Que el corazón del hombre es desesperadamente malvado. ¿Quién puede entenderlo?

---

3. Un párrafo autobiográfico citado por Ian Hunter en *Malcolm Muggeridge: A Life* [Malcolm Muggeridge: una vida], Totem, Toronto, 1981, p. 40.

G. K. Chesterton dijo que hay muchos, muchos ángulos en los cuales uno puede caer pero sólo uno en el que puede mantenerse derecho. Si no entendemos el pecado, la humanidad estará para siempre probando esos ángulos. El peor efecto del pecado, de acuerdo con Jesús, no se manifiesta en dolor, pobreza o en deterioro corporal, sino más bien en las facultades destronadas, en los amores indignos, los bajos ideales y un espíritu brutalizado y esclavizado.

Si usted rechaza este concepto del pecado por considerarlo una imposición del cristianismo sobre nuestra libertad, carente de sostén por nuestra moderna teoría sicológica, escuche ahora estas sorprendentes palabras del profesor Hobart Mowrer, una vez presidente de la Asociación de Sicología Americana, quien enseñó en Harvard y Yale. En un artículo publicado en *American Psychologist*, en 1960, dijo:

Por varias décadas los sicólogos vimos el tema integral del pecado y la responsabilidad moral como una carga, y aclamamos nuestra liberación de él como haciendo época. Pero a la larga hemos descubierto que ser libres en este sentido, esto es, tener la excusa de ser enfermos más que pecadores, es cortejar el peligro de también resultar perdidos. Este peligro es, creo, prometido por el expandido interés en el existencialismo que ahora estamos presenciando. Al llegar a ser amorales, éticamente neutrales y libres, hemos cortado las raíces mismas de nuestro ser, perdido nuestro más profundo sentido de la personalidad e identidad y con los mismo neuróticos, nos encontramos a nosotros mismos preguntándonos: «¿Quién soy, cuál es mi más profundo destino, qué significa vivir?»

En reacción al cercano estado de limbo al que hemos derivado, hemos sido repentinamente advertidos, una vez más, del problema de los valores y su centralidad en la empresa humana. Esta tendencia puede verse en los programas de nuestras recientes reuniones profesionales, en artículos periodísticos y, en alguna medida, también en nuestros libros de texto elementales. Obviamente algo muy básico está ocurriendo a los sicólogos y su propia imagen.[4]

Mowrer luego cita a Anna Russell en una canción siquiátrica popular:

> A las tres tuve un sentimiento de
> Ambivalencia hacia mis hermanos,
> Y como sigue naturalmente
> Envenené a todos mis amantes.
> Mas ahora estoy feliz de haber aprendido
> La lección que esto me enseñó,
> Que todo cuanto hice y fue incorrecto
> Fue la culpa de algún otro.[5]

¿Puede haber afirmación más clara sobre la condición del corazón humano? Con seguridad, Mowrer no desearía que fuera percibido como abrazando la doctrina bíblica sobre el pecado. (Por desgracia, como muchos de ustedes saben, la vida de Mowrer terminó en suicidio.) Pero confiesa directamente que la trivialización humanística del mal obrar está en patente bancarrota e incapaz de expresar nuestra real condición humana. Una admisión como esta, de alguien que no simpatiza con el cristianismo, significa que el intento de retratar a la humanidad sin ninguna responsabilidad trascendente ha contribuido inexorablemente a nuestro sentimiento individual de pérdida y alienación. Y una vez que este sentimiento de alienación se graba en nuestra conciencia, somos separados no sólo de Dios, sino también de nosotros mismos y, finalmente, de nuestros semejantes.

---

4. Hobart Mowrer, «Pecado, el menor de dos males», en *American Psychologist*, 15, 1960, 301-304.
5. Anna Russell, «Canción folklórica siquiátrica». Usado con permiso.

Un prejuicio global

Muchas son las derivaciones de la enseñanza de Jesús sobre el pecado. Permítaseme subrayar sólo una porque provoca un sentido doloroso en nuestra cultura y, a menos que aprendamos a llegar a la raíz de este problema, el futuro no es muy promisorio.

Como alguien que ha pasado la mitad de su vida en Oriente y la otra mitad en Occidente, conozco personalmente algunas de las angustias que uno siente en medio de las tensiones raciales y la intolerancia. Es importante agregar que, por alguna razón, Occidente es, con frecuencia, acusado de ser particularmente culpable en este asunto. Esta es una falsa noción. Incluso en un país como India, donde tolerancia es una palabra clave, las antipatías entre el norte y el sur son muy profundas y el color es un ingrediente vital en tal prejuicio. Al mirar a través del globo hoy en día, vemos muy pocas cosas tan profundamente problemáticas y volátiles como esta: La tragedia e infierno del racismo. El dolor del rechazo personal por razones de nacimiento, de por sí, es uno de los que más profundamente jamás podremos experimentar.

No sé cuántos de ustedes habrán oído al gran tenista, Arthur Ashe, entrevistado cuando se conoció que había sido infectado con SIDA, a través de una transfusión, durante una operación de corazón. Este grandemente admirado caballero de finos modales, miró a los ojos del pequeño ejército de reporteros y dijo: «Muy doloroso es saber que tengo este horrible mal, pero nada lo ha sido tanto como el rechazo que he soportado toda mi vida en virtud de mi color».

Piense en la agonía que encierran estas palabras. Piense en esto. Que un hombre tan respetado y talentoso, tan caballerosamente haya podido expresar que el dolor de la desintegración de su cuerpo era inferior al profundo sufrimiento emocional que había soportado durante toda su vida a causa del rechazo por su color, es algo muy serio.

Pero este dilema distintivo no es novedoso en nuestros días. Vuelva conmigo su atención a la conversación de Jesús con la Samaritana, junto al pozo de Jacob, hace dos mil años. Enfoco mi atención en esa conversación porque fue de los encuentros típicos de Jesús. Él hablaba con frecuencia con los rechazados de la sociedad. En este caso, la mujer era samaritana, un término peyorativo en esa cultura para una tribu mixta tratada con desprecio por los étnicamente no adulterados. Para agregar insulto a su herida, esta mujer había sido traicionada y abandonada por cinco maridos. Todo acerca de su vida hablaba de rechazo. En virtud de su origen étnico, su sexo y su experiencia moral, era una de las parias de la sociedad. Uno puede entender fácilmente por qué quedó tan sorprendida y confusa de que este hombre, un maestro, le ofreciera una conversación bondadosa. Ese solo gesto de Jesús implícitamente le restauraba su dignidad y respeto. La serie de emociones que barrieron su mente la movieron a decir: «¿Cómo tú, siendo judío, me pides a mí de beber, que soy samaritana?» La causa de su confusión porque él le hablaba, era obvia; ella era étnicamente «sucia», una víctima del prejuicio. Jesús produjo una increíble transformación en su vida y nunca más se vio a sí misma —ni a ningún otro— en esa condición, pues Dios había hecho una obra en su corazón. Su mirar interior y su mirar exterior fueron cambiados por su primer mirar hacia arriba. Esta secuencia es el único modo de traer una transformación real al intercambio humano. Nuestra relación con Dios determina nuestra relación interpersonal.

Pero en nuestros días hemos tratado de expulsar nuestros prejuicios con exclusión de Dios, buscando soluciones escribiendo nuevas leyes y reeditando las antiguas, al reeducarnos a nosotros mismos y a nuestros jóvenes. Con todo, ¿quién de nosotros puede decir que hemos tenido éxito en eliminar la victimización de la gente? Si algo es cierto, es que nuestra sociedad está constantemente al borde de la conflagración en la forma en que repentinamente estalla la violencia despiadada entre grupos rivales si hay apenas una pizca de juicio discriminatorio. Oh, a propósito, en India también hemos vuelto a escribir los libros de leyes. Y sin embargo, una teoría afirma que el hindú que asesinó al Mahatma Gandhi lo hizo para suprimir el ideal de Gandhi que pensaba eliminar el sistema de castas. Que esta teoría sea cierta o no, el hecho es que en India la lucha discriminatoria continúa.

Estoy convencido de que todos nuestros intentos por cambiar la letra de las leyes y reeducar a la gente ha sido y es como un intento de detener una hemorragia fatal con banditas adhesivas. El sistema jamás cambiará porque la falla está en su punto de partida. La perspectiva secular del hombre no puede dar ni la grandeza que sólo Dios puede dar, ni mostrar el mal dentro del corazón que sólo Dios puede revelar y curar, porque el ateísmo implícitamente desnuda a cada individuo de la grandiosa imagen que Dios ha grabado en su creación.

Dos cosmólogos contemporáneos hacen el terrífico comentario: «En última instancia no son los seres humanos los que importan, sino el ADN». De estas palabras uno puede inferir que el prejuicio no es personal; es una mera aversión hacia ciertos ADNs. ¿No es éste el deslizamiento inevitable de una concepción atea del hombre, aun cuando antiintuitivamente y en términos prácticos, tan caprichosa conclusión es incongruente con la vida misma, donde el amor personal y las preocupaciones se sobreponen a todas otras consideraciones? ¿Podemos reducir a la gente a meros componentes químicos?

Recientemente, en un programa con David Frost, se preguntó a Ted Turner, que no teme encarar situaciones difíciles, si había tenido algún profundo pesar a lo largo de su vida tachonada de trofeos. En su rostro hubo una inmediata expresión de melancolía, una evidente punzada en sus emociones. Sombríamente contestó: «Sí, la manera en que traté a mi primera esposa». La respuesta tomó por sorpresa a su interlocutor. Admiro ese candor, pero debemos preguntar: ¿Por qué sentir tal remordimiento si eso no fue sino el rechazo

de cierto ADN? La vida se torna imposible y nuestras emociones inexplicables si el valor de nuestra personalidad no va
más allá de la materia.

Dignidad investida

¿De dónde, entonces, proviene la dignidad humana? No
hay manera de urdirla ni forzarla; la dignidad humana debe
ser esencial. En esto, la enseñanza cristiana es única. El
profesor Peter Kreeft, del Boston College, ha señalado en
forma lúcida la diferencia entre la enseñanza cristiana y el
pensamiento secular. En la economía de la creación de Dios,
hubo un intento de igualitarismo entre los seres humanos; es
decir, cada persona era igual en esencia y dignidad. En
cambio, debía haber un elitismo en ideas, con lo que se
significa que no todas las ideas son iguales; algunas son
claramente superiores a otras.

El pensamiento antiteístico ha invertido tal economía —en
verdad, está compelido a hacerlo— en razón de que su punto
de partida lleva a una conclusión opuesta; la gente ha sido
colocada en estratos elitistas y las ideas han sido declaradas
igualitarias. Como resultado, exaltamos a algunos individuos
o razas mientras rechazamos a otras y al mismo tiempo,
tontamente, argüimos que todas las ideas son iguales.[6] Si el
azote del racismo ha de terminarse alguna vez, ha de serlo
sobre las bases bíblicas de quiénes somos como seres humanos a medida que aprendamos a respetar a cada persona en
su esplendor distintivo y esencial concedido en virtud de la
creación. Irónicamente, al rechazar cualquier parte de la
humanidad, nos rechazamos en esencia a nosotros mismos.

La enseñanza escritural es que el hombre ha sido creado
a la imagen de Dios. La traducción literal de David en Salmo

---

6. Peter Kreeft, *The Snakebite Letters* [La mordedura de serpiente, cartas],
Ignatius, San Francisco, 1991, p. 93.

8.5 es: «Has hecho al hombre con sólo un poquito de Dios faltando en él». Esta dignidad no puede ser conjurada ni legalizada por decreto. Este es nuestro esplendor esencial, el esplendor de gente de *toda* raza y color. Todos tenemos esa semejanza gloriosa, *pero* habiendo rechazado a Dios, encontramos que ella ha sido arruinada por el pecado que engendra odio. La gloria sólo puede ser restaurada tratando con ese pecado. Necesitamos un transplante de corazón, pero cuanto más rechacemos reconocer nuestra situación ruinosa, más nos evadirá la solución y la gente seguirá viviendo vidas indignas. Jesús llegó al meollo del problema cuando dijo: «Y no queréis venir a mí para que tengáis vida» (Jn 5.40). ¡Cuán desesperadamente malo es el corazón del hombre! (Mr 7.21) Nuestro problema no es una educación inadecuada, sino un corazón rebelde.

El espejo sin rostro

G. K. Chesterton señaló una vez que dejar de creer en Dios sería como despertar en la mañana, mirar al espejo y no ver nada. No habría nada que revelara nuestra apariencia.

Aquello con lo que la Biblia contiende es el efecto del pecado; este nos priva de nuestra verdadera naturaleza y de la visión de quienes realmente somos. Permítaseme explicar esto un poquito más porque mucho de este concepto vital del cristianismo es mal entendido o mal representado.

Una figura bien conocida, que ha estado recientemente bajo escrutinio, es John DeLorean. Habiendo sido una vez el muchacho de hermosa cabellera del mundo del automóvil, DeLorean repentinamente se vio en la sala de un juzgado, acusado de tráfico de drogas y, teniendo que luchar allí por lo que quedaba de su imperio. En su libro narra el momento crucial del juicio, un momento que para él fue como un repentino amanecer en su sombrío desierto. DeLorean describió sus emociones cuando un testigo clave del gobierno e informante pagado testificó en su contra, amontonando mentiras sobre mentiras y edificando una serie de conversaciones totalmente elaboradas. *¿Por qué hace esto? ¿Con qué fin está construyendo esta historia totalmente falsa?* Estas preguntas acicateaban el frenético e incontrolable enojo de DeLorean.

De pronto entendió que todo lo que estaba ocurriendo en la corte era el espejo con la imagen de lo que había ocurrido en su propia vida. «Había vivido un momento de déjà vu. Vine a encontrarme cara a cara con el antiguo John DeLorean en toda su orgullosa procura de fama, poder y gloria». Mirando el autocentrado celo conque este testigo mentiroso aplastaba bajo sus pies todo lo que había sido decente y honorable, DeLorean vio que esto no era diferente a la ambición ciega que lo había conducido a perseguir el sueño de tener su propia compañía automovilística; porque en esa persecución había aplastado bajo sus pies lo que una vez había atesorado. Esta mirada a su interior, que lo llevó a humillarse a sí mismo delante de Dios, pavimentó la ruta hacia una transformación dramática en su vida, cuando recibió perdón de ese Dios misericordioso. Este fue un duro trance para él, pero el arrepentimiento es siempre difícil.[7]

Jesús habló de la gran ganancia que es para nosotros cuando reconocemos nuestra pobreza espiritual, los malos deseos de nuestros corazones y nos volvemos a Dios para ser liberados de nosotros mismos. No es lo mismo humildad que humillación. Sólo Dios puede hacernos humildes sin humillarnos y elevarnos sin lisonjearnos. Pascal dijo: «Todas las miserias del hombre son un reflejo de su grandeza».

Este mismo punto de reconocimiento también despertó el espíritu adormecido del periodista Terry Anderson, que estuvo secuestrado por terroristas en el Líbano. Anderson dijo que durante su cautiverio, vio en sus captores mucho de lo que él odiaba y despreciaba. Cuanto más los veía y hablaba con ellos, más repulsión sentía por ellos. «Sin embargo», agregó,

---

7. John Z. DeLorean con Ted Schwarz, *DeLorean*, Zondervan, Grand Rapids, Michigan, 1985, p. 275.

de un modo extraño, «no había nada en ellos que yo no hubiera visto en mí mismo».

Hasta que no llegamos a este punto de reconocimiento de nuestra pobreza espiritual, nuestra esclavitud es más grande que si estuviéramos encadenados sólo físicamente. Si nosotros, en nuestro mundo, hemos de ser rescatados del infierno y el prejuicio, necesitamos ver sus causas y su cura. Somos hechos a la imagen de Dios, pero nuestro pecado nos conduce a la opresión y el odio. Esa condición humana sólo es corregida por una humilde vuelta al Dios que nos creó. No podemos ser humildes en una vida sin Dios.

Inclinados a la grandeza

En Génesis 32 hay un pasaje clásico del Antiguo Testamento que con frecuencia es eludido inclusive por el lector cuidadoso. Es el relato descriptivo del regreso de Jacob a su hogar luego de una larga ausencia. Años antes había salido de él porque había hurtado la bendición que correspondía a Esaú, su hermano mayor. Mientras este estaba ausente cazando, Jacob, en un movimiento siniestro, personificó a Esaú e inclinándose junto a Isaac, su padre ciego, le pidió que le diera la bendición que, por derecho de primogenitura, pertenecía a Esaú. El padre quedó totalmente confundido, pues la voz parecía la de Esaú, por lo que dijo: «Tú no eres Esaú, ¿cómo puedo darte la bendición?» Jacob le ofreció entonces cierta comida diciéndole que era el producto de su caza.

Con dudas Isaac bendijo a Jacob confiando que era Esaú y le dio el privilegio de una primogenitura que no le pertenecía. A raíz del enojo que esto provocó en Esaú, Jacob tuvo que huir y estuvo ausente por muchos años. Durante ese período, su madre, que había conspirado con él, había fallecido y Jacob decidió volver al hogar con la esperanza de que la ira de su hermano se hubiera apaciguado.

Había llegado ahora el momento del enfrentamiento. Sus sendas se iban acercando una a otra y Jacob iba a encontrar a su hermano la mañana siguiente. Temía por su vida e hizo la única cosa que le quedaba por hacer, cayó sobre su rostro delante de Dios. Las Escrituras nos dicen que Jacob luchó con Dios durante toda la noche, clamando: «No te dejaré hasta que no me bendigas». Fue el clamor de un hombre desesperado que no sabía lo que le esperaba el día siguiente.

Dios le respondió con un desafío extraordinario: «¿Cuál es tu nombre?» ¡Esta es una pregunta increíble de parte de un ser omnisciente! ¿Por qué Dios preguntó su nombre a Jacob? Pensemos todo lo que podía haberle dicho como reprimenda. En su lugar, sólo le preguntó su nombre. El propósito de Dios al hacer tal pregunta contiene una lección para todos nosotros; demasiado profunda para ignorarla. En efecto, esto alteró dramáticamente la historia del Antiguo Testamento. Al preguntarle por lo que había sido su bendición, Jacob fue movido a revivir la última vez que había pedido una bendición; aquella que había hurtado a su hermano.

La última vez que Jacob había sido interrogado por su nombre, la pregunta había venido de su padre terrenal. Jacob había mentido esa vez y contestado: «Soy Esaú» y hurtó la bendición. Ahora se encontraba a sí mismo, después de haber malgastado muchos años mirando sobre su hombro, delante de un Padre celestial que todo lo sabía y veía, buscando otra vez una bendición. Jacob entendió a la perfección la denuncia que yacía detrás de la pregunta y contestó: «Mi nombre es Jacob». «Dijiste la verdad», dijo Dios, «y sabes muy bien lo que tu nombre significa. Has sido un hombre con doblez, engañando a todos en todas partes donde fuiste. Pero ahora que reconoces tu verdadera personalidad, te voy a cambiar y haré de ti una gran nación».

La grandeza ante los ojos de Dios va siempre precedida por humillación en su presencia. No hay manera, para ti, para mí ni para nadie, de alcanzar grandeza sin venir a Él. La autoexcusa o la autoexaltación vienen fácilmente cuando nos comparamos a nosotros mismos con las pautas inferiores de otros, pero el resultado es inevitablemente la alienación;

tanto de nosotros mismos como de otros. La convicción de pecado sobreviene cuando nos medimos a nosotros mismos ante Dios. Una conciencia de nuestra propia necesidad es el comienzo del propósito y del carácter. La descripción de Jesús de nuestros corazones está en clara correspondencia con nuestra experiencia universal; una negación de esa descripción desaparece frente a la realidad y engendra el desprecio de uno por otro. Sólo Dios puede producir el cambio que necesitamos. G. K. Chesterton señaló de manera correcta que el problema con el cristianismo no está en que ha sido probado y hallado falto sino que ha sido hallado difícil y dejado sin probar. En respuesta a un artículo en *The Times*, de Londres, titulado: «¿Que está mal con el mundo?», Chesterton dice: «Yo estoy mal. Sinceramente suyo, G.K. Chesterton». Este es precisamente el punto de Jesús, estamos equivocados con el mundo.

14
La búsqueda del filósofo

LA SEGUNDA DEFENSA de la enseñanza de Cristo es que sólo Él responde a la determinada búsqueda filosófica de unidad en la diversidad. Desde los tempranos días de la filosofía griega y la época de Thales, la cuestión de la unidad en la diversidad ha perseguido a la filosofía. En el comienzo de una educación filosófica, con frecuencia se pregunta a los alumnos: ¿Qué fue lo que existió después de 585 a.C., pero no antes, y comenzó a la hora ridícula de las 6.13 p.m.? Parte de la respuesta es que se produjo un eclipse solar. Pero todos saben que los eclipses han ocurrido desde antes de 585 a.C. El único fenómeno a que se refiere la pregunta es que Thales lo había predicho. Fueron las especulaciones de Thales y su amor por un conocimiento ordenado lo que dio nacimiento a la filosofía.

Pero Thales ardientemente buscó respuesta a otra pregunta. Sabía que el mundo había sido hecho de una variedad infinita de cosas —plantas, animales, nubes, etc. ¿Cuál, se preguntaba, fue el elemento básico que los unificaba; de qué salió tal diversidad? Thales supuso que ese elemento debía ser el agua, pero sus estudiantes expandieron la subyacente realidad para incluir cuatro— tierra, aire, agua y fuego. Desde entonces hasta ahora, la búsqueda del filósofo ha sido hallar unidad en la diversidad. Muchos de nosotros tal vez no entendamos todas las implicaciones de esta búsqueda, pero de maneras sencillas ha hecho irrupción en nuestro lenguaje y cultura.

Por ejemplo, la palabra *quintaesencia* significa en sí «la quinta esencia». ¿Cuál fue la *quintaesencia* —la última esencia— que uniría las otras cuatro esencias y explicaría la unidad en la diversidad? En todas las monedas americanas se lee: *E Pluribus Unum*, de los muchos, uno. De la diversidad, unidad. Y la misma palabra *universidad* significa hallar unidad en la diversidad.

En un momento de la historia la teología fue considerada la reina de las disciplinas; traía una perspectiva unificada a la diversidad de búsquedas mentales. Con la expulsión de Dios, la unidad ha sido expulsada y sobrevino la desarticulación. En la educación no hay coherencia. Los modernos graduados de la universidad son en realidad graduados de la pluriversidad donde los varios discípulos no se relacionan. En efecto, las universidades no están viviendo su mandato.

Desde el lenguaje hasta las monedas y la educación, la búsqueda de unidad en la diversidad ha dejado sus marcas. Hoy esta búsqueda de unidad es aún más importante porque en la medida que se multiplican las especializaciones, hay una mayor fragmentación del conocimiento. Sin unidad de esencia, la diversidad de sustancia y conocimiento sólo seguirá alienándonos a unos de otros. Ateos y creyentes están de acuerdo en una cosa: En este mundo de efecto, la diversidad está presente pero la unidad es buscada. La pregunta es ¿Cómo se originó la diversidad y cómo podemos localizar o identificar la unidad?

La teoría ateística de la evolución es apremiada con rigor a explicar cómo la diversidad que existe podría provenir de la unidad del lodo principal. Tampoco podrían explicarlo de manera satisfactoria el hinduismo, el islamismo o el budismo. Fuera de todas las diversidades físicas que existen en nuestro mundo, dentro del intercambio humano persisten tres realidades vitalmente importantes: la personalidad, la comunicación y el amor. Estas también hablan de diversidad, sobre todo en el dominio de la personalidad. Sólo en la fe cristiana pueden ser explicadas estas diversidades porque solamente en ella hay unidad y diversidad en el efecto de la existencia porque hay unidad y diversidad en la primer causa de nuestro ser. Esa unidad y diversidad se hallan en la comunidad de la Trinidad. En esta, antes de la creación del hombre, la personalidad, el amor y la comunicación existían en la Deidad. Surge una importante deducción porque en la Trinidad está implícita una jerarquía de roles dentro de la Divinidad que no ha viciado una igualdad de esencias. Un adecuado entendimiento de la Trinidad no sólo nos da la clave para entender la unidad en la diversidad, sino que también nos brinda una respuesta única a la lucha tremenda que encaramos entre razas, culturas e, inclusive, sexos.

La Trinidad nos provee un modelo para una comunidad de amor y dignidad esencial sin desmedro de la personalidad, individualidad y diversidad. En verdad, la Trinidad encierra un misterio pero, como ha señalado uno de los grandes filósofos y eruditos legales de nuestro tiempo, Mortimer Adler, sería factible esperar que cualquier conocimiento de Dios nos brinde una claridad rudimentaria y un legítimo misterio. La mente escrutadora y legal de Adler le llevó a su propia conversión a Cristo.

Obviamente, una muy legítima cuestión puede surgir acerca de cómo puede haber una «Tri-unidad» y una «Unidad» sin equivocación. Debemos recordar que cuando nos referimos a Dios como una personalidad debe haber una dimensión donde, por analogía, entendamos cómo puede Él trascender la finitud y aún ser personal. C. S. Lewis dijo de la Trinidad que era la doctrina más ridícula inventada por los primeros discípulos o el más profundo y emocionante misterio revelado por el Creador mismo, dándonos una gran intimidad de la realidad. Lewis hizo una obra maestra al ayudarnos a encarar este misterio de la personalidad divina mediante el uso de una analogía:

Mucha buena gente dice hoy: «Creo en un Dios pero no en un Dios personal». Sienten que ese misterioso algo que está detrás de todas las demás cosas, debe ser algo mucho más que una persona. Los cristianos están totalmente de acuerdo. Pero son la única gente que ofrece alguna idea de a qué podría semejarse un ser que está más allá de la personalidad. El resto de la gente, aunque diga que Dios está más allá de la personalidad, en realidad piensan en Él como algo impersonal: esto es, como algo que es menos que personal. Si usted está buscando algo que es superpersonal, algo más que una persona, entonces no es cuestión de elegir entre la idea del cristianismo y las demás. La idea cristiana es la única que está disponible.

Usted sabe que en el espacio puede moverse en tres direcciones: Hacia la izquierda o la derecha, hacia adelante o atrás y hacia arriba o abajo. Cualquier dirección es una de estas tres o un compromiso entre ellas. Ellas son llamadas las tres dimensiones. Ahora note esto: Si usted está usando sólo una dirección, sólo puede trazar una línea recta. Si une dos, puede hacer una figura; digamos, un cuadrado. Y un cuadrado es formado por cuatro rectas. Ahora un paso más. Si tiene tres dimensiones, entonces puede construir lo que llamamos un cuerpo sólido: digamos, un cubo, un dado, un terrón de azúcar. Y un cubo es hecho por seis cuadrados.

¿Ve usted el punto? Un mundo de una dimensión sería uno de líneas rectas. Un mundo de dos dimensiones, aun sería un mundo de rectas; pero muchas líneas hacen una figura. En un mundo tridimensional, tendría figuras, pero varias figuras hacen un cuerpo sólido. En otras palabras, a medida que avanzamos a niveles más reales y complicados, usted no puede dejar detrás las cosas que halló en los niveles más simples; incluso los mantiene, aunque combinados en nuevas formas, en formas que jamás imaginaría si sólo hubiera conocido los niveles más simples.[1]

---

1. C. S. Lewis, *Beyond Personality* [Más allá de la personalidad], Geoffrey

Esto nos ayuda a obtener un significativo, aunque débil, dominio sobre cómo el concepto de personalidad, cuando trasciende nuestra finitud, puede contener una complejidad que incluso retiene una significativa simplicidad. (Uno puede también usar la ilustración de la luz en sus propiedades de onda y partícula, sin embargo sostenidas en tensión: trascendiendo, no violando, categorías normales.)

En términos rigurosamente prácticos este concepto de unidad y diversidad tiene fascinantes implicaciones para la vida. La Trinidad bien podría ser la enseñanza más importante de Cristo en este contexto de unidad en diversidad. Ella provee un plano para el amor y la comunicación que podemos llevar a nuestros semejantes, reteniendo una maravillosa diversidad, pero puestas juntas por una unidad espiritual.

Siendo que la unidad en la diversidad es una búsqueda significativa de toda la vida, debe tratar algunos temas muy básicos acerca de cómo vivir como individuos dentro de nosotros mismos. Porque, aun en forma individual, vivimos con una diversidad de deseos en búsqueda de una unidad de propósito. Una vez más, el mensaje cristiano contiene esta cuestión filosófica. Permítaseme explicarlo mejor.

La unión de la adoración

Uno de los grandes anhelos del corazón es adorar; y aún, dentro de esta misma disposición hay fuerzas que tiran hacia muchas direcciones contrariando claramente la esencia de la adoración. Esta fragmentación, que tiende a quebrar la unidad, es sentida en toda vida. Pero hay otra complicación. La idea de la adoración misma no es monolítica o uniforme cuando usted echa un vistazo a las diferentes clases de adoración en que la gente está involucrada.

Bles, Londres, 1944, pp. 14-16.

La sed de adoración o por lo sagrado, a través de las culturas y a través del tiempo, es inextirpable entre educados y no educados, jóvenes y ancianos. Durante mis días de estudiante en la Universidad de Nueva Delhi, recuerdo bien a los estudiantes sentados a mi alrededor, con sus frentes pintadas con cenizas coloreadas, habiendo visitado el templo en su camino a la escuela. En todo el mundo abundan iglesias, templos, mezquitas y tabernáculos. Libros sagrados llenan los estantes de quienes buscan la verdad: el Gita, el Korán, el Gran Sahib, el Tri-Pitakas, la Biblia y más. Se realizan ceremonias religiosas y se elevan oraciones en los momentos más significativos de la vida. Aún una mirada furtiva al registro de la historia humana revela una ferviente búsqueda de las cosas espirituales.

Jesús estaba muy consciente de esa inclinación dentro del espíritu humano. Por eso dijo que la adoración no sólo debe ser hecha en espíritu, sino también en *verdad*. Si no estamos resguardados por la verdad, no hay límites para las profundidades de la superstición y el engaño, a las cuales la mente humana puede descender, si bien en nombre de la religión. La adoración por sí sola no puede justificarse a sí misma; necesita las limitaciones de la verdad y esa verdad está en la persona y carácter de Dios. Cuando un individuo hace un compromiso con Dios, no sólo su vida queda unificada para la gloria de Dios, sino que también recibe los móviles morales y definitivos para todas otras búsquedas y relaciones.

En otras palabras, la adoración no sólo debe ser deliberada; debe también ser definida. La adoración ha sido definida por Dios como algo que debe ser dirigido a Él solamente; algo que no se reduce a una mera ceremonia. Al crearnos, lo hizo para adorarle y ningún grado de progreso académico reemplazará esta necesidad.

Creo que la adoración es importante porque lleva cada vida a la cohesión dentro de sí misma y a la armonía con otros en la comunidad. El famoso arzobispo William Temple la definió en estos términos:

Adoración es la sumisión de toda nuestra naturaleza a Dios. Es la vivificación de la conciencia por su santidad, el alimento de la mente por su verdad, la purificación de la imaginación por su belleza, el abrir el corazón a su amor y la sumisión de la voluntad a sus propósitos. Todo esto reunido en adoración es la mayor de todas las expresiones de que somos capaces.[2]

Cada frase aquí es digna de toda nuestra atención. Los humanos no somos una colección de sentimientos aislados y sin relación. Poniéndolo de otro modo, cuando damos libertad a los impulsos contradictorios, la alienación interna resultante es profunda y destructiva. En todas las situaciones que ofrece la vida, el individuo debe tener un compromiso con una visión unificada hacia una meta singular. Cuando este no es el caso, la discordia y el alejamiento esperan en cada vuelta. La adoración espiritual y verdadera une la conciencia, la mente, la imaginación, el corazón y la voluntad en una misma dirección, creando un tapiz que proclama belleza y una vida en armonía con el bien final. La adoración impregna todos los aspectos de la vida, trayendo unidad a la diversidad dentro de una vida individual. Esa unidad interior se expresa por sí misma en todos los propósitos de la vida y provee significación para la existencia misma; de otra manera habría sólo diversidad que sería un eufemismo para contradicción.

Pista y altar

Una vez que la unidad se produce en el ser interior, afecta todo aspecto de la vida. Una buena ilustración de los impulsos que encierran todo en la verdadera adoración nos viene de la

---

2. Arzobispo William Temple, citado por David Watson en *I Believe in Evangelism* [Creo en la evangelización], Eerdmans, Grand Rapids, Michigan, 1976, p. 157.

película «Carros de fuego», la cual representa las vidas de dos corredores en las Olimpíadas de 1924 en Francia. Cada uno con igual pasión pero con metas diametralmente opuestas. Harold Abrahams corría para su gloria y reconocimiento personal y «una voluntad poderosa». Eric Liddell, escocés, corría por su compromiso cristiano con la excelencia por amor a Dios.

Temprano en la historia, Abrahams y un amigo expresaron sus pensamientos sobre el tema de ganar o perder y el amigo preguntó a Abrahams cómo se manejaría con una derrota. «Yo no sé», dijo, «nunca he perdido». Esto decía la historia de un hombre confiado y poseído por la pasión de ganar. Lo único que importaba era ser número uno y nada más. Ahora, momentos antes de la olimpíada para la cual Abrahams había invertido años de entrenamiento, el momento de la verdad estaba sobre él y, conversando con su amigo, Abrahams hizo la confesión más perceptiva de todas: «¿Sabes? Por lo general he estado temeroso de perder. Pero ahora tengo miedo de ganar. Tengo diez segundos en los cuales probar la razón de mi existencia y, aun así, no estoy seguro de que lo haré». Las palabras revelan un discernimiento extraordinario, porque en la mayoría de los casos, cuando se busca la gloria personal, una vez alcanzada, deja al poseedor vacío.

Por contraste, en un momento de la película, Eric Liddell recibió una reprimenda de su hermana por poner demasiado empeño en ganar la medalla de oro, descuidando cosas de mayor importancia. Su respuesta revela la profunda conexión que había en todos los propósitos de su vida. Dijo: «Jenny, Dios me ha hecho con un propósito: la China. Pero también me hizo veloz y cuando corro percibo su placer».

Si podemos entender la diferencia entre estas dos ideas, confío que esto nos abrirá dos mundos diferentes. El mundo de la gloria personal se mueve del triunfo a la vaciedad porque jamás podrá brindarnos satisfacción de espíritu. Eso sólo sienta una meta más elevada para la próxima vez. Pese a los patéticos informes de drogadicción y escapes artificialmente inducidos entre aquellos que han experimentado esa gloria personal, nosotros, en Occidente, rehusamos reconocer que el simple ganar honores no puede brindarnos lo que esperamos que hará. Hay, inclusive factores biológicos que nos dan una poderosa indicación del lado oscuro de nuestro estilo de vida adicto a las emociones. Los estudios médicos revelan que durante el estímulo físico o emocional, el cuerpo artificialmente genera adrenalina, un químico más potente que la morfina que produce una euforia que no se siente cuando el organismo vuelve a su estado normal. Cuando la vida vuelve a la normalidad, la ausencia de un estímulo «hacia arriba», la caída «hacia abajo», por contraste, es de proporciones depresivas. Como resultado, el individuo que vive a toda velocidad pronto encuentra que su vida es inmanejable y que necesita un estado alterado de conciencia. Los artistas modernos, de gran energía, harían muy bien en tomar nota de esto.

Así fue que Abrahams caminó entre aplausos atronadores cuando ganó la medalla de oro en los cien metros, pero con un silencio de desaliento en lo íntimo. La fuerza impulsora hacia abajo estaba en camino. Esta perspectiva no intenta de ninguna manera disminuir la emoción del triunfo; es sólo decir que no obstante esos logros, una vida puede seguir permaneciendo fragmentada y fuera de control y las victorias resultar contraproducentes.

Al contrario, Eric Lidell corrió los cuatrocientos metros y ganó. Pero más que eso, preparó su equipaje y fue a China como misionero de una causa más grande que él: La medalla de oro fue puesta en su lugar y su corazón disfrutaba completa paz.

El cruce de los límites

La unidad en la diversidad que trae la adoración cristiana nos hace avanzar un paso adelante. Es un paso difícil porque trata con las demandas de una vida en comunidad. ¿Cómo lo sagrado en el interior puede trasladarse a una diversidad exterior? En todo nuestro alrededor oímos mandamientos para la conducta, tales como «normas para la comunidad» que carecen totalmente de sentido si son tomadas por lo que dicen ser. Pensamos que por acuñar tal nomenclatura tenemos resuelto el omnipresente problema de lo correcto e incorrecto. El problema es que nadie vive en una sola comunidad, para no hablar de las siempre fluctuantes pautas de esa sola comunidad. Desde el momento en que me despierto hasta que vuelvo a la cama, he cruzado varias fronteras comunitarias. ¿Cómo puede uno hacer opciones personales cuando las pautas están cambiando dentro y a través de las comunidades? Es sólo el compromiso de adorar el que brinda una cerrada unidad a la diversidad de los ineludibles desafíos de la vida. La vida no puede ser sensiblemente vivida a merced de los vientos cambiantes de la comunidad.

Cristo señaló con claridad que la adoración es coexistente con la vida. Un seguidor de Cristo no va a un templo el día del Señor tanto como lleva el templo consigo mismo. El cuerpo es el templo. Víctor Hugo dijo: «El mundo fue hecho para el cuerpo, el cuerpo para el alma y el alma para Dios». El monje Thomas Merton lo dijo de forma diferente: «El hombre no está en paz con su semejante porque no está en paz consigo mismo. No está en paz consigo mismo porque no está en paz con Dios».

Sólo la adoración trae esa paz, esa unidad en la diversidad. La aplicación es clara. Su juego en la cancha de tenis, su papel en una comedia, sus dotes en el arte, su brillo en sus estudios, su relación con su familia, la emoción del éxito, todo puede ser expresión de su adoración cuando está sustentada por su vida con Dios. Fue a esa unidad que Jesús llamó la atención cuando dijo: «Los verdaderos adoradores adorarán al Padre en espíritu y en verdad; porque también el Padre tales adoradores busca que le adoren» (Jn 4.23). Pablo dijo: «Todo lo que hagáis, hacedlo todo para la gloria de Dios» (1 Cor 10.31).

Este concepto de adoración, dicho sea de paso, es diferente por completo al del islam o cualquiera de las religiones panteístas como el hinduismo y el budismo.

Como una nota final, quisiera agregar que la evolución ateísta es la más insolvente de todas las posiciones seculares para proveer una respuesta a la unidad en la diversidad. El antiteísta siempre estará a merced de un estilo de vida adicto a las emociones y, al vivir constantemente cruzando los límites de la comunidad, se parece más a un camaleón, cambiando su color para confundirse con el tono que lo circunda.

En resumen, la adoración provee la unidad dentro de la diversidades de la vida. Ella provee las fuerzas morales en cada nivel de relación y a través de todas las líneas. Es coextensiva con la vida y le da a ella el sostén espiritual que se necesita para la realización final. Une la diversidad de nuestras culturas al proveer dignidad a cada individuo y verdad a la práctica de la adoración y la conducta. El patrón para esta unidad en diversidad es la Trinidad. Sin duda alguna, la búsqueda de la filosofía y la religión por respuesta a la unidad en la diversidad es satisfecha aquí por Cristo.

15

La pieza central del historiador

LLEGAMOS AHORA a la tercera consideración que caracteriza la enseñanza de Jesús. Hemos echado un vistazo a sus enseñanzas sobre la naturaleza del hombre y la naturaleza de la realidad; ahora veremos la naturaleza de la historia.

Preste cuidadosa atención al gran contraste que abunda en esta materia. Los ímpetus básicos para la vida, desde el punto de vista existencialista, son vivir con una pasión por el presente, hacer una elección a la luz de la desesperación. La verdad es subjetividad. La existencia precede a la esencia. Lo que usted hace determina quien usted es. Hallándose a sí mismo arrojado a la existencia, tome la vida por la garganta y auntentíquese usted mismo. ¡Ahora! ¡Apasionadamente! ¡Tome el presente!

Los utopistas o futuristas, en cambio, viven para el futuro. La palabra *utopía* fue acuñada por el «hombre del Renacimiento», Sir Thomas More, aquel hombre para toda ocasión. En su derivar histórico, la filosofía marxista mira al futuro, aquella utopía donde no existe el león del patrón ni el cordero del empleado; donde todos son iguales.

El tradicionalista, a diferencia de los anteriores, vive para el pasado. La posición hebrea fue tradicionalista. La comedia *El violinista en el tejado* humorísticamente imita esta propensión con la sola aparición de Tevye en el escenario para monologar la descripción de una existencia inestable. El único medio, para su familia, de conciliar las tensiones y demandas de su existencia mortal fue hallar un punto de referencia que proveyera armonía y balance. Sólo en la «tradición» hallaron tal ancla. Sin esa tradición, la vida sería tan tortuosa como el violinista en el tejado.

Así, allí tiene las tres posturas. El existencialista vive para el ahora; el utópico para el futuro y el tradicionalista para el pasado.

Horas antes de su muerte, Jesús vio estos mundos en colisión en los rostros de sus discípulos. Ellos habían vivido para sus tradiciones; tenían grandes esperanzas en Él para el futuro. Pero todo ello comenzó a derrumbarse en el presente y pronto estarían mirando atrás a la cruz como la que hizo añicos todos sus sueños utópicos. Jesús «partió el pan», se los dio y dijo: «Todas las veces que comiéreis este pan, y bebiéreis esta copa [ahora], la muerte del Señor [en el pasado] anunciáis hasta que Él venga [en el futuro]» (1 Co 11.26). Él fusionó toda la historia con significado. En la encarnación de Cristo hubo una significación transtemporal.

De nuevo, esto fue y es claramente distinto a las otras religiones y posiciones seculares. El mensaje del evangelio habla en contra de la tentación de politizar la religión o tratar de acomodarla a una utopía futura mediante la espada. El mensaje del evangelio no deja irrelevante el pasado. El mensaje del evangelio nos libra de ser abrumados por el presente.

Para el cristiano hay un compromiso crítico con toda la historia que permea las Escrituras. Es por esa razón que los escritores proféticos estuvieron tan enfrascados en la interpretación de los tiempos. Centenares de años antes del nacimiento de Cristo, profetizaron la forma y lugar de ese nacimiento. Además, hablaron no sólo de cómo se desarrollaría la historia inmediata, sino también del futuro distante.

Una de las grandes profecías, escrita más de quinientos años antes de Cristo, proviene del libro de Daniel. Este habló proféticamente de un gobernador que aún tenía que venir, cuya ambición militar sería la conquista del mundo. Su aparición en el panorama histórico, así como su desaparición, serían repentinas. Daniel dijo que después de su muerte, su reino se dividiría en cuatro partes. Estas más tarde se unirían en dos y a su vez convergerían en uno. Esta profecía de Daniel es tan específica que los críticos liberales estuvieron, durante años confundidos por su exactitud.

Cuando usted estudia la vida de Alejandro el Grande, lo observa con claridad, doscientos años después de Daniel, encajando perfectamente en el cumplimiento de esa profecía. Su vida fue cortada de pronto en su juventud y, después de su muerte, el reino fue dividido en cuatro. Estos, a la vez, se reunieron en los imperios Tolomeos y Seleúcidas y luego se unieron en un solo poder, el Imperio Romano. Es muy difícil desechar una profecía tan específica con un mero encogimiento de hombros como algo puramente coincidente, aunque podría ser, si se tomara en forma aislada. Sin embargo, agregue a esta profecía los otros centenares, estudie este fenómeno junto con los aspectos filosóficos e históricos de la fe cristiana y se encontrará con una convincente apologética que no tiene igual.

Los escritores de las Escrituras fueron más allá de su futuro inmediato. Se extendieron en detalles sobre la historia distante. Hablaron de los «últimos días» cuando habría guerras y rumores de guerras y proliferarían actos catastróficos. Describieron guerras cuando los mismos elementos, ardiendo, serían deshechos por el intenso calor. Este tipo de imaginación era muy extraño para la rudimentaria capacidad militar de hace dos mil años. Todas estas profecías finalmente llevan a enfocar a Jesús como la pieza central de la historia.

Ocho siglos antes del acontecimiento, el profeta Isaías dijo del nacimiento de Cristo: «Porque un niño nos es nacido; hijo nos es dado» (Is 9.6). Esto trae una emocionalmente tierna terminología pero, de nuevo, es una declaración hecha con exactitud. El niño es nacido, no el Hijo. El Hijo nos es dado. El Hijo existió eternamente, el niño nació: la encarnación es vívida.

Déjenme poner esto en un más agudo contexto porque debemos entender cuán seriamente el oficio profético fue tomado y probado. El libro de Deuteronomio nos dice que si una simple profecía llegara a no ser verdadera, el profeta no habló palabra de Dios y, por tanto, debía ser evitado. El oficio de profeta no era la meta frívola de algunos excéntricos en medio de gente simple e ingenua.

Entre todas las predicciones específicas, piense en esta respuesta sorpresiva de Jesús que obra como una silenciosa apologética del lado inverso de la profecía. Al preguntársele cuándo volvería, dijo: «Pero el día y la hora nadie sabe, ni aun los ángeles de los cielos, sino sólo mi padre» (Mt 24.36). Esto no se asemeja a un pragmático ansioso de poder quien podría fácilmente pronosticar alguna fecha lejana cuando ya no estaría presente para enfrentar la turbación. En su voluntaria sumisión hasta la muerte, la autoexaltación podría haber sido una tentación natural. Pero Él jamás cedió.

La Biblia está repleta de evidencias de los elementos sobrenaturales que podían ser probados y también la extensa participación de Dios en la historia pasada, presente y futura. (Permítaseme insertar, de paso, que el islam no se presta para tal prueba empírica en la historia. Como ha sido declarado, el único milagro de Mahoma, aseguran dogmáticamente los musulmanes, fue el Korán: Nada más se necesitaba. Y ese milagro, repito, de acuerdo a la enseñanza islámica, sólo puede ser entendido y apreciado por los conocedores del idioma árabe.)

Según las enseñanzas de Cristo, la historia no es simplemente una sucesión de hechos. No sólo el momento presente, ni sólo el pasado, ni sólo el futuro, sino todo el tiempo, es importante para Dios. Es por eso que el cristiano genuino no toma sobre sí la venganza del pasado. Es por eso que el cristiano genuino no hace de este reino terrenal el Reino de Dios a fuerza de espada. Es por eso que el cristiano genuino está por sobre el desastre presente y el éxito inmediato. Para él, la historia es la arena donde Dios desarrolla su plan y el individuo es el microcosmos en quien Dios hace su obra.

Puedo asegurar que si usted contrasta esto con cualquier otra posición, verá la notable diferencia en el cristianismo. ¡Qué seguridad brinda a toda vida individual, la suya y la mía, saber que Dios está involucrado en persona como nosotros! La coherencia final que Dios brinda está no sólo en la historia que vemos dentro de nuestros años inmediatos, sino para la vida más allá de la tumba. Es a eso a lo que ahora nos volvemos.

Los anhelos del individuo

Albert Camus dijo una vez que la muerte era el único problema de la filosofía y que cualquiera que ha visto morir a un ser amado entiende bien ese conflicto filosófico. Apunto a la respuesta de Cristo tal como respondió a la muerte y la relacionó con la naturaleza de nuestro destino. Lo hemos visto brevemente a Él como la respuesta a la lucha de la humanidad, a la búsqueda de los filósofos y como la pieza central de los historiadores. Ahora lo veremos como la respuesta a los anhelos del individuo.

El apóstol Pablo, que llegó a ser la voz más poderosa en la historia temprana de la Iglesia, dijo sin equívocos: «Si Cristo no resucitó[...] (y) si en esta vida solamente esperamos en Cristo, somos los más dignos de conmiseración de todos los hombres» (1 Cor 15.17,19). Pablo no era alguien empujado por una romántica noción de reciente dentadura. No era de los que ignoraban la lealtad o la veracidad. Estuvo dispuesto a poner su vida por lo que creía y se comprometió a la erradicación de lo que consideraba el «mito» del evangelio. Su encuentro en el camino de Damasco es proverbial y significa un cambio radical. De nuevo, la escapatoria fácil para cínicos y escépticos es hacer una generalización lisa y llana y, con un manotazo, eliminar las verdades históricas. Pero hasta este mismo día, en la colina de Marte, en Atenas, permanece el mensaje grabado en piedra que Pablo predicó ante una multitud cuya inclinación filosófica era igualmente proverbial. El mensaje que Pablo entregó era figurativa y literalmente de vida o muerte. En el mundo de la academia y el comercio es muy popular ignorar tales temas, pero tal vez ello solo logre disfrazar más la hipocresía de ese mundo que lo que puede hacer en un mundo de vivir y morir al día.

En Occidente, cuando respondemos a la muerte, sostenemos dos posiciones: Nuestro decoro público no es lo mismo que nuestro dolor privado. Ninguna cultura en la tierra hace más por vestir a la muerte de etiqueta mientras al mismo tiempo se reduce su realidad a una bagatela en el lugar de trabajo. Con todo, nuestra hipócrita indiferencia hacia la muerte se convierte en una ira desenfrenada si el muerto o el moribundo es, de alguna manera, visto como víctima de algún poder imperialista a cuyas puertas podemos depositar la culpa.

Esta pregunta «¿Qué haremos con la muerte?» es no sólo la preocupación privada del religioso; ella ha atraído la atención de las más extrañas posturas y exige una respuesta. Durante uno de los seminarios de Alfred North Whitehead en Harvard, uno de los estudiantes lo interrumpió con la pregunta: «¿Qué tiene que ver todo esto con la muerte?» El estudiante podría muy bien haber representado a Heidegger, Nietzche, Sartre, Camus, Kierkegaard o Jasper. La preocupación por la inevitabilidad de la muerte movió no sólo sus discusiones sino también a veces los títulos mismos de sus escritos. Mientras que Kierkegaard y Camus, entre otros, declararon su preocupación en forma abierta, el libro de Heidegger lleva el lánguido título de: *The Possible Being* [El ser posible], *Whole of Being* [El ser total], *There and Being* [Allí y ser], *Toward-Being* [Hacia-muerte]. (¡Me abstengo de responder a Heidegger sobre el tema por razones obvias!)

Fue Freud quien más marcadamente, en forma casi cómica, retrató nuestra esquizofrenia; él describe cómo la guerra cambió nuestro modo de ver la muerte.

(La guerra ha perturbado) nuestra relación anterior con la muerte. Esta relación no era sincera. Si alguien nos escuchaba, estábamos, por supuesto, listos a declarar que la muerte

234

es el fin necesario de toda vida, que cada uno de nosotros debe a la naturaleza su propia muerte y debe estar preparado para pagar esa deuda; en pocas palabras, que la muerte es natural, innegable e inevitable. Con todo, en la realidad nos conducimos como si eso fuera diferente. Hemos mostrado la inveterada tendencia a hacer la muerte a un lado y eliminarla de la vida. Hemos tratado de mantener un silencio mortal acerca de la muerte. Después de todo, aun tenemos un proverbio a los efectos de que uno piense acerca de algo como piensa acerca de la muerte. De la propia, por supuesto. Después de todo, la muerte propia está más allá de la imaginación y toda vez que procuremos imaginarla, podremos ver que siempre sobrevivimos como espectadores. Así el dictamen puede ser desafiado en la escuela sicoanalista. En el fondo nadie cree en su propia muerte. O, y esto es lo mismo en el subconsciente, cada uno de nosotros estamos convencidos de nuestra inmortalidad. Y en cuanto a la muerte de otros, un hombre culto evitará mencionar tal posibilidad si la persona destinada a morir puede oírle. Sólo los niños desconocen esta regla[...] Siempre enfatizamos la causa accidental de la muerte; el error, la enfermedad, la infección, la edad avanzada, y así traicionamos nuestro anhelo de rebajar la muerte desde una necesidad a un mero accidente. Para con el fallecido mismo nos portamos de un modo especial, casi como si estuviéramos llenos de admiración por alguien que ha logrado cumplir algo muy difícil. Dejamos de criticarlo, le perdonamos cualquier injusticia, pronunciamos su exaltación, *de mortuis nil nisi bene*, y se considera justificado que en el sermón del funeral o que al lado de la tumba se digan de él las cosas más ventajosas. En consideración por el muerto, que ya no lo necesita, las colocamos por sobre la verdad, y la mayoría de nosotros ciertamente también las colocamos más arriba que las consideraciones por los vivientes.[1]

---

1. Sigmund Freud, ensayo sobre «Pensamientos apropiados sobre la vida y la muerte», citado por Walter Kauffmann, *The Faith of a Heretic* [La fe

Freud acierta al descubrir la actitud de lengua bífida que adoptamos en esos momentos de la vida. Los avances académicos y tecnológicos sólo han incrementado este doble trato. Los altruismos pronunciados en tono reverencial desmienten nuestro desprecio por tales creencias. En ceremonias matrimoniales el pastor pronuncia las aventuradas palabras: «Si alguien tiene una buena razón por la cual esta pareja no debe ser unida[...]» con un tono muy confiado, jamás esperando una respuesta; como si se conviniera que es imposible una objeción. Con frecuencia me he preguntado qué ocurriría en un funeral si se ofreciera un desafío similar. Imagine el choque que produciría oír decir al clérigo: «Si alguno no está de acuerdo con la descripción del difunto dada hasta aquí o desafía el destino al cual hemos encomendado nuestra confianza[...]» ¡E imagine además qué ocurriría si se levantara una mano en la capilla!

«¿Qué tiene que ver esto con la muerte?» Puede no haber sido una pregunta apropiada durante la conferencia de Whitehead, pero hay completa razón para hacerla con referencia a Cristo Jesús. Su proclamación de ser el camino, la verdad y la vida no es nada pequeña; y ya que la muerte tiene mucho que ver con la vida, su respuesta a la muerte, su resurrección, provee la clave de la vida misma.

La esperanza y su razón

Hay en verdad dos preguntas de relevancia sobre el tema de la resurrección de Cristo. La primera es: «¿En verdad se ha levantado Jesús de la muerte?» La segunda es igualmente enfática: «¿Entonces qué?»

En cuanto a la primera, no hay acontecimiento en la historia que haya sido sometido a escrutinio y análisis como esta proclama de Jesús. Este enfoque, de por sí, habla con elocuencia de la importancia del hecho. Se han utilizado

---

de un hereje], Doubleday-Anchor, Garden City, New York, 1963, pp. 356-7.

tantos medios ingeniosos para falsificar esta verdad cardinal de la fe cristiana, desde la teoría del desmayo hasta el autoengaño de los discípulos, que casi brinda humorismo a la situación. A veces he quedado admirado por lo lejos que los eruditos han estado dispuestos a ir en su intento de desbancar la resurrección, mientras que los puntos de otras figuras religiosas (tales como Krishna, Buda o Mahoma) han sido dejados totalmente sin estudiar. Un estudiante común en la India, por ejemplo, ni siquiera sabe cuándo nació Krishna o si siquiera existió alguna vez. Por otra parte, han teorizado suficiente acerca de Jesús.

Este es un fenómeno extraño e irónico porque aún hoy, mientras que las conversaciones sobre religión en el lugar de trabajo son desanimadas a voz en cuello, el nombre de Jesús es quizás más mencionado que ningún otro nombre, seguramente hasta en profanas exclamaciones pero, sin embargo, es mencionado. En verdad, nuestro calendario mismo está condicionado por el nacimiento de Jesús. De todas sus declaraciones, su promesa de resurrección y su cumplimiento fue, se comprende, la más controversial, pero fue la justificación definitiva de su mensaje.

El tema de su resurrección, como es natural, despierta interés. ¿Ha ocurrido realmente? Podría sugerirle que leyera con sumo cuidado, el debate sobre este tema que más completamente examina la evidencia. El protagonista fue el historiador Gary Fabermas y el antagonista, Anthony Flew. Los argumentos y evidencias presentados por el profesor Fabermas dejaron a Flew a pie en la mayor parte del debate. El problema fundamental respecto a la resurrección que presentó Flew fue en realidad el mismo que había sido presentado por Rudolf Bultmann, uno de los teólogos críticos más influyentes de este siglo y líder exponente de la «desmitologización» de las Escrituras. Bultmann rechaza la resurrección *a priori*; es decir, sólo como una creencia personal. Para su obviamente prejuiciada exposición de este hecho histórico, el profesor John MacQuarrie dijo:

> Aquí debemos desafiar a Bultmann por lo que parece un
> rechazo total y arbitrario a la posibilidad de entender la
> resurrección como un acontecimiento históricamente objeti-
> vo[...] La falacia de tal razonamiento es obvia. La única
> manera válida en que podemos determinar si cierto hecho
> tuvo o no lugar no es presentando una presuposición para
> demostrar que no pudo haber ocurrido, sino examinando la
> evidencia histórica disponible y decidiendo basado en ella.[2]

MacQuarrie sigue diciendo que «Bultmann no se tomó la
complicación de examinar qué evidencia podría ser considerada para demostrar que la resurrección fue un hecho objetivo
histórico. Sólo presume que es un mito».[3]

En efecto, los hechos son relegados por completo. Este es
precisamente el prejuicio con el cual la mayoría de la erudición liberal ha tratado la resurrección. En términos reales, el
Nuevo Testamento es el mejor escrito antiguo atestiguado en
términos del número cabal de documentos, el tiempo trans-
currido entre el hecho y el documento, y la variedad de
documentos disponibles para sustentarlo o desvirtuarlo. No
hay nada en la evidencia de antiguos manuscritos que iguale
tal disponibilidad e integridad textual. Como dijo el notable
erudito Giza Vermes: «No debería estar más allá de las
capacidades de un hombre educado sentarse y, con una mente
vacía de prejuicio, leer los relatos de Mateo, Marcos y Lucas
como si lo estuviera haciendo por primera vez».[4]

Cuando un lector honesto mira las afirmaciones que se
hacen y las sustanciaciones que se proveen, surgen las siguientes conclusiones:

---

2. Jon MacQuarrie, *An Existential Theology: A Comparison of Heidegger
and Bultmann* [Una teología existencial: una comparación de Heidegger
y Bultmann], Harper & Row, New York, 1965, pp. 185-6.

3. *Ibid.*, p. 186.

4. Giza Vermes, *Jesus the Jew* [Jesús el judío], Londres, 1973, p. 19.

Resurrección

1. Jesucristo mismo habló repetidas veces de su resurrección. Tanto a sus enemigos como a sus seguidores les dijo que esperaran ese hecho. Quienes procuraron suprimir sus enseñanzas dieron pasos bien elaborados para contrarrestar la posibilidad de su pretensión, incluyendo el emplazamiento de una guardia romana en la boca del sepulcro.

2. Aunque sus seguidores básicamente entendieron su promesa de levantarse de la muerte, y aun habían sido testigos de la resurrección de Lázaro, no creyeron que Él estuviera significándolo literalmente hasta después del hecho. Por tanto, no podrían ser acusados de crear el escenario para el engaño.

3. Fue la aparición posterior a su resurrección lo que hizo la diferencia en la mente escéptica de Tomás y la voluntad resistente de Saulo.

4. La transformación de los discípulos, de un puñado de individuos aterrorizados que se sentían traicionados, en un grupo libre de temor, listo para proclamar el mensaje a Roma y al resto del mundo, no puede ser explicada con un mero encogimiento de hombros.

5. Si las autoridades romanas hubieran querido erradicar las enseñanzas de Jesús de una vez y para siempre, todo lo que necesitaban era presentar su cuerpo muerto; pero no pudieron. Aquí hay algo que con frecuencia se pasa por alto. Si los discípulos hubieran sido fabricantes de un ideal, podían haber propuesto una resurrección meramente espiritual, la cual podía haber sido consumada con la presencia del cadáver. En cambio, tomaron el camino más difícil al afirmar la resurrección del cuerpo físico, lo cual, si no fuera verdad, era un enorme riesgo a correr si el cuerpo no hubiera sido nunca detectado. No, ellos creyeron en una resurrección física porque la habían atestiguado. Esta es una pieza de evidencia muy elocuente a la luz del hecho de que Roma

misma, una vez diametralmente opuesta al evangelio, fue más tarde ganada con el mensaje de Jesús. Los líderes religiosos no tenían mayor deseo que el de eliminar el cristianismo. Y en realidad, el propio hermano de Jesús, Jacobo, no creyó hasta después de la resurrección.

6. Otro factor importante al cual dirigir nuestra atención proviene de fuentes no cristianas. Aun el Korán, que está muy poco a favor del mensaje cristiano, atestigua el nacimiento virginal de Jesús y lo acredita como el único con poder para levantarse de entre los muertos, la nota más interesante con frecuencia olvidada por los mismos musulmanes.

En síntesis, fue la victoria de Jesús sobre la tumba lo que proveyó el ímpetu a la iglesia primitiva para proclamar al mundo que Dios había hablado y, en verdad, lo había hecho de un modo dramático e indiscutible. Todo esto transpira en la historia y está abierto al escrutinio de los historiadores.

La ilusión de neutralidad

Pero esto nos lleva a la segunda pregunta: «¿Entonces qué?» La razón de ella no es difícil de entender. La resurrección por sí misma no puede explicarse. Podría argumentarse de otras pocas maneras que esto «simplemente ocurrió,» por tanto, ¿por qué no tratarlo como una aberración? Pero la resurrección de Jesús no es un hecho aislado ni vacío. Viene sobre los talones de una serie de otros acontecimientos y enseñanzas que deben ser tomadas como un todo. Desprovista de un contexto, la resurrección puede obviarse, pero ubicada como está con el nacimiento, vida y muerte de alguien tan singular, tan sin igual, tan exclusivo en sus demandas e instrucción sobre la naturaleza y destino de la vida, sería

necio desechar la resurrección con un: «¿Entonces qué?»
Robert Browning capta muy bien la opción que encaramos.

> Si Cristo, como afirmas, fuese de los hombres
> Mero hombre, el primero y mejor, pero nada más
> Contarlo a Él, como premio a lo que fue
> Ahora y por siempre, el más miserable de todos.
> Para ver: el mismo concebido por la vida como amor
> Concebido por amor como lo que debe entrar,
> Llena, se hace uno con cada una de las almas que amó.
>
> Ve si, por cada dedo de tus manos
> No se pudiera encontrar, el día que el mundo terminará,
> Cientos de almas, cada una sostenida por la palabra de Cristo
> Para que Él crezca incorporado con todos,
> Novio para cada novia. ¿Puede un mero hombre hacer esto?
> Y Cristo dijo, para hacer esto vivió y murió,
> Llama a Cristo, por tanto, el Dios ilimitado,
> ¡O perdido![5]

Cristo, es el Dios sin límites o uno terriblemente perdido.
No hay lugar para una teoría que dice que Él fue «meramente
un buen hombre». Estudie su vida con sinceridad inamovible
y la respuesta es evidente. Es esta esperanza que Él brinda la
que nos da aliento para cada individuo, para nuestras comunidades y para nuestro mundo. Sin esta esperanza de vida
más allá de la tumba, toda cuestión, desde el amor hasta la
justicia, resultan una burla de la mente.

En una ocasión Billy Graham habló de una reunión que
tuvo con Konrad Adenauer, en un tiempo intendente de la
ciudad alemana de Colonia, encarcelado por Hitler por su
oposición al régimen Nazi y más tarde canciller de Alemania
Occidental, desde 1949 hasta 1963. Adenauer en realidad
merece el título de «estadista»; levantó las piezas rotas de su

---

5. Robert Browning, «Una muerte en el desierto».

país y ayudó a reconstruirlo en un mundo fracturado. En esta ocasión miró al evangelista a los ojos y dijo: «Señor Graham, ¿cree usted en la resurrección de Jesucristo?» Graham, algo sorprendido por la precisión de la pregunta, contestó: «Por supuesto, creo». A esa respuesta confiada, el canciller dijo: «Señor Graham, fuera de la resurrección de Jesús, no sé de ninguna otra esperanza para este mundo».

He hallado este mismo sentimiento hecho eco en dos de las naciones que en este momento están en drástica transición. Me refiero a una ocasión cuando fui invitado a pronunciar una serie de conferencias en la Academia Militar Lenin y a participar en una mesa redonda en el Centro de Estrategia Geopolítica de Moscú. Presentes en la discusión estábamos, un colega, seis generales rusos, mi esposa y yo, todos, excepto uno, ateos. La hora y media de intercambio que tuvimos fue una ocasión muy importante en mi vida. Cuando entramos a este imponente edificio, de ocho pisos y cuatro niveles de subsuelo, advertí que nos encontrábamos en un lugar histórico; porque dentro de esta gran estructura se habían graduado todos los que habían sido secretarios generales de la Unión Soviética. En el salón de bienvenida, nos presentaron a los grandes héroes de las guerras rusas: Pedro el Grande y Kutusov, tanto como a los genios en manejo de la geopolítica de los días modernos. Cada faceta del edificio era pomposa e imponente, hecho intencionalmente, estoy seguro, para hacer sentirse pequeño e insignificante al individuo.

Aquí, en sus habitaciones interiores, comenzó nuestra charla. A medida que la conversación se desarrollaba desde un comienzo intranquilo, a través de una vigorosa argumentación, todo el tiempo, hasta la cálida y amable conclusión, algo increíble ocurrió. Uno por uno, esos generales aceptaron que Rusia estaba entonces en un estado patético, no sólo económica, sino moralmente. Cuando se pusieron de pie para despedirnos, el general de más edad me estrechó la mano y dijo: «Dr. Zacharias, creo que lo que usted nos trajo es verdad. Pero es muy difícil cambiar después de setenta años de creer una mentira». Aparte de Dios, ellos tampoco vislumbraban otra esperanza.

Ese mismo sentimiento se hizo eco otra vez en algunos de los que elaboraron el Acuerdo de Paz luego que terminé una serie de conferencias en Johannesburg, en Sudáfrica.

Cuando reflexiono sobre ello, la confesión de los líderes y las palabras del general ruso resultan obsesionantes: *Después de setenta años de creer una mentira, es difícil cambiar.* Nos hallamos en un momento de la historia cuando las naciones una vez marxistas admiten que un experimento cobarde ha fallado, un experimento que demuestra más allá de toda duda las horribles consecuencias que se cosechan cuando Dios es eliminado del campo de nuestras opciones. Sorprendentemente extraño, en Occidente ahora nos estamos moviendo hacia la misma base ideológica no dispuestos a creer lo que tenemos bien delante de los ojos. En Rusia, en nombre de la igualdad, el individuo fue ofrecido en el altar del estado. Aquí, en el nombre del humanismo, los seres humanos están siendo progresivamente despojados de su ser y ofrecidos en el altar de los beneficios económicos y el placer. Cómo contrasta esto con los valores que Cristo coloca sobre cada vida individual, cuando cada faceta de su vida y su contexto toman significado.

Hace muchos años, siendo profesor de filosofía en Princeton, el erudito alemán y distinguido graduado de Harvard, Walter Kaufmann, escribió un libro, *The Faith of a Heretic* [La fe de un herético]. Fue el equivalente norteamericano de *Honest to God* [Honesto con Dios], el libro del obispo John A. T. Robinson. Al llegar al clímax de su trabajo, Kaufmann dice:

> Que haya alrededor de cien millones de galaxias al alcance de nuestros telescopios y que sólo nuestra galaxia contenga centenares de miles de planetas que pueden muy bien sustentar vida y seres como nosotros, parece extraño a los educados en la Biblia, pero no necesariamente a los creyentes orientales.

Para los no familiarizados con los libros sagrados de Oriente, el contraste puede cobrar vida cuando comparamos las pinturas del Renacimiento con las chinas: En las del Renacimiento, las figuras humanas predominan y el paisaje sirve como trasfondo; en las chinas, el paisaje es el cuadro y las figuras humanas deben ser descubiertas. En el Renacimiento el hombre parece lo más importante; en cambio los chinos representan magníficamente su cósmica insignificancia.

La ciencia moderna sugiere que, en importantes aspectos, las religiones orientales estuvieron más cerca de la verdad que el Antiguo o el Nuevo Testamentos. Esto no significa que debemos aceptar los consejos de Buda de resignación y separación y quedar reñidos con el mundo. Tampoco emular las maravillosas extravagancias de Lao Tze y su sabia burla de la razón, cultura y esfuerzo humano. Hay muchas posibilidades, digo con Shakespeare: «Todo el mundo es un escenario». El hombre parece jugar una parte muy insignificante en el universo y tal es mi parte. La cuestión que me confronta no es, excepto quizás en ratos de ocio, qué parte podría ser más entretenida, sino qué me gustaría hacer por mi parte. Y lo que quisiera hacer y aconsejaría hacer a otros, es hacer todo lo que podamos de esto: Ponga dentro de esto todo lo que ha logrado y viva y, si es posible, muera con alguna medida de nobleza.[6]

Me permito disentir con este escritor, pero tengo que preguntarme si entendió siquiera el cristianismo o las religiones orientales; para esa materia, su equivocación del mensaje cristiano como sinónimo del Renacimiento es, por lo menos, tendenciosa sino patética, porque lo que se edificó en el Renacimiento fue el humanismo y no el cristianismo. Su burlesca conclusión de «hacer lo mejor de esto» es casi traicionada por sus palabras exaltantes de los genios orientales. «Los chinos

---

6. Walter Kaufmann, *The Faith of a Heretic* [La fe de un hereje], p. 376.

representan magníficamente su insignificancia (del hombre)». Eso es equivalente a nuestras películas cargadas de odio y sangre, haciendo la reconfortante advertencia al final: «Ningún animal fue dañado al filmar esta película». Nada se dice de cualquier daño que se haya infligido a los seres humanos al filmarla ni al público inocente que la va a mirar. Pero Kaufmann puede ser perdonado por su inocente conclusión. En la primera línea de su libro define la filosofía como «un caos de ideas abstrusas».

Hablarnos de morir con nobleza cuando no hay esperanza más allá de la tumba es, en el mejor de los casos, ridículo. Todo el filosofar de Kaufmann en esta materia es un intento de suprimir ese anhelo irreprimible, el anhelo de vida después de la muerte que, en su esquema de las cosas, no es explicado ni satisfecho. Esto contrasta con la verdad de la resurrección de Cristo, la cual justifica ese anhelo y lo satisface cumpliéndolo. En realidad, cuando uno niega la posibilidad de vida más allá de la tumba, cuando uno trata de vivir sin Dios, el problema mayor para el escéptico permanece, el problema de los sufrimientos de la vida. Es para responder ahora a esa pregunta en un contexto más amplio que vamos a ver las enseñanzas de Jesús sobre la naturaleza del sufrimiento.

16

El tesoro del creyente

LOS ESCRITORES SAGRADOS no eluden el problema del sufrimiento. Tratan muy extensamente con las heridas más
profundas de la vida: el dolor, la pobreza, la muerte, la
separación, el crimen, la explotación, el prejuicio, la desesperanza, etc. El sufrimiento, como ya he dicho, es un problema
que todas las filosofías tienen que enfrentar.

Hace poco, la revista *Forbes* invitó a varios eruditos de todo
el mundo para contribuir con el número de su vigésimoquinto
aniversario, para considerar, vaya paradoja, la pregunta:
«¿Por qué somos tan infelices?» Estos eruditos, incluidos el
escritor Saul Bellow, el historiador Paul Johnson y otros de
renombre internacional, encararon el tópico desde sus varios
trasfondos y perspectivas. En una colección memorable de
artículos escritos por tan variado grupo, todos estuvieron de
acuerdo en un punto: Somos una civilización en problema
debido a la pérdida de un centro moral y espiritual.

Tal vez por eso sea que el hecho del dolor y el sufrimiento
es más enigmático en nuestro tiempo (considerando los avances que la medicina y la tecnología médica han hecho para
minimizar los daños físicos) que jamás antes en la historia.
Nuestro dolor es agravado por la ingenua esperanza de que
todos nuestros problemas pueden de alguna manera ser
resueltos por los progresos en el campo científico.

Recuerdo haber asistido, hace algunos años, a una muy publicitada conferencia dictada por Stephen Hawking en la Universidad de Cambridge. Esa tarde había esperado ansioso la oportunidad de oír su tema: «¿Es el hombre libre o determinado?» Un asunto con el cual ha batallado la pluma antiteísta, de gran significado en razón de que las ciencias de la conducta pueden deducir cualquier teoría disparatada si la ciencia pura propone una tesis de nuestros orígenes proviniendo sólo de la materia. Hawking, como científico, debió tratar las implicaciones del determinismo. ¿Está el hombre determinado por el azar y el proceso impersonal del tiempo, y las posibilidades en la acción recíproca o hay una trascendencia a la cual el hombre puede elevarse por sobre el fatalismo que parece ineludible en el terreno de la humanística? Las mejores mentes han enfrentado esta cuestión; y el dominio del determinismo parece ser más cerrado para una vida sin Dios.

Cuando Stephen Hawking habla, los científicos y filósofos escuchan. Severamente afectado por el mal de Lou Gherig, Hawking habló a través de un sintetizador de habla (con acento norteamericano, podría agregar, porque la tecnología fue desarrollada en los Estados Unidos). Al desarrollar su cuidadoso y medido argumento, contrastó la lucha filosófica con el determinismo o libre albedrío. Por último, aceptando a la ciencia como la disciplina cumbre, en los momentos del cierre de su charla presentó esta conclusión: «¿Está el hombre determinado? ¡Sí! Pero como no sabemos qué es lo que está determinado, puede también no estarlo». Hubo un silencio total. Nadie se movió ni susurró. La audiencia sintió que le habían fallado, porque ninguno quedó con más conocimiento que antes que Hawking hubiera hablado. Luego agregó esta nota final. Dijo que temía que siendo que el proceso evolucionista había actuado a través de la dialéctica del determinismo y la agresión, nuestra supervivencia a largo plazo y cualquier esperanza para nuestra especie estaba cuestionada. «Con todo», agregó, «si podemos evitar destruirnos unos a otros durante los próximos cien años, habrá sido desarrollada suficiente tecnología como para distribuir a la humanidad en varios planetas y entonces ninguna tragedia ni atrocidad nos erradicará a todos a la vez».

Hawking estaba atrapado entre los cuernos de un dilema. Por un lado, si no hubiera Dios, habría podido sentir poderosamente la inexorable firmeza del determinismo, del cual la teoría de la evolución no puede escapar; nacido de la fusión, nada sino fusión. Lo que siguió a aquella deducción fue aún más problemático porque, por otra parte, si la evolución sostiene la verdad, él no podía además pasar por alto la agresión y la violencia a través de la cual el hombre ha evolucionado. En términos tennysonianos, la naturaleza fue «roja en dientes y garras». Por tanto, Hawking sugirió que la única esperanza de la humanidad en su violento, proceso evolucionista es que las máquinas que pudiera inventar podrían ayudar a detener las atrocidades de su conciudadano. El salvador de la tecnología vendría sobre las alas de la ciencia a rescatarnos de entre los dientes del determinismo. En resumen, la respuesta antiteísta para el dolor es la tecnología.

Me estremecí ante la vaciedad de soluciones fabricadas por el hombre y no pude menos que recordar el comentario de C. S. Lewis de que la tecnología y la magia tenían algo en común con, mientras se separan de, la sabiduría de los antiguos. Para ellos la pregunta era: «¿Cómo puedo conformar el alma a la realidad?» La respuesta era: «Con virtud y disciplina». Para el moderno, la pregunta es: «¿Cómo puedo remodelar la realidad para acomodarla a mis pasiones?» Y la respuesta: «Con técnica o tecnología». Esta es aún nuestra esperanza inmortal. Sean viejos o nuevos, los mitos no mueren con facilidad.

En el cruce de los caminos

Hay algo emocionalmente muy transformador acerca del proceso de avanzar en edad. Cuanto más vemos los irrazonables fines a los cuales el espíritu humano puede descender cuando está decidido a permanecer autónomo, más disminuye nuestra confianza en los métodos humanos. A esta clase de reino terrenal autocentrado, Jesús trajo una diferente y dramática, más bien radical, respuesta al sufrimiento y al dolor. Ella fue una piedra de tropiezo entonces y lo sigue siendo ahora. Pero sólo si es entendida con propiedad y seriedad puede su belleza ser vista en medio de su obvio dolor y odio. Me refiero a la cruz de Cristo. La cruz permanece como un misterio porque es extraña a todas las cosas que exaltamos: el ego por sobre los principios, el poder por sobre la mansedumbre, la restauración rápida por sobre el camino, el encubrir por sobre la confesión, el escapismo por sobre la confrontación, la comodidad por sobre el sacrificio, los sentimientos por sobre los compromiso, la legalidad por sobre la justicia, el cuerpo por sobre el espíritu, el enojo por sobre el perdón, el hombre por sobre Dios.

En su libro *The Kingdom of God in America* [El reino de Dios en Norteamérica], Reinhold Niebuhr dijo: «Deseamos un Dios sin ira que introdujo a un hombre sin pecado dentro de un reino sin justicia a través del ministerio de un Cristo sin una cruz». En concordancia con este pensamiento, cito las palabras de Malcolm Muggeridge en los últimos años de su vida:

> Contrariamente a lo que podría esperarse, miro hacia atrás a las experiencias que, por aquel tiempo, parecían en especial desoladoras y dolorosas. Ahora las veo con particular satisfacción. En realidad, puedo decir con absoluta certeza que todo lo que he aprendido en mis setenta y cinco años de vida en este mundo, todo lo que realmente ha realzado e iluminado mi existencia ha sido a través de la aflicción y no a través de la felicidad, ya sea procurada o alcanzada. En otras palabras, digo esto: Si fuera posible eliminar la aflicción de nuestra existencia terrenal por medio de alguna droga u otro brebaje médico, el resultado no sería hacer la vida deleitable,

sino hacerla demasiado banal y trivial para ser soportable. Esto es, por supuesto, lo que significa la cruz y es la cruz, más que ninguna otra cosa, la que inexorablemente me llamó a Cristo.[1]

«La cruz más que ninguna otra cosa». ¿Por qué un octogenario, una vez cínico, pronunciaría tales palabras cuando su vida menguaba hacia su fin? Creo que fue porque sólo en la cruz el dolor y el mal se encuentran en consumado conflicto. Sólo en la cruz se unen el amor y la justicia, los fundamentos gemelos sobre los cuales podemos construir nuestro hogar moral y espiritual, individual y nacionalmente. Es teórica y prácticamente imposible construir una comunidad fuera del amor y la justicia. Si pusiéramos nuestro enfoque en sólo uno de ellos, seguiría un inevitable extremismo y perversión. A través de la historia la humanidad ha voceado sus ideales de libertad, igualdad y justicia; aun las ideologías que se han levantado, supuestamente en la búsqueda del progreso humano, han dejado en su senda algunos brutales experimentos que se hacen eco de los quejidos del hombre como un animal atrapado. Elevándose por sobre el grito de libertad, igualdad y justicia está la lacerante súplica por ese sentido de pertenencia al que llamamos amor. Y amor no limitado por algún sentido de lo correcto o incorrecto no es amor, sino egocentrismo y autocracia. En la cruz de Cristo fueron satisfechas las demandas de la ley y expresada la generosidad del amor.

Permítaseme resumir las tres grandes respuestas que brinda la cruz al problema del sufrimiento.

Primero, en la cruz veo la expresión de mi propio corazón porque fue la rebelión del corazón contra Dios y la disposición de la voluntad que derramó su furia sobre aquel que fue y es el evangelio. La cruz simboliza la ira del hombre lanzada hacia el bien, aun hacia Dios mismo. No hay límites a cuán

---

1. Malcolm Muggeridge, *A Twentieth Century Testimony* [Un testimonio del siglo veinte], Thomas Nelson, Nashville, 1978, p. 72.

lejos cada uno de nosotros puede llegar cuando la rebelión domina sin control, tal como ha sido documentado por el historiador Christopher Browning, en su obra sobre el holocausto, que obsesivamente tituló *Ordinary Men* [Hombres ordinarios]. Respondiendo al mismo, un crítico dijo: «El aspecto más amenazante de este libro esencial de Christopher Browning es el conocimiento que nos trasmite de que no fue un grupo de brutos, sino muchos hombres corrientes y buenos, quienes cometieron crímenes por Hitler».[2]

Pero para que no pensemos de lo malo meramente en términos cuantitativos, permítaseme subrayar una advertencia. Durante el juicio de Nüremberg, a los jueces nazis que tomaron parte en el holocausto, el único que estuvo dispuesto a aceptar alguna responsabilidad por su papel en los campos de muerte, trató de menguar su culpa diciendo: «Nunca intenté ir tan lejos». A tal calificante exculpación, uno de los miembros del tribunal, justamente respondió: «La primera vez que condenó de forma deliberada a un inocente usted fue muy lejos». No fue el volumen del pecado que envió a Cristo a la cruz, sino el hecho del pecado.

Al nacer, nuestra condición humana nos coloca en una ladera resbaladiza y nada puede detener nuestra caída hacia una absoluta autonomía. En la cruz veo nuestra rebelión final: La vergüenza y el dolor de la voluntad humana cuando rechaza brutalmente aun a nuestro Creador. La ciudad humana operando contra la ciudad de Dios. La ironía de tal brutalidad es que fue encabezada por los líderes religiosos. El poder es insidioso cuando carece del ancla de la bondad.

Segundo, en la cruz de Cristo veo la maravilla del perdón como punto de partida para reconstruir nuestra propia vida. Esta es una verdad simple, pero, nuevamente exclusiva de la fe cristiana. Oigamos las palabras de un maestro de escuela primaria.

---

2. Christopher Browning, *Ordinary Men* [Hombres ordinarios], HarperCollins, New York, 1991.

Vino a mi escritorio con labio tembloroso,
    la lección estaba hecha.
«¿Tiene una nueva hoja para mí, querido maestro?
    Eché a perder esta».
Tomé su hoja sucia y borroneada
    y le di una nueva y limpia.
Y dentro de su cansado corazón, exclamé
    «Hazlo mejor ahora hijo mío».

Fui al trono con corazón tembloroso,
    el día se había ido.
«¿Tiene un nuevo día para mí, querido Maestro?
    He arruinado este».
Tomó mi día sucio y borroneado
    y me dio uno nuevo y limpio.
Y dentro de mi corazón cansado exclamó,
    «Hazlo mejor ahora hijo mío».[3]

Si usted quisiera poner el perdón en perspectiva, mire a la lógica del no perdonar, a la cual Bosnia provee un ejemplo gráfico. Las matanzas al por mayor allí y en Rwanda son un recordatorio sangriento de lo que es la venganza y la vida sin la cruz. La cruz no minimiza la maldad; más bien la muestra en toda su repugnancia, pero ofrece un nuevo principio en el sentido más profundo de la palabra. La gracia del perdón, porque Dios mismo ha pagado el precio, es un distintivo cristiano y está espléndidamente contra nuestro mundo lleno de odio y que no perdona. El perdón de Dios nos brinda un nuevo comienzo.

En fin, la cruz proclama el mensaje de que Dios no está distante del dolor y el sufrimiento. Él hizo algo acerca de esto. No sólo hizo algo acerca de la maldad, Él transformó esa

3. Anónimo, «Una nueva hoja», compilado por James G. Lawson, *The Best Loved Religious Poems* [Los poemas religiosos más queridos], Fleming H. Revell, Grand Rapids, 1961. Usado con permiso.

maldad en la cruz para vencerla con el bien y definir la solución del mal. James Stewart, de Escocia, declaró esto muy sucintamente, basado en la frase en la que Pablo, citando el Salmo 68.18, describe el triunfo de Jesús: «Llevó cautiva la cautividad».

> «Él llevó cautiva la cautividad» es una frase gloriosa. Significa que Él utilizó los triunfos mismos de sus enemigos para derrotarlos. Hizo que los siniestros logros de ellos sirvieran a sus propios fines, no los de ellos. Ellos lo clavaron a la cruz sin sospechar que por ese acto estaban llevando el mundo a sus pies. Le dieron una cruz sin imaginar que haría de ella un trono. Lo arrojaron, fuera de las puertas, a la muerte, sin saber que en ese mismo momento estaban levantando las puertas del universo para recibir a su Rey. Pensaron que desarraigaban sus doctrinas sin entender que estaban implantando en los corazones, en forma imperecedera, el nombre mismo que procuraban extirpar. Pensaron que tenían a Dios de espaldas a la pared, clavado con alfileres, abandonado y derrotado; pero desconocían que era Dios mismo quien los había llevado a ellos hacia abajo. Él no venció *a pesar* del misterio oscuro del mal, sino a través del mal.[4]

Hace muy poco tiempo estuve hablando en una serie de reuniones en Bélgica. Una noche, mi intérprete Wilfred conducía el automóvil hacia el lugar de mi compromiso, la ciudad de Ghenk, en el límite con Alemania, muy cerca de la ahora bien conocida ciudad de Maastrich, donde fue firmado el tratado de unidad europea. En realidad yo no conocía muy bien a Wilfred, por lo que nuestra conversación fue introductoria y general. Había algo en su comportamiento, sin embargo, que me inducía un sentimiento de cariño hacia él como alguien que había experimentado algunos de los dolores de

---

4. James Stewart, *The Strong Name* [El nombre fuerte], Baker, Grand Rapids, 1972, p. 55.

la vida y acarreaba las cicatrices de haber llevado sus cargas más pesadas. Era ya de noche y la oscuridad acentuaba la quietud y sensación de soledad que hacía perfecto el momento para conversar. Ambos proveníamos de diferentes partes del mundo; él de un pequeño país que hubiera podido caber en una de las ciudades más pequeñas de la India y yo de un país demasiado vasto como para medirlo de alguna manera típica de generalizar. Él venía de un país en cuyas veredas aún parecían resonar los tacos de los nazis. Yo venía de un país donde la guerra había sido más bien del alma. Pese a todo aquello que nos separaba, los pocos momentos siguientes nos traerían una dramática cercanía de corazón y mente.

Comenzó contándome cómo había entregado su vida a Cristo y en qué forma esa entrega había sido probada. Sus frecuentes pausas durante la narración y el tono cambiante de su voz revelaban cuán intensamente sentía lo que estaba diciendo. Me contó que hacía algunos años había estado asistiendo a una conferencia en un lugar edénico de Suiza. Describió el desarrollo de los acontecimientos de un día terriblemente significativo: «Los himnos resonaban todo el día con la realidad del cielo y los predicadores hablaban sobre ello. Yo me regocijaba en la grandeza de esta esperanza y la promesa de tal destino. En forma totalmente inesperada, durante una reunión me llamaron a que fuera inmediatamente a la oficina donde me esperaba un llamado telefónico urgente. Levanté el teléfono para oír la voz trémula y sollozante de mi esposa diciéndome que nuestro bebé de nueve meses acababa de fallecer misteriosamente en su cuna».

Siguió contándome que esa noticia lo había llevado al punto más bajo de su vida. La devastación era indescriptible. La angustia y el enojo crecieron en su corazón a los niveles de un volcán que amenazaba con vomitar su incontenible dolor. Un grito dentro de él enjuiciaba a Dios por su desprecio a la vida humana; así corría la letanía de emociones que expelía un sentimiento básico de aturdimiento absoluto. Preparó sus maletas, compró su pasaje para el tren y viajó solo en su asiento mirando por la ventanilla donde nada podía aliviar su dolor.

Al otro lado del pasillo un hombre leía su Biblia y, frente a él, iban sentados dos jóvenes que no ocultaban su desdén por los llamados libros de religión. Sus provocaciones fueron finalmente respondidas por el hombre que tenía la Biblia y su discusión tomó la forma de un pesado torneo filosófico. Al fin, uno de los muchachos, con enojo no disimulado, se inclinó hacia el hombre y le dijo: «Si su Dios es tan amoroso y bondadoso como usted dice, dígame ¿por qué permite que sufran los inocentes? ¿Por qué permite tantas guerras? ¿Por qué permite que mueran niños pequeños? ¿Qué clase de amor es ese?»

Las preguntas, sobre todo las últimas dos, hirieron a Wilfred de un modo que nunca había sentido antes y estuvo a punto de gritar sin consideración: «¡Sí, usted, religioso fanático! Contésteles a ellos y a mí, por qué permite la muerte de niños. ¿Qué clase de amor es ese?» Pero una extraña transformación tuvo lugar en su mente. Esperó la respuesta del hombre y luego, mirando a los dos muchachos, les dijo: «¿Me permiten entrar en la conversación? Les voy a decir cuánto les ama Dios: Él dio a su único hijo para morir por ustedes».

Ellos lo interrumpieron abruptamente y arguyeron que era fácil para él hacer una declaración platónica como esa, desconectada totalmente del mundo concreto de la muerte y la desolación.

Wilfred esperó el momento apropiado porque necesitaba cada gramo de coraje y convicción para decir de una vez y claramente: «No, no, no mis queridos amigos; no estoy distante del mundo real de la pena y la muerte. En realidad, la razón por la que estoy en este tren es porque voy al funeral de mi hijito de nueve meses. Falleció hace algunas horas y eso ha dado a la cruz un pleno significado para mí. Ahora sé qué clase de Dios es este que me amó a mí, un Dios que voluntariamente dio a su Hijo por mí».

La cruz revela no sólo a un Dios taciturno y desligado de la escena humana, sino a un Dios que es bueno en medio de nuestras luchas y conflictos. Esta no es la noción budista de retirarse del mundo real a través de una monástica autorenuncia o de compensar con el bien el siempre presente mal. Esta no es la idea de un panteón de dioses cuyas vidas trascienden este dominio terrenal para estar inextricablemente unidos al mito. Tampoco es el concepto islámico del esfuerzo por edificar un reino terrenal, cualesquiera sean los medios, incluso la espada. *Esta es la encarnación misma, el eterno humanado* para comunicar al mundo que el hambre por una relación feliz y el deseo por un amor tan supremo que todo lo demás pueda ser expulsado; un mundo, sin embargo, convulsionado por lazos familiares destruidos. Contraste las dos imágenes que siguen y sea testigo del distintivo cristiano de tal realidad.

> Porque yacen junto al néctar, y los cerrojos están echados
> Lejos abajo, ellos en los valles, y las nubes están
>   ligeramente rizadas.
> Rodean sus casas doradas, ceñidas por el fulgor del mundo
> Donde sonríen en secreto, mirando a tierras devastadas,
> Adversidad y hambre, plaga y terremoto, rugientes
>   profundidades y fieras arenas.
> Ruidosas luchas y ciudades incendiadas,
>   barcos hundiéndose y manos en oración.[5]

Esto retrata las mitologías, viejas y nuevas, donde los dioses están totalmente ajenos a los compromisos del hombre, aun cuando manos suplicantes se alcen. Cuán diferente de la descripción de Jesús en el siguiente pasaje:

---

5. Alfred, Lord Tennyson, «Los comedores de lotus», *Tennyson's Poetry* [Los poemas de Tennyson], ed. Robert W. Hill Jr., Norton, New York, 1971, p. 51.

La encarnación

El cual, siendo en forma de Dios,
no estimó el ser igual a Dios como cosa a qué aferrarse,
sino que se despojó a sí mismo,
    tomando forma de siervo,
    hecho semejante a los hombres;
y estando en la condición de hombre,
    se humilló a sí mismo,
    haciéndose obediente hasta la muerte
    y muerte de cruz.
Por lo cual Dios le exaltó hasta lo sumo,
    y le dio un nombre que es sobre todo nombre,
para que en el nombre de Jesús se doble toda rodilla
    de los que están en los cielos y en la tierra y
    debajo de la tierra;
y toda lengua confiese que Jesucristo es el Señor,
    para la gloria de Dios Padre.

Filipenses 2.6-11.

Los brazos de Cristo están tendidos a la obstinada voluntad de la humanidad. La Biblia misma dice que la cruz es locura para unos y tropiezo para otros, aun cuando su hecho y su mensaje pueden ser la única manera de entender el gran conflicto de la vida. La codicia, el poder y la indulgencia siempre hallarán el sacrificio, la humildad y la virtud como algo repugnante porque están en el camino de la autoexaltación. Así, en Occidente hemos hallado una manera de dar premios Nobel a aquellos como la Madre Teresa y Martin Luther King, mientras que en privado nos distanciamos de la razón misma que ha hecho esas vidas tan magnificentes. Es como dejar caer una moneda en el sombrero para desembarazarnos del mendigo y así poder seguir dando nuestros discursos sobre los pobres.

Nada hay en la historia como la cruz que trata con el corazón del hombre en términos tan gráficos y efectivos, a pesar de Bertrand Russell, Swinburne y todos los de su especie y todas las élites de sabios y medios de difusión de nuestro tiempo, que parecen deleitarse en destruir lo sagrado. Es la cruz la que nos invita a morir a nosotros mismos para que la vida de Cristo pueda ser vivida totalmente en nosotros. Sin la cruz no hay gloria en el hombre. *La cruz marca la diferencia entre las utopías de fabricación humana y el cielo hecho por Dios*. Esta es la razón por la cual las primeras nunca pueden ser.

Uno de los libros más profundos sobre el mensaje del evangelio es *El progreso del peregrino*, de Juan Bunyan, un hojalatero corriente. Allí, de modo alegórico, usted encuentra a Peregrino tratando de viajar a la Ciudad Celestial con una enorme carga sobre sus espaldas. A lo largo del camino había tenido muchas oportunidades de desviarse y desembarazarse de ella. La mayor de las decepciones viene cuando es invitado a la Casa de Moralidad, donde el señor Legalista le dio consejos elocuentes sobre cómo hallar el modo fácil de salir de su arduo viaje. Peregrino estuvo casi decidido a quitar la carga de su espalda agobiada en la Casa de Moralidad. Pero algo no parecía cierto y, en cuanto se marchó, el sabio instructor vino a su encuentro y lo alertó sobre el esencial e inalterable dictado de que no había otro camino fuera de ir a la cruz del Calvario. Era sólo allí donde la carga de Peregrino podía ser levantada.

Esta simple pero extremadamente resistida verdad debe ser una poderosa advertencia de que cualquier cultura que ancla su moral en la política revela su bancarrota filosófica y su palpable ignorancia de la historia. «Políticamente correcto» es, en su mejor forma, circular, y en la peor, una mescolanza de términos e ideas en conflicto. ¿No es aterrador que nosotros, como sociedad, hayamos declarado abiertamente que no confiamos en la arena de la política porque se presta a sí misma a tales abusos y, sin embargo, nos damos vuelta y miramos a tales instituciones para anclar nuestros valores? Un proverbio indio dice que es como asar un pez y luego pedirle a un zorro que nos lo cuide. La moralidad estará siempre inclinada a galantear a aquellos cuya voluntad está a prueba. Es por eso que la cruz permanece suprema; ante ella la voluntad es rendida y la verdad triunfa con el amor y la justicia como sus siervas.

Estoy convencido por completo de que la falta de significación no proviene de estar cansado del dolor; proviene de estar hastiados del placer. Y es por eso que nos hallamos a nosotros mismos vacíos de significado aunque tengamos nuestras despensas llenas. La cruz se levanta por sobre todo eso, redefiniendo la vida misma. La cruz se destaca como el rasgo central de la explicación cristiana y como la respuesta al problema del dolor. La cruz golpea contra todo lo que pensamos que es vida. Esto puede ser para nosotros tiempo de reexaminar con candor por qué este hecho histórico tiene tal poder definidor para la vida y la muerte.

Al intentar traer todo lo dicho a una conclusión, permítaseme decir lo siguiente a manera de resumen: Cuando el hombre vive fuera de Dios, el caos será la norma. Cuando el hombre vive con Dios, tal como se reveló en la encarnación de Cristo Jesús, las necesidades de la mente y el corazón hallan su satisfacción. Porque en Cristo hallamos coherencia y consolación en la medida en que Él se nos revela, en los términos de verdad y experiencia más verificables, la naturaleza del hombre, la naturaleza de la realidad, la naturaleza de la historia, la naturaleza de nuestro destino y la naturaleza del sufrimiento. Obviamente, se puede decir mucho más de lo que se ha dicho y mucho más ha sido escrito sobre el tema. Pero deseo desafiarlo a que pese, con una mente sincera, la evidencia que hay.

Para terminar, creo oportuno transcribir esta cita de G. K. Chesterton, que nos incita a pensar.

> Nuestra civilización ha decidido, y muy justamente, que determinar la culpa o inocencia de la gente es algo demasiado importante para ser confiado a hombres preparados. Si desea

luz sobre un asunto desagradable, le pregunta a hombres que no saben de leyes más que yo, pero que pueden sentir lo que sentí en el compartimiento del jurado. Cuando desea una biblioteca catalogada, o descubrir el sistema solar o cualquier bagatela de ese tipo, utiliza sus especialistas. Pero cuando desea algo realmente serio, reúne a doce hombres comunes de pie a su alrededor. Lo mismo fue hecho, si mal no recuerdo, por el fundador del cristianismo.[6]

Usted es el juez. El jurado ya ha registrado su conclusión en las páginas de la Biblia.

---

6. G. K. Chesterton, *As I Was Saying* [Como estaba diciendo], ed. Robert Knille, Eerdmans, Grand Rapids, Michigan, 1985, p. 237.

Apéndice A

Preguntas y respuestas sobre el ateísmo y el teísmo

Estas preguntas y respuestas son tomadas de las conferencias Veritas, en la Universidad de Harvard, sobre las cuales se basan algunas partes de este libro.

PRIMER PARTICIPANTE: Mi pregunta es: ¿No es más bien irreal y egocéntrico que Dios condene a un puñado de ateos que no creen en Él cuando no nos ha dado una razón convincente para ello?

Ravi Zacharias: Me va a llevar unos cinco o diez minutos responderle, tal vez pueda tomar asiento.

Recuerdo una vez cuando estaba respondiendo a un cuestionario doctrinal. El primer planteamiento fue: Dios es perfecto —explique. Le dije a mi esposa, bromeando, que «La única y más difícil pregunta que puedo pensar, es: Defina a Dios y de dos ejemplos». Como apreciará, algunas preguntas son espinosas.

Su interrogante, señor, es muy interesante; pero primero permítame señalarle algunas de las suposiciones de su pregunta que tendrá que defender antes que sea siquiera válida, lo cual es de vital importancia que tenga presente.

Al plantear la interrogación está invocando una ley moral, una ley que básicamente dice: Para Dios sería inmoral hacer esto sin dar suficiente evidencia para condenar a alguien. ¿No es esa la suposición de su pregunta?

PRIMER PARTICIPANTE: Creo que esa parece ser mi suposición.

R. Z.: No sólo parece; debe serlo o la pregunta se autodestruye. El tema que usted ha tocado señala a una pregunta más extensa sobre la justicia o legitimidad moral de todo lo que Dios hace. Es por esto que quisiera tratar con ella en su contenido más extenso, el cual, si tratamos en forma satisfactoria, automáticamente considera también el tema particular. Y siendo que este es el obstáculo que más escépticos sinceros oponen como una barrera a su creencia en Dios, es digno de especial atención.

Permítame contarle un intercambio de preguntas y respuestas que tuve con un estudiante en la Universidad de Nottingham, en Inglaterra. Tan pronto terminé una de mis disertaciones, saltó de su asiento y, más bien enojado, soltó abruptamente: «Hay demasiado mal en este mundo; por tanto, no puede haber un Dios». Le pedí que permaneciera de pie y me contestara algunas preguntas. Dije: «Si hay tal cosa como el mal, ¿no admite usted que debe haber tal cosa como el bien?» Hizo una pausa, reflexionó y respondió: «Supongo que sí». «Si hay tal cosa como el bien —dije—, usted debe admitir una ley moral sobre cuya base diferenciar entre el bien y el mal».

Le recordé el debate entre el filósofo Frederick Copleston y el ateo Bertrand Russell. En un momento del debate, el filósofo dijo: «Señor Russell; usted cree en el bien y el mal, ¿no es así?» Russell contestó: «Sí, creo». «¿Como establece la diferencia entre ambos?» desafió Copleston. Russel encogió los hombros como solía hacer cuando sus argumentos llegaban a un punto sin salida y dijo: «De la misma manera que hago la diferencia entre el amarillo y el azul». Copleston contestó con gracia: «Pero señor Russell, usted establece la diferencia mediante la vista, ¿no es así? ¿Cómo diferencia el bien y el mal?» Russell, con todo su genio aún dentro de su alcance, dio la respuesta más insípida que podía haber dado: «Sobre la base de los sentimientos. ¿Qué más?» Debo confesar que el señor Copleston era un caballero mucho más amable que otros. La apropiada «muerte lógica», en el momento, hubiera sido: «Señor Russell, en algunas culturas, la gente ama a su prójimo; en otras, se lo comen, ambas sobre la base de los sentimientos. ¿Tiene usted alguna preferencia?»

Así volví a mi estudiante en Nottingham: «Cuando usted dice que hay mal, ¿no está admitiendo que hay bien?» Cuando usted acepta la existencia del bien, debe admitir la existencia de una ley moral sobre cuya base poder diferenciar entre el bien y el mal. Pero cuando admite una ley moral, debe reconocer a un dador de esa ley; a Él, de alguna manera, es a quien usted está tratando de desaprobar y no probar. Porque si no hay un dador de la ley moral, no hay tal ley. Si no hay ley moral, no hay bien. Si no hay bien, tampoco hay mal. ¿Cuál es, pues, su pregunta?»

Hubo una pausa conspicua que fue rota cuando contestó más bien con timidez: «¿Qué es, pues, lo que le estoy preguntando?» Allí está el obstáculo, podría agregar.

Ahora, no dudo ni por un momento que los filósofos han tratado de arribar a una ley moral sin intervención de Dios pero sus esfuerzos son contradictorios en sus presunciones y conclusiones. Podría decir que esto es particularmente cierto en el caso de David Hume. Más de esto después. Me he extendido hasta utilizar la ilustración del debate entre Copleston y Russell porque su pregunta, señor, fue un eco del ataque filosófico de Russell al teísmo. Cuando alguien le dijo: «¿Que va a hacer, señor Russell, si después de la muerte usted se encuentra conque hay un Dios? Qué le va a decir?» Russell dijo: «Le diré que meramente no me dio evidencias suficientes». Al decir eso estaba tomando una postura diametralmente opuesta a la de las enseñanzas de las Escrituras. Ellas enseñan que el problema con la incredulidad humana no es la ausencia de evidencia; es más bien la supresión. «No puede venir nada bueno —dijo el profesor Richard Weaver—, si la voluntad es mala. Si la disposición es incorrecta, la razón incrementa la maleficencia». George MacDonald argumenta con razón que «explicar la verdad a quien no la ama es darle más abundante material para interpretarla mal».

Permítaseme resumir:

1) Para justificar la pregunta, Dios debe permanecer en el paradigma; sin Él, la pregunta se autodestruye.

2 Dios nos ha creado a su imagen. Parte de esa imagen es el privilegio de la autodeterminación.

3) La mayor de todas las virtudes es el amor.

4) Dios, en su amor, nos ha creado y, en respuesta, el amor de nuestra parte debe ser la opción. Donde no hay opción hay coerción, lo cual significa que no es amor. Sólo en el mensaje cristiano el amor precede a la vida; en toda otra posición la vida precede al amor. Por tanto, en el marco del cristianismo, el amor tiene un punto de referencia: Dios mismo.

5) Dios se ha comunicado con la humanidad de diferentes maneras:

a. Razón (filosóficamente).

b. Experiencia (existencialmente).

c. Historia (empíricamente).

d. Emociones (relacionalmente).

e. Las Escrituras (proposicionalmente).

f. Encarnación (personalmente).

Tome estas seis áreas, que están abiertas a un serio pensamiento crítico, y hallará que el problema no es la falta de evidencia sino, más bien, la supresión de ella. Podría agregar que fue en esta misma escuela que Simon Greenleaf, profesor de jurisprudencia, dijo acerca de los documentos del Nuevo Testamento: «Usted puede elegir decir que no cree en absoluto, pero no puede decir que no hay evidencias suficientes».

MODERADOR: Permítame hacerle algunas preguntas que me han alcanzado ya que pienso que tienen relación.

Primero, es cierto que la ausencia de significado en el dolor, en la muerte y en la vida es terrible. Esto no significa que el ateísmo es falso.

Segundo, ¿se demanda tanta fe para ser un ateo como para creer en Dios? Si es así, ¿qué clase de fe?

R. Z.: «¡Oh! Esas son dos preguntas diferentes. Vamos a tomar la primera. Es absolutamente cierto que si la carencia de significación reina en forma suprema, sobre todo en términos de dolor y padecimientos, y si no hay respuesta para ello en el ateísmo, eso no significa necesariamente que el ateísmo sea falso. En efecto, si lo recuerda, he declarado que, sólo porque un sistema religioso declare tener apoyo y esperanza en la hora del dolor y la muerte, no vamos a aceptar, de manera automática, como verdad todo lo que afirme. La prueba de la verdad va más allá de eso. ¿Cuál es, pues, el punto de quiebra para el ateísmo en su confesión de que no tiene respuesta o esperanza para el sufrimiento humano?

Su pregunta, como ha sido hecha, supone ser significativa y la respuesta que busca, creo, será también probada en su significación, la que será central en nuestro diálogo. Recuerdo muy bien una discusión de marcha y contramarcha que tuve una vez en la Universidad de Filipinas, en Manila. Un estudiante de la audiencia gritó que todo en la vida carece de significado. Le respondí diciendo: «Usted no cree eso».

Enseguida respondió: «Sí, lo creo,» a lo que automáticamente repliqué: «No, usted no lo cree».

Exasperado, dijo: «Estoy seguro de lo que digo; ¿quién es usted para decirme que no?»

«Entonces, podría por favor repetirme su declaración?», le pedí.

«Todo en la vida carece de significado», afirmó una vez más sin atenuación.

Le dije: «Por favor, permanezca de pie, esto sólo tomará un momento. Supongo que usted cree que su declaración tiene significación. Si la tiene, entonces no todo carece de significación. En cambio, si todo es carente de significado, lo que usted acaba de decir carece de significado también. Entonces, en efecto, usted no ha dicho nada». El muchacho quedó sobrecogido por un momento y al final de la charla mientras salía del auditorio, caminaba por el fondo de la sala susurrando. «Si todo carece de significado, entonces...» Y así seguía.

Traigo esta analogía para señalar un error similar que usted está cometiendo. Usted está argumentando lógicamente por una lucha existencial. Con esto quiero decir que ha colocado la pregunta en el marco de la lógica, pero su queja es existencial. Y la razón de que usted esté buscando una respuesta significativa a su pregunta es porque usted cree que la vida tiene significado. Pero si el dolor, el sufrimiento y la muerte no tienen una explicación razonable en absoluto, aun cuando ellos son universalmente experimentados, entonces la vida en sí no tiene significado. ¿Por qué busca una respuesta significativa a su pregunta? Esta es una patente contradicción entre su lógica y su experiencia, la cual, cuando es propuesta, resulta ilógica.

Permítame llevar esto unos pasos más adelante. ¿Por qué puede suscribirse a una concepción del mundo que no tiene explicación para el rasgo principal de la experiencia humana sin verlo ilógico, y a la vez desecha el punto de vista teísta porque dice que es incoherente con el dilema del sufrimiento?

Como si eso no fuera suficiente; sigamos un poco más adelante. Si el dolor y el sufrimiento no son ya problemas morales para la mente atea, ¿debería alguien que inflige dolor y sufrimiento, ser considerado inmoral? Si la respuesta es afirmativa, trate de explicarlo de un modo transculturalmente satisfactorio. Si es negativa, ¿qué hace eso a nuestro sistema judicial? En realidad, es plausible argüir que si la muerte es el fin de todo y la vida deja de ser algo después de ella, entonces la lógica de no perdonar y la de la venganza de cualquier mal, resulta una opción muy atractiva para muchos. Puedo sugerirle que esta es precisamente la lógica de "la limpieza étnica" en Bosnia hoy, cuando afirman que están vengándose de la carnicería de la que fueron víctimas hace cuatro décadas. Esta es también la lógica del terrorista que hace estallar un avión en el aire, infligiendo dolor a familias porque «su gobierno (es decir, el gobierno de las familias destruidas) apoyó a nuestros enemigos —dicen— y nuestras familias fueron víctimas».

En efecto, sólo afirmar que «el hecho de que no tengamos una respuesta para el dolor y el sufrimiento no significa que el sistema de creencia carece de validez» es más bien simplista. El eslabón del dolor, el sufrimiento y la muerte une el de la moralidad por un lado y el de significado por otro. No están como piezas aisladas. Para usar una analogía diferente, es parte de un rompecabezas más grande.

En contraste, G. K. Chesterton, el filósofo inglés, presentó una idea muy poderosa. Sostuvo que para el cristiano, el gozo es el elemento central de la vida y el dolor es periférico porque las cuestiones fundamentales de la vida son satisfechas y las externas son relativamente resueltas. Para el antiteísta, el dolor es central y el gozo periférico, porque sólo las cuestiones periféricas tienen respuesta y no así las centrales. Su pregunta lleva el dilema existencial a uno lógico de incoherencia.

SEGUNDO PARTICIPANTE: Bueno, sólo puedo decirle que he oído todo esto antes[...] y no soy un miserable.

R. Z.: Nunca he dicho que lo sea.

SEGUNDO PARTICIPANTE: No, pero está tratando de hacérmelo creer. Eso no funciona.

R. Z.: No. Ojalá hubiera tratado.

SEGUNDO PARTICIPANTE: También deseo señalar que usted usa la versión teatral del ateísmo, la cual conozco. Muchos filósofos dicen que el ateísmo no significa necesariamente una afirmación de que Dios no existe. Mi punto de vista es que soy ateo debido a la falta de evidencias teístas.

R. Z.: Pero ¿por qué no es usted un panteísta?

SEGUNDO PARTICIPANTE: Porque tampoco hay evidencia para el panteísmo.

R. Z.: Oh, así todo...

SEGUNDO PARTICIPANTE: Falta de evidencia suficiente.

R. Z.: Bien; ¿cuál es, entonces, su pregunta?

SEGUNDO PARTICIPANTE: ¿Por qué es que, pese a que Michael Martin, George Smith y muchos otros filósofos humanistas continúan corrigiéndolo a usted sobre la filosofía del ateísmo, sigue presentando esta versión del ateísmo como un dogma?

R. Z.: Correcto, gracias. Su información es mal dirigida y escapista; su pregunta, por tanto, está mal encaminada. Deliberadamente cité mi definición tomándola de una fuente principal, la renombrada *Encyclopedia of Philosophy* [Enciclopedia de filosofía], editada por Paul Edwards. Por supuesto, hay algunos como Martin, e inclusive Huxley si se quiere, a quienes les agrada esconderse tras una versión más suave del ateísmo (como hizo Russell en su debate) porque saben la desintegración filosófica que experimentarían al tratar de defender la negativa absoluta, que no hay Dios. Su posición en cuanto a que no hay evidencias suficientes para el teísmo, comete tres desatinos lógicos.

Primero, ir al ateísmo por negligencia es difícil y académicamente aceptable cuando hay miríadas de otras opciones.

Segundo, decir que no hay suficiente evidencia para el teísmo, por lo cual, soy ateo, implica una defensa lógica y satisfactoria del ateísmo que ellos no tienen. Después de todo,

¿por qué más pueden aferrarse a él si es lógicamente indefendible, cuando su razón misma para negar el teísmo es que él es lógicamente indefendible?

Tercero, es puramente una admisión que el ateísmo no puede ser defendido, aun cuando han tratado; de aquí la versión más suave del agnosticismo. Veamos las palabras en sí mismas.

La palabra *ateísmo* viene de dos términos griegos. El alfa, negación, y theos, «Dios». La posición ateísta pues, le guste o no, expone la negación de Dios. Habiendo reconocido rápidamente la contradicción inherente de afirmar la no existencia de Dios, la cual absolutamente, al mismo tiempo, presupondría un conocimiento infinito de parte de quien hace la negación, se ha hecho un desvío, filosóficamente conveniente, hacia el agnosticismo. Pero *agnóstico* tiene una connotación aún más embarazosa. El *alfa*, la negación, y *ginosko* es del griego «conocer». Un agnóstico es alguien que no conoce. Esto parece muy concordante y sofisticado a la vez, pero el equivalente y no muy galante término en el latín es «ignoramus». Es por esto que el agnóstico no se siente muy loado en esta categoría y sólo reviste el concepto, elaborando cierta aura no inherente a la palabra mientras medra en ateísmo para todo propósito funcional. Por lo tanto, le digo que el cargo no es contra los apologistas; eso sería dislocar el problema. El alfiler del sombrero está en el corazón de la posición ateísta, la cual no puede vivir consigo misma. Déjeme decirle que un agnóstico sincero debería estar abierto a la evidencia.

TERCER PARTICIPANTE: Al hablar, usted parece decir que debemos volver a Dios y a la religión como si nos mostrara una manera de tratar con el dolor. ¿Significa eso que el criterio para escoger una concepción del mundo y la realidad es lo que nos va a hacer felices y satisfacer nuestras necesidades? Si es así, ¿por qué elegir el cristianismo por sobre un número de otras religiones que nos ayudan a tratar con el dolor?

R. Z.: No. En realidad, afirmé con claridad en mi disertación que eso no es lo siguiente, necesariamente. Lo que *estoy* diciendo es que si el cristianismo es verdad, lo ayudará a tratar con el dolor y el sufrimiento; pero no lo es sólo porque trate con su dolor y el sufrimiento. Eso sería como el salto al vacío del existencialismo.

La verdadera cuestión, por supuesto, es si el cristianismo y las afirmaciones exclusivas de Cristo son ciertas o no, como opuestas a cualquier otra religión. Eso puede ser clara y convincentemente demostrado como he hecho en otras conferencias y escritos. Es obvio que no podemos explorar todo ese tema y hacer todas las comparaciones requeridas justamente aquí. Mi próxima disertación presenta una defensa del cristianismo. Si es verdad en forma demostrable, entonces la respuesta al problema del dolor es una consecuencia. Al contrario, sólo porque una creencia alivie el dolor, no hace de ella un sistema verdadero.

CUARTO PARTICIPANTE: Usted muestra que el rechazo a Dios por parte de Nietzsche fue consecuencia de su propia experiencia existencial, su dolor; pero su respuesta a su disposición se basa en la lógica. ¿No significa esto que la posición de Nietzsche fue tan buena como la suya, pero que usted va en una dirección y él en otra?

R. Z.: Mi desafío a la posición de Nietzsche se basa en sus propios terrenos existenciales, en una crítica lógica y en la historia. Pero ya que su punto de partida es un salto existencial y el mío es histórico y filosófico, una posición no es tan buena como la otra. Si nuestros puntos de partida fueran idénticos, entonces nuestras posiciones serían igualmente buenas o malas.

La crítica al cristianismo, hecha por Nietzsche, es una diatriba emocional. Su mayor argumento se basa en un alegato moral autoaturdidor. Mi desafío ha sido mostrar ese autoaturdimiento. Si usted puede señalar eso en mi exposición, entonces tiene una crítica válida.

QUINTO PARTICIPANTE: Usted argumenta contra Nietzsche, en parte, porque su posición produce males tales como Hitler. Pero, ¿qué acerca de los males que la cristiandad ha producido, tales como las persecuciones de los incrédulos durante las Cruzadas?

R. Z.: Esta es una muy buena pregunta, pero hay una importante diferencia. Pensé que ya la había contestado en mi disertación. Por una parte, los males del ateísmo son un fruto directo de la enseñanza del ateísmo. Esta es una realidad embarazosa y dolorosa de admitir por los ateístas. Primero, permítaseme aclarar lo que no estoy diciendo. No estoy diciendo que el ateísmo es equivalente a asesinato. No estoy diciendo que todos los ateístas son «malos». Inferir tales conclusiones, las cuales estoy negando, es meramente malentender o mal representar el problema lógico. Estoy diciendo que la violencia es una senda lógica deducible del ateísmo y podría recomendarle para su lectura lo que Darwin mismo categóricamente declaró sobre esto en *A World of Natural Selection* [Un mundo de selección natural]. Tennyson, en un enunciado poético predarwiniano, describió la naturaleza como «roja en diente y garra». Donde el antiteísmo ha sido la ideología dominante, la sangre ha fluido sin restricciones. China, Rusia y la Alemania nazi proveen el horripilante relato para la película. Por otra parte, se puede ver que donde el cristianismo ha empuñado la espada y llevado dolor a la gente o jineteado el caballo político en triunfo, eso ha sido hecho a una distancia abismal de la senda que Cristo trazó para sus seguidores. La politización de la religión en la historia tiene más furia del infierno que gracia del cielo. El Gran Inquisidor de Dostoievsky no fue el primer líder religioso que llevó a Jesús fuera del templo. Jesús dijo: «Mi reino no es de este mundo; si lo fuera, mis siervos pelearían». Jesús jamás encomió la explotación de la gente ni la filosofía de la violencia. El uso o abuso del cristianismo en contradicción con el mensaje mismo del evangelio, revela no el evangelio por lo que es, sino el corazón del hombre. Es por eso que el ateísmo está tan en bancarrota como perspectiva de la vida, porque falla miserablemente al tratar con la condición humana, tal como en realidad es.

NOTA DEL AUTOR: Una de las preguntas que se hacen con mayor frecuencia plantea que el cristiano salta del ateísmo al cristianismo sin antes establecer que hay un Dios. Esta es, en verdad, una cuestión muy válida. Sólo porque un argumento pueda hacer añicos la filosofía del ateísmo, no necesariamente significa que el cristianismo sea, por tanto, verdad. Cuando tal desafío se presenta al creyente, hay en realidad dos pasos importantes a dar para tratar con él.

El primero es demostrar que Dios existe. El segundo es defender el mensaje cristiano como el sistema que mejor explica quién es Dios.

En el formato que he adoptado a causa de las exigencias del tiempo en las disertaciones, he presentado la exclusividad de Cristo en un esfuerzo por volver al teísmo. Al defender la persona y enseñanza de Cristo, he considerado al teísmo en sí, implícitamente defendido. Porque Cristo enseñó con claridad la existencia de Dios y que, en su persona, Él fue Dios encarnado, la autorevelación de Dios mismo.

Con todo, para ser correcto, desde el punto de vista filosófico, es cierto que el teísmo debe ser establecido antes que el cristianismo haya podido ser defendido con legitimidad. A la luz de esto, bosquejo brevemente el argumento de la existencia de Dios.

Cualquiera que haya tratado con un libro de texto sobre filosofía de la religión o estudiado apologética sabe que el tema puede llegar a ser tedioso con facilidad. El proceso de la argumentación, las palabras, los conceptos y los nombres, parece dejar al pensador serio abrumado por completo. ¿Cómo algo tan básico como la primera causa del universo puede ser tan oscuro y esquivo? G. K. Chesterton dijo una vez que fue la lectura de los ateístas lo que lo condujo a Dios al considerar sus argumentos simples y totalmente no convincentes. De igual manera, si uno no tiene cuidado, una tediosa argumentación sobre la existencia de Dios puede ser contraproducente y desviar al lector del propósito mismo del argumento.

Sólo deseo tocar el borde de este tema a fin de, al menos, disipar la crítica de un salto gigantesco para ir del ateísmo a Cristo. Para apelar al pensador minucioso y al que sólo desea los grandes rasgos del argumento, presento dos métodos. Me gustaría sugerir que el lector persiga esto en mayor profundidad si lo desea leyendo las fuentes primarias.

Aunque en argumentos apologéticos clásicos tales como el teleológico (desde el diseño) y el moral (desde la moralidad) son usados con frecuencia independientemente, en la actualidad son vástagos de un argumento más extenso conocido como el cosmológico (argumentar desde la causalidad). El argumento teleológico, por ejemplo, muestra un diseño y argumenta desde allí hasta un diseñador. El argumento moral se mueve desde la dirección de efecto a causa. Por tanto, el argumento cosmológico es la forma paterna de las pruebas clásicas siendo que busca establecer el principio mismo de causalidad como necesario. Presentaré brevemente lo más destacado antes de moverme a un formato más simple para una prueba teística.

El filósofo Norman Geisler es, en mi opinión, el líder y más hábil expositor del argumento cosmológico, habiéndolo defendido de sus más acérrimos críticos.[1] El Dr. Geisler desarrolló su defensa del teísmo a través de diez pasos, cada uno anticipando bien los cuestionamientos de los críticos. El siguiente es su bosquejo.

---

1. Los libros de Norman Geisler, *Christian Apologetics* [Apologética cristiana], Baker, Grand Rapids, Michigan, 1976; y *Philosophy of Religion* [Filosofía de la religión], Baker, Grand Rapids, Michigan, 1988; presentan sus argumentos en detalle.

1) Algunas cosas innegablemente existen.

2) Es posible mi inexistencia.

3) Cualquier cosa que tenga la posibilidad de no existir, es corrientemente causada por la existencia de otra.

4) No puede haber una infinita regresión de causas comúnes de existencia.

5) Por tanto, existe una primera causa no causada de mi existencia corriente.

6) Esta causa no causada debe ser infinita, inmutable, todopoderosa, omnisciente y todo perfecta.

7) Este ser infinitamente perfecto es llamado, en forma apropiada, «Dios».

8) Por tanto, Dios existe.

9) Este Dios, que existe, es idéntico al Dios descrito en las Escrituras cristianas.

10) Por tanto, el Dios descrito en la Biblia existe.

Recomiendo los escritos del Dr. Geisler para su estudio. En su defensa de estos postulados, y sobre todo en el sexto paso, es vital que usted siga la trama bien tejida de su argumentación.

Hay una defensa teísta más simple provista por el profesor Dallas Willard de la Escuela de Filosofía (que él dirigió por algún tiempo) en la Universidad de California del Sur. Delinea tres etapas de evidencia para la existencia de Dios. Estas, cree, proveen un marco de referencia que lo llevan a sus deducciones teístas.[2]

La *primera etapa* es su argumento desde el mundo físico. «Comoquiera que la realidad física concreta sea seccionada,

---

2. Este resumen de la defensa teística de Dallas Willard ha sido tomado del libro de J. P. Moreland y Kai Nielsen, *Does God Exist?* [¿Existe Dios?], Thomas Nelson, Nashville, 1990, p. 197ss.

el resultado será un estado de hechos que deben su ser a algo más que a sí mismos». Willard da una detallada demostración de que, para que cualquier cosa exista, todas las precondiciones para su existencia deben haber sido completadas a fin de dar lugar a que esa cosa particular exista. En esa serie de causas tiene que haber habido al menos un estado del ser el cual existe por sí mismo y no deriva su existencia de algo más. Este es autoexistente; es decir, no causado.

El profesor Willard responde a aquellos que arguyen que esta entidad no causada podría ser justamente otra realidad física:

> Algunos objetarán que, aunque la serie de causas de cualquier estado físico es finita, el primer hecho físico o estado en las series pudo haber venido a la existencia sin una causa; pudo haberse originado, en resumen, «de la nada». Muchas discusiones, en la actualidad, parecen tratar la teoría del «Big Bang» [La gran explosión] de esta manera, aunque por supuesto eso haría totalmente impensable cualquier otra «explosión» de la cual tengamos algún conocimiento. El misticismo de la «gran explosión» es principalmente atractivo, pienso, sólo porque «la explosión» ha ocupado el papel tradicional de Dios, el cual le da a Él una aureola y parece poner a un lado las preguntas normales que haríamos acerca de cualquier acontecimiento físico. *Esa* «explosión» es con frecuencia tratada como si no hubiera sido un hecho físico simple o completo, como en verdad no pudo haber sido. ¿Pero qué pudo haber sido? Presentamos entonces el «misticismo científico». Y debemos al menos señalar que un eterno ser autoexistente no es más improbable que un autoexistente acontecimiento que emerge de ninguna causa. Como señala C. S. Lewis: «Un huevo que no vino de un ave no es más natural que un ave que ha existido por toda la eternidad». (C. S.Lewis, *God in the Dock*, p. 211).[3]

---

3. *Ibid.*, p. 206.

Los argumentos contra la causalidad como un principio filosófico han sido levantados tanto por David Hume, como por otros. Willard interactúa con todas esas críticas y las contesta con respuestas muy valiosas. Toda la idea de un universo «saliendo de la nada», violaría en realidad el sistema de ley que gobierna el origen de cosas de este tipo. *La probabilidad de que algo físico venga de la nada es cero, y ni siquiera un solo estado o hecho físico observado o detectado de otro modo, es conocido como habiéndose originado de la nada.*

Tenemos, entonces, un universo «ontológicamente encantado», una realidad no causada que existe, la cual es diferente a toda otra realidad física que conocemos. Ella tiene que ser algo más que física. Tiene que haber algo más que físico o «natural», algo totalmente diferente en carácter de lo cual o de quien este universo físico deriva su existencia. Claramente esto, al menos, provee la posibilidad de Dios, dando a una entidad «espiritual» no causada algún «espacio para respirar». Una explicación estrictamente física o natural no puede ser probada por las leyes que gobiernan un universo físico o natural. En resumen, las pruebas de la naturaleza por ella misma establecen que el naturalismo como primera causa es imposible de defender. Para explicar este universo se necesita algo que esté más allá de una realidad física.

La *segunda etapa* es el argumento de Willard en su forma teleológica, pero en él subraya el hecho de que no es un argumento tomado *desde* el diseño sino *para* el diseño. Esta es una distinción fundamental. La evolución como teoría no puede lógicamente ser una teoría *concluyente* de los orígenes, porque su operación presupone un texto de diseño dentro de un contexto que facilita tal actualización. En otras palabras, no *todo* orden ha sido producido por evolución. El ser desde el orden que los evolucionistas arguyen no proviene de un ser sin orden. Las dimensiones son de una magnitud estupenda; ambas son diacrónicas y sincrónicas.

Luego de haber establecido que no todo orden es fruto de evolución, el teísta puede demostrar que en nuestra experiencia humana, antes que algún orden sea impartido a nuestras creaciones físicas, primero existió el orden en nuestras mentes. El diseño mental precede al diseño en tipo. Una vez más hay lugar para que Dios respire, porque no hay nada en nuestra experiencia que sea diseñado para llegar a ser, aparte de la unión de entidades que conducen al diseño en circunstancias que complementan esa capacidad; existiendo primero en la mente.

Dallas Willard termina su segunda etapa con este desafío al antiteísta:

> En la primera etapa dijimos que la probabilidad, relativa a nuestros datos, de algo (al menos en el universo físico) originándose de la nada era cero, e invitamos al ateo a hallar un caso de esto que haya ocurrido en la actualidad y a revisar la probabilidad de una pizca por sobre cero. Ahora lo desafiamos a hallar un caso de ordenación —o tan solo ser, porque, cualquier cosa que sea, ciertamente será ordenada— originándose de un ser sin orden.[4]

En la *tercera etapa*, Willard presenta el argumento de Dios venido del curso de los acontecimientos humanos —históricos, sociales e individuales— dentro del contexto de un extranaturalismo demostrado (etapa uno) y de un intelectualismo cósmico completamente plausible (etapa dos). «Esta vida humana es para ser interpretada dentro del espacio ontológico de las actualidades, con sus posibilidades concurrentes labradas en las etapas uno y dos».

Si la nada no puede crear algo, esto permite, en verdad, demanda, que una realidad no física sea la primera causa. Además, si el texto a diseñar dentro de un contexto de complementaciones sostiene la conclusión de que el orden jamás proviene del desorden, es de nuevo sostenido el argumento de una causa inteligente. Y si la historia y la experiencia

---

4. *Ibid.*, p. 210.

humana revelan realidades que sólo pueden ser explicadas en el dominio de una realidad trascendente, uno puede convincentemente argumentar la existencia de una primera causa inteligente a la que llamamos Dios. Willard finaliza poderosamente su resumen con una cita del escéptico David Hume:

> El sentimiento más natural, que una mente bien dispuesta percibirá en esta ocasión, es un ardiente deseo y expectativa de que el cielo tendrá el placer de disipar o, por lo menos aliviar, esta profunda ignorancia al permitir alguna revelación más particular a la humanidad y hacer descubrimientos de la naturaleza, atributos y operaciones del divino objeto de nuestra fe.[5]

Estoy de acuerdo de todo corazón con el profesor Willard cuando dice: «Quizás esta oración ya ha sido contestada».

---

5. *Ibid.*

Apéndice B
Mentores de los escépticos

René Descartes (1596-1650)

Descartes ha sido llamado el «padre de la filosofía moderna». Fue educado en un colegio jesuita en Francia y, mientras servía en el ejército en Alemania, registró que había recibido instrucción divina de desarrollar un sistema unificado de realidad basado en principios matemáticos. Descartes argumenta que no hay nada que esté tan lejos de nosotros que quede fuera de nuestro alcance, ni tan oculto que no podamos descubrirlo a través de la razón. Como matemático, deseaba establecer verdades sin presuponer meramente si tales proposiciones eran ciertas o autoevidentes. Semejante idea fue un abandono radical de las teorías científicas tradicionales que se fundaban en las probabilidades. Descartes escribió varios libros, entre ellos, *Meditations on First Philosophy* [Meditaciones sobre la primera filosofía].

El ahora famoso principio de Descartes: «Pienso, por tanto, existo», fue el punto de partida de su investigación filosófica. Su escepticismo lo llevó a cuestionar su propia existencia, pero habiendo dudado, concluyó que él pensaba y, por tanto, en pensamiento, existía. Aplicó el mismo paradigma para determinar la existencia de Dios. Básicamente propuso dos pruebas de la existencia de Él.

Primero, argumentó partiendo de la idea de Dios en su propia mente: ya que la mente humana es imperfecta, el concepto de una mente perfecta no pudo haber nacido en una mente imperfecta. Por tanto, dijo Descartes, la idea de una mente perfecta debe haber sido implantada en la mente imperfecta por la mente perfecta misma, la cual tiene que haber sido Dios.

Su segunda prueba estaba en la tradición de Anselmo. En principio, argumenta que, al igual que un triángulo por definición debe tener tres lados, así un ser necesario —Dios— tendría indispensablemente que existir, de otro modo no sería un ser necesario. Por tanto, Dios existe.

Uno puede ver con facilidad lo vulnerable de estos conceptos. Primero, el movimiento del pensamiento a la realidad no es un paso válido. La simple posibilidad de pensar en algo como factible no da garantía de su existencia real. En verdad, ¿no podría el mismo hecho de la imperfección de la mente humana resultar en un pensamiento imperfecto aun acerca de la existencia de la perfección?

Segundo, desde el punto de vista racional, lo inevitable no es siempre lo real. Estamos de acuerdo en que un triángulo debe tener tres lados, pero eso no prueba que él exista. Sólo prueba que *si* un triángulo existe, debe tener tres lados.

Por último, si Descartes está tratando de establecer que sólo aquello que es racionalmente necesario puede ser reconocido con absoluta certeza, cae víctima de su propia espada porque al mismo tiempo reconoce algunos principios que por sí mismos no son probados como racionalmente necesarios.[1]

Tratemos de entender un poco quién fue Descartes, cuál fue su contexto y los defectos de su filosofía.

Descartes vivió en un tiempo cuando la filosofía del escepticismo era muy difundida por los escritos de Rabelais (1492-1533), Montaigne (1533-1592) y Francis Bacon (1561-1626). Proveniente de una familia de abogados y negociantes, la habilidad de argumentar y las matemáticas fueron los talentos

---

1. Para mayor información sobre el tema, le recomiendo que lea *Christian Apologetics* [Apologética Cristiana], de Norman Geisler.

naturales de su genio. Aunque conocido por varias obras, en una primera etapa quiso poner todo junto en un *magnum opus* con el increíble título de *Project for a Universal Science Designed to Elevate Human Nature to Its Highest Perfection* [Proyecto de una ciencia universal diseñada para elevar la naturaleza humana a su más alta perfección]. Lo interesante es que abandonó ese esfuerzo porque sintió que no era sabio inmiscuirse en el dominio de la religión revelada.

Su objetivo principal fue adquirir conocimiento de un modo veraz y digno de confianza, trascendiendo el escepticismo de su tiempo. En su esfuerzo por la certitud matemática, en un sentido, desplazó a la metafísica y, por tanto, a Dios, a quien, poco a poco, fue sacando a codazos hasta reducirlo a una idea innata más que a una entidad defendible con la razón. De nuevo, es importante notar que *Descartes no trataba de remover la certeza de Dios, sino metodológicamente llegar a Dios a través de un «modo de conocimiento» diferente.*

En su *Meditations on First Philosophy* (IV), dice:

> Y cuando considero, dudo; es decir, que soy un ser incompleto y dependiente, la idea de un ser que es completo e independiente, es decir, de Dios, se me presenta con mucho mayor distinción y claridad —y desde el solo hecho de que esa idea es hallada en mí o que la poseo, concluyo con certeza que Dios existe y que mi existencia depende por completo de Él en cada momento de mi vida— que no pienso que la mente humana es capaz de saber nada con más evidencia y certidumbre.

Aunque Descartes hizo esta declaración, puso el conocimiento de Dios camino al escepticismo. Siendo que redujo a Dios a una idea innata, enlazado con su escepticismo de los sentidos, Descartes no hubiera estado de acuerdo con el apóstol Pablo, «Porque las cosas invisibles de Él, su eterno poder y deidad, se hacen claramente visibles desde la creación del mundo, siendo entendidas por medio de las cosas hechas».

Él tenía una sola respuesta a la percepción sensorial. Siendo que Descartes sólo podría estar seguro de aquello que existía en su mente, hizo un salto extrapolar, diciendo que «como Dios no engañaría mis sentidos», la existencia de un mundo eterno de cuerpos es real.

Gradualmente, el dios de Descartes llegó a ser más como el de los deístas. Su interés yace más en el estudio del cosmos que en el de su Creador. La filosofía cristiana es desplazada por la certeza matemática y Dios es sólo traído al cuadro por cuestiones que su filosofía no puede explicar. El pensamiento de Descartes preparó el escenario para su discípulo Spinoza, que con justicia ha sido llamado el metafísico del ateísmo moderno. Los filósofos Ronda Chervin y Eugene Kevane señalan esto con claridad, y las propias palabras de Descartes afirman este sentimiento:

> Soy católico, deseo seguir siéndolo, y tengo fe en la enseñanza de la iglesia. Pero simplemente puedo encerrarla en una categoría: Está en el reino de los sentimientos y las emociones religiosas, mientras que mi ciencia universal está en el reino de la razón y el conocimiento.[2]

Esto nos presenta el principio cardinal del método de Descartes: La separación de la religión, la fe y la teología por un lado, y la de la filosofía y las ciencias empíricas por el otro. La filosofía repentinamente pierde su relación interna con la religión revelada y avanza camino a separarse como una materia secular, el paso que Spinoza se encargaría de completar.

La advertencia que brota de leer a Descartes es obvia. No son sólo las conclusiones iniciales de uno acerca de Dios que son importantes, sino también el proceso mismo por el cual uno viene a conocer y entender a ese Dios. Si el método es

---

2. Ronda Chervin y Eugene Kevane, *Love of Wisdom* [Amor a la sabiduría], Ignatius, San Francisco, 1988, p. 212.

erróneo y Dios está relegado a lo no racional, «desechado» de la razón, esto está a sólo un paso de separación de la autodeificación y lo irracional.

David Hume (1711-1776)

David Hume fue admitido a la Universidad de Edimburgo cuando tenía doce años de edad, pero la dejó antes de completar su carrera porque, dijo, tenía «una insuperable aversión hacia todo lo que no fuera la búsqueda de la filosofía y el aprendizaje general».[3] A los veintitrés años de edad comenzó a escribir su primer libro, *A Treatise of Human Nature* [Un tratado sobre la naturaleza humana], en el cual estableció el argumento empírico de que los hechos no pueden ser probados por una razón *a priori* sino que son descubiertos o inferidos de la experiencia. Por lo tanto, la existencia de Dios, el origen del mundo y otras materias que transcienden nuestra experiencia humana finita son no verificables y sin significado. Hume fue tutor de estudiantes y sirvió en un puesto como bibliotecario, pero se dedicó esencialmente a escribir. Entre sus otras obras están *Enquary Concerning Human Understanding* [Investigación acerca del entendimiento humano] (1748), *History of Great Britain* [Historia de Gran Bretaña] (1754-1762, seis volúmenes) y *Dialogues Concerning Natural Religion* [Diálogos acerca de la religión natural] (1779). Estuvo muchos años en Francia asociado con los hombres de la Ilustración. En un tiempo trabajó como secretario del embajador británico en París. El nombre de Hume está asociado al empirismo y al escepticismo.

Podemos examinar el pensamiento de Hume en tres diferentes áreas. Primero, en cuanto al conocimiento y la certeza, lo que usted puede saber y cómo puede saberlo. En su *Enquary Concerning Human Understanding*, dice:

---

3. David Hume, «Mi propia vida», tomado del libro de E. C. Mossner, *The Life of David Hume* [La vida de David Hume], Oxford University Press, Oxford, 1980.

> Cuando vamos a través de una biblioteca, persuadidos de la verdad de nuestra filosofía, ¡qué estrago causaremos allí! Si tomamos de los estantes, por ejemplo, un volumen de teología o metafísica, debemos preguntarnos a nosotros mismos: ¿Contiene razonamientos o cantidad o número? La respuesta es: ¡No! ¿Contiene razonamientos experimentales basados en cuestiones de hecho? ¡No! ¡Fuera con él entonces, arrójelo a las llamas! Porque nada contiene fuera de sofismos e ilusiones.[4]

Con estas palabras, Hume presenta tanto su punto de partida como su punto de colapso. Él creía que todo nuestro conocimiento nos viene a través de los sentidos y por reflexionar sobre las ideas que vienen a la mente a través de ellos. Según él, en la mente no hay nada que no haya estado antes en los sentidos. Para probar la validez de una idea, uno debe preguntar qué impresiones sensoriales nos trae. No hay haces de inteligencia para penetrar a través de esta impresión de «sentidos conducidos» que llevan a un entendimiento esencial de las cosas que existen. El hombre es reducido a un objeto físico a ser estudiado en la misma forma que lo son otros objetos. Además, agrega que, como el hombre es sólo materia y sustancia, el alma es efectivamente desterrada.

Añade otras tres ideas importantes. Primero, que todas las ideas que están en la mente no son sino una colección de pensamientos particulares; todas las sensaciones son «sueltas y separadas» y todo lo que experimentamos es una serie de sensaciones independientes y no relacionadas. En realidad, no tenemos ni aun un conocimiento directo de nosotros mismos. Todo lo que sabemos de nosotros mismos es un manojo de impresiones sensoriales desconectadas entre sí.

Una segunda idea que atacó directamente una de las clásicas pruebas sobre la existencia de Dios es la filosofía de

---

4. David Hume, *Enquary Concerning Human Understanding* [Investigación acerca del entendimiento humano], Londres, 1748; C. W. Hendel, New York, 1955.

Hume sobre las causas. El filósofo Norman Geisler verbaliza la posición de Hume muy vigorosamente:

> La idea (dice Hume) de una relación causal aparece en la mente sólo después que ha habido una observación de constante conjunción en la experiencia. Vale decir, sólo cuando observamos que ocurre la muerte luego que mantenemos la cabeza de otro sumergida bajo el agua durante cinco minutos asumimos una conexión causal. Una vez que observamos que un hecho ocurre tras otro repetidas veces, comenzamos a formarnos la idea de que un acontecimiento ocurre por causa de otro. En resumen, la idea de causalidad se basa en la costumbre[...] Siempre existe la posibilidad de la falacia *post hoc*, nominalmente, tales cosas ocurren luego de otros hechos (aun repetidas veces), pero no son en verdad causados por ellos. Por ejemplo, el sol se levanta regularmente después que canta el gallo, pero no porque cante el gallo.[5]

Esta incapacidad para determinar la causa del mundo y, por tanto, de predecir con certeza el futuro, lleva al escepticismo. El principio de causalidad entonces, según Hume, no es sino una asociación de impresiones sucesivas. A través del hábito y la costumbre esperamos que la sucesión tenga lugar; en realidad, no hay una necesaria conexión. En resumen, nada autoriza, ni aun a la ciencia, a formular leyes universales e indispensables.

La tercera idea de Hume que desearía sintetizar es sobre la ética.

La moralidad, enseñó, no se basa en la razón ni en las realidades, sino en los sentimientos. Un juicio moral nace dentro del ser que depende de que hallemos un sentimiento de aprobación o desaprobación siguiendo a la acción. Este juicio moral es resultante de sentimientos, no de la razón. El vicio y la virtud pueden ser comparados con los sonidos, los

---

5. Norman Geisler, *Christian Apologetics* [Apologética cristiana], pp. 14-15.

colores, el calor o el frío. (Podemos entender ahora de dónde venía Bertrand Russell cuando dijo que diferenciaba entre lo bueno y lo malo de la misma manera que establecía la diferencia entre los colores.)

Uno ve con facilidad, por la analogía de Hume, cómo tal filosofía podría pavimentar el camino para un estado totalitario donde la sociedad es programada para sentir lo que los poderes quieren que sientan. (Al margen, es digno de notarse, que Hume llevó a Jean Jacques Rousseau a Inglaterra con él para una larga permanencia. Es la teoría educacional de Rousseau —valores impartidos por un estado controlado— con la que ahora vivimos.)

Resumiendo el pensamiento de Hume, hay una clara animosidad contra la religión revelada, contra lo milagroso y contra Dios. Fue él quien en realidad preparó el modelo para la mente atea y colocó los fundamentos para algunas de las más grandes tiranías que se abatieron sobre la humanidad. A continuación, sigue una breve crítica a Hume:

1. El postulado de Hume de que, para tener sentido, todas las declaraciones deberían ser una relación a ideas, por ejemplo, matemáticas o cantidad, o de otro modo deberían ser de razonamiento experimental basado en cuestiones de hecho, está basado ni sobre un hecho matemático ni en un hecho establecido por la práctica. Por tanto, su definición misma de una declaración significativa, en sus propios términos, no tiene sentido.

2. La afirmación de Hume de que todos los acontecimientos están enteramente libres, separados y desconectados es insostenible. Su misma declaración implica una unidad y conexión; de otro modo no habría manera de hacerla. En otras palabras, da por sentado un ser unificado mientras niega una unidad.

3. La deducción escéptica de Hume de que todo juicio acerca de la realidad debe ser suspendido, se destruye

a sí misma porque ese llamado a suspender juicio es en sí mismo un juicio acerca de la realidad.

4. El argumento de Hume acerca de los milagros es igualmente defectuoso, tanto como lo son otras de sus críticas a Dios que ya hemos tratado. El argumento se desarrolla más o menos así: Siendo que un milagro es una violación o excepción de una ley natural, está basado, por definición, en un menor grado de probabilidades. Un sabio, dice Hume, siempre basará sus creencias sobre el grado más elevado de probabilidades; por tanto, no creerá en milagros.

El argumento de Hume es nuevamente algo forzado. Por ejemplo, la posibilidad de que este mundo ocurra, aun de acuerdo con los más fuertes antiteístas, es lo más aproximada a cero que se pueda lograr. Por tanto, el sabio debería negar la existencia del mundo. Su argumento es terriblemente circular: primero, da por sentado que los milagros jamás pueden producirse y luego, concluye que ellos nunca han ocurrido. El verdadero hombre sabio, para contradecir a Hume, sería alguien que haría su conclusión basado en la evidencia.

Considerando sus posiciones, no es sorprendente que concluya: «Estoy asustado y confundido con esta triste soledad en la que estoy por mi filosofía».[6] Pudo haber hablado mejor de lo que sabía. El daño que ha causado su filosofía por la remoción del intelecto como un medio de razonar la verdad de Dios ha, en efecto, estropeado un aspecto esencial de la misma imagen de Dios en el hombre, removiendo el fundamento de la educación y la cultura.

---

6. David Hume, *Treatise on Human Nature* [Tratado sobre la naturaleza humana], ed. C. E. Mossner, Penguin, Harmondsworth, Inglaterra, 1969, VII, p. 8.

Emanuel Kant (1724-1804)

Emanuel Kant nació en 1724 en la ciudad de Konigsberg, en la Prusia Oriental, ahora parte de Rusia y llamada Kaliningrado; su padre era talabartero, pero Kant mismo iba a trabajar más con las ideas abstractas de la vida, llegando a ser uno de los filósofos más grandes de todos los tiempos, puesto a la par de los «tres grandes»: Sócrates, Platón y Aristóteles.

Después de su graduación en la universidad de su ciudad natal, llegó a ser tutor particular de familias prusianas y, por último, profesor de lógica y metafísica en la Universidad de Konigsberg, en 1770. Kant vivió una vida muy quieta y ordenada, y viajó muy poco. Permaneció soltero toda su vida y fue proverbialmente renombrado por su absoluta puntualidad. Un hombre muy respetado, su influencia afectó la vida de muchos desde entonces y por siglos hasta aquí. Uno de sus estudiantes escribió que «nada digno de saberse fue indiferente para él».

Muchas de las declaraciones de Kant caen dentro de las aulas de filosofía hasta hoy día. Fue él quien dijo que David Hume fue el que «primero interrumpió mi sueño dogmático». También dijo que hubo dos cosas que lo mantuvieron por siempre en reverencia: «los ejércitos estrellados arriba y la ley moral adentro». Se necesitarían volúmenes para estudiar estas simples declaraciones en toda su extensión.

En ese tiempo, en el desarrollo de la filosofía había una lucha abierta en marcha entre la lealtad continental, con el pensamiento racional, y la adhesión británica a la experiencia de los sentidos. Tal puja se manifiesta hasta nuestros días y es vista más claramente en las diferentes maneras que Europa, Gran Bretaña y los Estados Unidos tratan el estudio de la apologética: la defensa de la fe cristiana. La razón de la diferencia es el valor distinto que cada una coloca sobre el método de arribar a la verdad.

Kant intentó una síntesis entre el empirismo de la mentalidad inglesa y el racionalismo de la mentalidad continental.

Los empiristas afirmaban que nuestra experiencia de los sentidos es la fuente de toda creencia. Kant reconoció eso pero no era junto con la conclusión escéptica que aquellas creencias caían fuera de la experiencia y por tanto no podían ser justificadas. A la vez, rechazó las afirmaciones de los racionalistas de que las verdades fatuas acerca de lo que existe o no existe pueden ser establecidas exclusivamente por el uso de la razón. Buscó descubrir si era posible tener conocimiento metafísico; es decir, conocimiento en materias tales como la existencia de Dios, la inmortalidad del alma y si los seres humanos tenían libre albedrío. Sus conclusiones están registradas en su *Critique of Pure Reason* [Crítica a la razón pura].

En muchas maneras, Kant es el único progenitor de la moderna confianza del hombre en el poder de la razón para luchar con cosas materiales y su incompetencia para tratar con cualquier cosa más allá de lo material. Todo lo que es manifiestamente real es racionalmente justificable y todo lo que es fundamental es racionalmente indefendible.

Es obvio que las ideas detalladas y sofisticadas de Kant no pueden ser presentadas en este contexto. Las ramificaciones de su filosofía, con todo, son de largo alcance a causa de su teoría del conocimiento. El profesor Colin Brown resume así la esencia de esa teoría:

La noción de Kant del conocimiento puede ser resumida al decir que su materia prima consiste del mundo exterior percibido por los sentidos (el elemento sintético), pero que esto es inevitablemente procesado por la mente humana (el elemento *a priori*). Al percibir la materia prima, la mente emplea las formas de intuición, de tiempo y espacio. Esto también hace uso de las categorías o los conceptos puros del entendimiento, tales como cantidad y calidad. El resultado es que la mente no percibe las cosas como son en sí mismas. Porque «mientras mucho puede decirse *a priori* acerca de la forma de las apariencias, nada, fuere lo que fuere, puede ser asegurado de la cosa en sí, lo cual pueda sustentar estas apariencias». Esto es como pensar que miramos todo a través de lentes rosados. Lo mismo que argumenta Kant, la mente mira todo a través de sus formas de intuición y sus categorías de entendimiento. Es inevitable, la mente condiciona todo lo que encuentra.

Esta doctrina tiene consecuencias de largo alcance. Intentaban ser una salvaguarda contra el escepticismo de Hume, pero el precio que pagó por esa defensa fue más escepticismo. Con frecuencia se ha destacado que Hume dio a Kant el problema del conocimiento y Kant se lo devolvió como si esa fuera la solución.[7]

El agnosticismo de Kant sobre la realidad fundamental se autoderrota. No es posible declarar algo acerca de la realidad fundamental a menos que uno conozca algo respecto a la realidad fundamental. Decir, como hizo Kant, que uno no puede cruzar la línea de las apariencias es cruzar esa línea para decirlo. En otras palabras, no es posible conocer la diferencia entre la apariencia y la realidad a menos que uno conozca lo suficiente acerca de ambas como para distinguir entre ellas.

Es este mismo intento en la filosofía oriental que llevó al silencio absoluto. Algunos lectores pueden recordar que en las últimas comunicaciones sin palabras entre Buda y su discípulo Ananda, el primero quitaba los pétalos de una flor mientras el segundo miraba. Al fin, Buda miró a su discípulo y sonrió, y este le retribuyó la sonrisa. Así terminó todo. Cuando se le preguntó a Ananda qué significaba todo eso, contestó (irresistiblemente): «Ahora sé».

Si hubiera sido presionado a contestar qué era lo que sabía, habría dicho: «Ahora sé que sé». La realidad concluyente en el sistema Kantiano es imposible de conocerse, pero la exposición de Kant de su imposibilidad de ser conocida es, por tanto, ridícula en sí misma.

---

7. Colin Brown, *Philosophy and the Christian Faith* [La filosofía y la fe cristiana], InterVarsity, Downers Grove, Ill., 1968, pp. 95-96.

Ya he tratado con las fallas de la teoría ética de Kant. En un sentido filosófico, resultó el océano al cual han convergido muchos filósofos divergentes y del cual han emergido muchos mares y ríos de pensamientos.

Sören Kierkegaard (1813-1855)

Si la de Bertrand Russel es adecuadamente descrita como una vida de contradicción, Kierkegaard fue la encarnación del conflicto. Su vida entera, desde su niñez hasta su muerte, fue una montaña rusa emocional. Crecido en un hogar donde la melancolía impregnaba a la familia, llegó a su posición filosófica con toda naturalidad. Su padre vivía atormentado por sentimientos de culpa debido a una razón u otra. Había sido infiel a su primera esposa, que falleció al dar a luz. Estaba seguro de que Dios le «había vuelto las espaldas» no sólo porque la perdió a ella, sino porque perdió a cinco de sus siete hijos. En una ocasión levantó su puño cerrado al cielo y blasfemó a Dios, una memoria que jamás se apartaría de él ni de su hijo. Esa culpa persiguió al ya anciano Kierkegaard a través de su vida.

El menor de los siete hijos, Sören, nació en 1813 y falleció a la edad de cuarenta y dos años. En un sentido muy particular, los filósofos son producto de su tiempo y justo como Emanuel Kant puede ser mejor entendido si uno primero entiende a David Hume, así también la filosofía de Kierkegaard es mejor entendida como una intensa reacción contra Hegel.

Según la posición de Hegel, el individuo está involucrado por el desarrollo de ideas en un proceso dialéctico. Los conceptos y las abstracciones son más importantes que lo que es real y particular. Mente e ideas son supremas y hay claramente una pérdida de personalidad e individualidad en el proceso. Es fascinante ver los desacuerdos entre quienes comentan acerca de Hegel; algunos lo tildan de ateo y otros de teísta y aun otros de panteísta o pananteísta (todas las cosas en el universo son parte de Dios, pero Dios, en virtud de ser el total, es mayor que la suma de las partes). En ese contexto, si la realidad concluyente es la mente, entonces las manifestaciones particulares son secundarias. Hegel pierde el valor del individuo.

En reacción a esto, Kierkegaard «restauró» el valor individual. Por falta de un mejor término, su filosofía fue la «individuación» de la religión. Mantenía que la voluntad y la habilidad del individuo para elegir son de suprema importancia. Una opción no es hecha por invocar cierto criterio; más bien es «un salto de fe» que afirma la encarnación de Dios mientras reconoce esto como un absurdo intelectual. Esta afirmación debe ser hecha, sin referencia a otros, como una afirmación de la propia individualidad de uno. Un compromiso religioso en estos términos es pura y exclusivamente una materia de fe individual.

Una de las claves para entender a Kierkegaard es ser capaz de captar lo que declaró ser las tres etapas de la vida: la estética, la ética y la religiosa. Cada etapa es superada por un «salto de fe». Con todo, cuando pasa de una etapa a la próxima, no hace mucho abandono de la etapa previa como relegándola a un lugar secundario con respecto a la subsiguiente. En la etapa estética, se busca un escape al aburrimiento por la búsqueda romántica de una amplia gama de placeres. Pero no se alcanza el resultado deseado y el final de esta etapa es la desesperación. De aquí se da el salto a la etapa ética, en la que uno responde a una moral objetiva por un llamado al deber. Esta fracasa también en dar validez a la existencia individual y el tercer salto, en reconocer la propia pecaminosidad y mortalidad, es el estado religioso. Este salto final no es «de una vez y para siempre» sino un acto repetitivo.

En su libro *Fear and Tembling* [Temor y temblor], Kierkegaard enfoca la historia de Génesis 22, donde Abraham ofrece a Isaac. Considera esto como la ilustración más sublime de lo religioso trascendiendo lo ético, conociendo la ley universal de no matar, sin embargo, Abraham es movido por su fe personal en Dios a «matar» a su hijo. Así lo individual es elevado por sobre lo universal.

Una anotación en el diario de Kierkegaard resume este medio de verdad totalmente subjetivo: «La cosa es hallar una verdad que sea cierta para mí, hallar la idea por la cual puedo vivir y morir».[8] Para Kierkegaard, el contenido y la extensión de la verdad bíblica fue totalmente insignificante. Afirmó que si los escritores bíblicos nos hubieran dejado sólo una sentencia: «Creemos que en tal y tal año Dios apareció entre nosotros en la humilde forma de un siervo; que vivió y enseñó en nuestra comunidad y finalmente murió», hubiera sido suficiente. Lo histórico y racional son totalmente irrelevantes. Su influencia en los teólogos y filósofos ha sido muy extensa, incluyendo a Barth, Heidegger, Jaspers y otros.

Las fallas de la filosofía Kierkegaard deben ser aclaradas. Primero y sobre todo, falla en proveer una prueba de la verdad para las creencias religiosas contrarias. Si Dios en realidad existe, su carácter y persona existen fuera de mi opción de creer en Él. La naturaleza, y contenido, del término Dios, independiente de la verdad, está abierta a cualquier opción si la razón y la historia no son el criterio para mi decisión.

Segundo, Kierkegaard tendría que admitir que estaba haciendo una verdadera proclamación o no. Si en verdad la estaba haciendo, entonces tendría que haber provisto una prueba de la verdad fuera del «salto de fe».

Tercero, Kierkegaard carece de una base racional sobre la cual enfrentar al antiteísta. Porque antes que uno pueda abrazar la creencia en Dios, debe demostrar que Dios existe.

Friedrich W. Nietzsche (1844-1900)

Cuando Friedrich Nietzsche nació el 15 de octubre de 1844, las campanas de la iglesia resonaban y eso fue considerado un buen augurio. Lo que ocurría era que se celebraba el cumpleaños del rey de Prusia, Friedrich Wilhelm; de allí que sonaran las campanas y se eligiera el nombre conque Nietzsche fue bautizado.

---

8. Sören Kierkegaard, *Diary of Sören Kierkegaard* [El diario de Sören Kierkegaard], ed. Peter Rohde, Citadel, New York, 1971, p.44.

Su padre fue pastor luterano y sus dos abuelos estaban en el ministerio cristiano. Quedó huérfano a la edad de cinco años, por lo que fue llevado a Naumburg, donde creció con su madre, su hermana, su abuela y dos tías solteras.

Fue educado en la Schulpforta, una escuela famosa establecida durante la Reforma en un ex monasterio cisterciano. Nietzsche era considerado un estudiante ejemplar y fue luego a estudiar a las Universidades de Bonn y de Leipzig. A la edad de veinticinco años fue escogido para un profesorado en la Universidad de Basilea, en Suiza, y en 1872 tomó la ciudadanía suiza.

Entre quienes ejercieron una profunda influencia sobre Nietzsche aparecen el filósofo Arthur Schopenhauer (que ha sido llamado el filósofo obsesionado con la voluntad) y el músico Richard Wagner. Esta última amistad vino a terminar en un amargo quebranto producido por la abrumadora arrogancia de Wagner y su desvergonzado antisemitismo.

Como resultado de su salud tan precaria, Nietzsche tuvo que renunciar a su posición de profesor a los diez años de obtenerla. Durante los próximos diez años escribiría abundantemente pese a su condición débil. Durante los últimos doce años de su vida, estuvo insano y fue cuidado por su hermana Elizabeth. Ella misma no es muy bien vista por los eruditos (esto es decirlo muy positivamente) porque se hizo cargo de todos los manuscritos de su hermano y, aparentemente, los suprimió, modificó y diseminó a su gusto, distorsionando con frecuencia sus énfasis y significados. Es interesante que su biografía fue titulada La hermana de Zaratustra. Ella consideraba a Hitler como el *Ubermensch* o superhombre elogiado por Nietzsche.

La producción literaria de Nietzsche comenzó con *The Birth of Tragedy* [El nacimiento de la tragedia] (1872), un intento de interpretar arte y drama a la luz de la filosofía de Schopenhauer. *Untimely Meditations* [Meditaciones fuera de tiempo] (1873-1876), fue dedicado a Schopenhauer y Wagner. Otros que seguirían incluyen *The Gay Science* [La ciencia festiva] (1882), *Thus Spake Zarathustra* [Así habló Zaratustra] (1882-1885), *Beyond Good and Evil* [Más allá del bien y del mal] (1886), *Genealogy of Morals* [Genealogía de la moral] (1887), *The Twilight of the Idols* [El ocaso de los ídolos] (1889) y los publicados póstumamente, *Anticristo* y *Ecce Homo*.

Si hubiera una palabra para resumir la vida de Nietzsche, sería *ironía*. Su estilo de escritura era rico en ella, a instancias de denunciar la moralidad mediante la boca del moralista Zaratustra. Pero esa ironía se cumplió en su propia vida. Hablaba de una demencia universal y trágicamente él mismo fue insano. Habló de la supremacía del superhombre, que, por el poder de su voluntad, dominaría, y aun de su propia vida dijo: «He sido más un campo de batalla que un hombre». Despreció la moral cristiana, pero fue una cita inmoral, lo que evidentemente resultó en su sífilis y, al final, en su locura. Escribió en tonos confiados aun describiéndose a sí mismo como el «filósofo de los azarosos "tal vez"». Su poesía manifestó una mente artística, aunque su vida era disoluta y caótica. En la vida, pensaba, todo puede ser reducido a la voluntad por la autoafirmación, aunque en sus últimos años fue, en realidad, un prisionero de la voluntad de su hermana. De un modo extraño admiraba a Jesús, aunque hizo mucho para destruir el mensaje del evangelio. En su comentario sobre los evangelios, vio sólo una noble figura: Poncio Pilato, por haber preguntado con desdén: «¿Qué es la verdad?»

Uno de los grandes admiradores de Nietzsche fue Adolfo Hitler, que visitó los archivos de Weimar Nietzsche varias veces. La hermana de Nietzsche, Elizabeth, congratuló a Mussolini cuando cumplió cincuenta años por ser «el más noble discípulo de Zaratustra». En ese sentido, la filosofía de Nietzsche fue puesta al servicio de uno de los experimentos más sangrientos de la historia.

Hay una terrible tristeza en la existencia de Nietzsche y es muy difícil no sentir una profunda pena por una vida tan patética y por un genio tan disipado. Hay tristeza también al ver las vidas de quienes le rodearon. El mismo año que falleció, el esposo de su hermana Elizabeth se suicidó. Su madre, Francisca, fue una cristiana devota que alimentó a Nietzsche durante ocho de los once años de su locura, hasta que falleció en 1897. En una carta que escribió a una amiga, expresaba sorpresa de cuanto Nietzsche conocía y citaba de las Escrituras en sus últimos días. Decía: «Una y otra vez mi alma está llena de gratitud a nuestro amado Señor de que ahora pueda cuidar a este hijo de mi corazón». Tiene que haber sido descorazonador para ella ver la penosa figura de su hijo permanecer en silencio a veces por un mes o más. Durante la mayoría de esos años él no sabía quién era, dónde estaba ni en qué siglo vivía.

Pero si se evalúa la definición de Nietzsche del superhombre, en un sentido irónico se cumplió en él. Nietzsche definió al superhombre como alguien que comprende el dilema humano pero que, sin embargo, crea sus propios valores y, en presencia de la angustia y la privación es, no obstante, capaz de edificar su vida en triunfo sobre ellas. Mucho de lo que predijo que el hombre vería en el siglo veinte llegó a realizarse, el siglo más sangriento de la historia. Uno de sus amigos que habló en su funeral, terminó con estas palabras: «¡La paz sea con tus cenizas! ¡Santo sea tu nombre para todas las generaciones futuras!» Irónicamente, en *Ecce Homo*, aún no publicado a su fallecimiento, Nietzsche había escrito: «Tengo un miedo terrible de que algún día llegue a ser llamado "santo"». Había predicho eso también.

Bertrand Russell (1872-1970)

Llamado «Bertie» por quienes componían su círculo íntimo, Bertrand Russell es una de las personalidades más pintorescas en la filosofía. En relación a él uno hallaría muy difícil permanecer neutral. Habiendo vivido hasta la edad de noventa y ocho años, su vida abarcó un período muy crítico de trastorno político, social, filosófico y religioso. Para mantener su afinidad con la controversia, caminó los cuatro ruedos batiendo puños.

Russell fue un escritor prolífico cuya tarea resultaba muy fácil. Escribió unos setenta libros sobre temas tan variados como China, moral, misticismo, lógica, bolcheviquismo, matrimonio, educación, geometría, ciencia, filosofía, matemáticas, reconstrucción social, desarme nuclear, comunismo, capitalismo, religión y veintenas de otros. Algunos de sus artículos en revistas incluyeron sus opiniones sobre el uso del lápiz labial, la elección de cigarros y el maltrato a la esposa. Russell tenía un amplio alcance de ideas y una mente penetrante en la argumentación. Fue inmisericorde en su crítica a criterios que aborrecía y sus ataques personales eran tajantes. El historiador Paul Johnson dice que ningún intelectual de la historia ofreció consejo a la humanidad por un período tan largo como Bertrand Russell. Estuvo mucho mejor relacionado con las ideas que con las personas. Dijo: «Me agradan las matemáticas porque no son humanas».

La vida entera de Russell puede ser resumida por la palabra *contradicción*. Públicamente, luchó por la paz en el mundo, pero en lo privado fomentó odio contra las personas que no le agradaban. En sus discursos argumentaba por el desarme y era un pacifista, pero en numerosas ocasiones expresó sus deseos de que los Estados Unidos militarmente superaran el creciente poderío de la Unión Soviética. Escribió algunos de los más vilipendiosos artículos contra el marxismo, pero tarde en su vida escribió con igual enojo contra los Estados Unidos y el capitalismo. En una ocasión señaló a John Kennedy y Harold Macmillan como posiblemente peores que Hitler. Escribió sobre los derechos de la mujer, aunque en privado menospreciaba sus capacidades intelectuales. Regañó a su hermano por dejar a su esposa, aunque sus cuatro matrimonios fueron rotos por infidelidad. Se exasperaba cuando le mentían, pero con frecuencia era atrapado en sus propios engaños.

No sólo hubo tales contradicciones y duplicidad en su vida, sino que también, en numerosas ocasiones, cambió sus perspectivas filosóficas. El filósofo Charlie Broad, profesor de filosofía moral en Cambridge, desde 1933 hasta 1953, destacó que Russel producía una nueva filosofía cada pocos años.

No obstante todo eso, Bertrand Russell fue un genio y es terriblemente lamentable que una mente tan capaz como la suya se haya sumergido en argumentos frívolos más reveladores de sus prejuicios que de su intelecto. Por ejemplo, en su diatriba contra el cristianismo dijo que, hasta donde sabía, este había producido sólo dos cosas buenas: primero, el calendario y segundo, que fue un sacerdote egipcio el que había notado primero un eclipse lunar. «Fuera de esto —dijo— no he visto nada bueno provenir del cristianismo». Eso fue más y más común sus comentarios sobre la religión. Russel era hábil en el debate y tenía arte para reducir el tema a una atormentadora paradoja de la cual emergía por establecer una teoría que había deseado defender.

Una de las paradojas más famosas de Russell fue articulada en un conjunto de teorías. El asunto es demasiado complicado para entrar en él aquí, pero fue formulado como un reconocimiento de la necesidad de una teoría del infinito. Esta es la forma en que expuso el problema: Algunos conjuntos (clases o colecciones) son miembros de sí mismos y otros no. Por ejemplo, el conjunto de perros no es un miembro de sí mismo ya que es un conjunto y no un perro, mientras que el conjunto de no-perros es un miembro de sí mismo ya que no es un perro y trata con no-perros. Russell fraseaba así su paradoja: ¿Es el conjunto de todos los conjuntos que no son miembros de ellos mismos, un miembro de sí mismo? Si lo es, entonces no lo es. Si no lo es, entonces lo es. Un estudiante no filosóficamente adiestrado quedaría asombrado de la profunda influencia que esto tuvo en el desarrollo de la teoría de conjunto.

Russell usó este mismo método en muchos de sus argumentos contra Dios. El modo en que utilizaba la carencia de sentido de las declaraciones era elaborando preguntas similares y forzando opciones equivocadas. Uno de sus principales argumentos contra Dios y una ley moral fue algo así:

Si hay una ley moral, tal como sostienen los teístas, «Entonces», decía Russell, «es resultado de un mandato de Dios (decisión o decreto) o de otro modo no lo es». Si es el primero, mandamiento de Dios, entonces esto es puramente arbitrario y la bondad es sólo otra manera de decir: «Porque Dios lo dijo». Sobre esa base, Dios podría pronunciar cualquier cosa que Él elija, lo cual puede ser bueno o malo. En cambio, si Dios es sujeto a alguna bondad más allá de Él, entonces Él mismo no es el supremo. La elección que Russell colocaba delante del teísta es que o Dios es simplemente arbitrario o no es el supremo.

El dilema que Bertrand Russel presentaba no sólo es falso; es también falsamente planteado. Su pregunta necesitaba surgir de él mismo, no de Dios: ¿Es Bertrand Russell arbitrario en sus elecciones morales o subordinado a otro? Si es arbitrario, entonces ¿por qué todo su vilipendio a Estados Unidos durante la guerra de Vietnam y su condena de John Kennedy y Harold Macmillan como malvados? ¿De dónde obtuvo sus unidades de medidas morales? Por otra parte, si no es arbitrario, tiene que haber una ley moral por sobre él. Él no desea esto. Así, Russell cae por el mismo argumento que él coloca para Dios.

Por el contrario, si se demuestra que Dios es la entidad que las sagradas Escrituras afirman que es —infinito, todopoderoso, santo y amante— ¿no es posible que la ley moral sea algo que fluya de la naturaleza inmutable de Dios? Así, Dios no es arbitrario ni la ley es superior a Él, ella es intrínseca a su persona. La ley moral debe ser ubicada en alguna parte. Cuando se atribuye a un ser humano surge un dilema extraordinario si al mismo tiempo tal individuo niega a Dios. De otro modo, cuando es atribuida a un ser infinito no causado —Dios mismo— es intrínseca.

La dificultad que Bertrand Russell expresa aquí señala a un problema mayor en su misma comprensión de la personalidad y el conocimiento. Russell llegó a la conclusión de que no estamos directamente relacionados con un ego sino que somos capaces de estar relacionados con hechos mentales tales como la voluntad, el creer y el desear. Llevó esto a su creencia de que Dios fue una palabra carente de significado porque no tenía punto de referencia. Evidentemente, la personalidad de Dios es algo que, por sus presuposiciones, Russell minimiza; y juzga la persona de Cristo en la historia con mayor severidad. Son estas las presuposiciones y dicotomías que conducen a Russell a vivir su vida en medio de una permanente contradicción y a reducir a la gente a números y cantidades.

Jean-Paul Sartre (1905-1980)

Jean-Paul Sartre, filósofo y novelista francés, se formó bajo la influencia de algunos pensadores sofisticados tales como Edmund Husserl y Martin Heidegger. Sartre llegó a ser uno de los máximos exponentes del existencialismo ateo. Hacia el fin de la Segunda Guerra Mundial, era líder del ala izquierdista de los intelectuales franceses y cofundador de la publicación radical *Les tempes modernes*. En sus últimos años, se apartó algo del existencialismo y se acercó más a su propio estilo de sociología marxista. De alguna manera mantuvo que el marxismo y el existencialismo son complementarios en su crítica de la sociedad, y en su reconocida búsqueda de la expresión en libertad política y la libertad inherente a la naturaleza humana.

Sartre tenía una pluma áspera y su hiriente ataque sobre aquellos que no le gustaban era un hecho común. Era considerado por quienes le conocían como un supremo egoísta. Su padre falleció cuando sólo tenía quince meses de edad; pero parecía salirse de los carriles por hablar en forma desagradable del legado de su padre. «Si hubiera vivido, mi padre me hubiera derribado y aplastado[...] el muerto significa muy poco para mí». Aunque de pequeña estatura (1,57 mts), Sartre proyectó una sombra gigantesca sobre los estudiantes universitarios rebeldes de la década del sesenta.

Es muy conocido por su estilo de vida libre y por sus fuertes teorías políticas revolucionarias. Lo que Heidegger fue para la ideología nazi, Sartre lo fue para la causa marxista. Él mismo dijo que su credo era: «Viajar, poligamia y transparencia», un credo que muy bien podría ser el libreto de los tabloides de nuestros días. René Descartes indicó una vez que no había nada tan absurdo o increíble que no haya sido afirmado por uno u otro filósofo. Sartre encaja en forma perfecta en tal descripción y con frecuencia hizo las declaraciones más ridículas. Pocos incidentes resumen mejor su vida que la publicación de uno de sus libros en una época en que le daba «doble tiempo» —o debería ser cuádruple— a cuatro queridas. Le pidió, en secreto, al editor que imprimiera, en cuatro ejemplares, el nombre de cada una de esas mujeres, a la cual el escritor dedicaba el libro.

Quizás uno de los efectos más devastadores del legado de Jean-Paul Sartre fue el impacto que tuvo sobre los intelectuales, cuyos crímenes mortales inundaron a Camboya con la sangre de decenas de miles de su propia gente.

Para comprender a Sartre uno debe entender la filosofía del existencialismo. Sus investigaciones se dirigen hacia lo que es más personal en la experiencia humana, reconociendo la universalidad de las estructuras y condiciones en las cuales esa existencia personal es vivida. La primera preocupación del existencialismo es explicar cómo una *conciencia individual* comprende la existencia. De esta comprensión fluye la libertad, opción personal, autenticidad individual, relaciones, etc.

La obra filosófica más famosa de Sartre es *Being and Nothingness* [Ser y nada], publicada en 1943, en la cual la pregunta fundamental que trata es: «¿Qué es ser un ser humano?» El autor concluye que no hay explicación para la existencia bruta de las cosas; simplemente ocurre que ellas están allí y eso es todo lo que hay al respecto. La vida es absurda por cuanto su existencia misma es inexplicable. Pero siendo que el hombre se encuentra en ese estado «postrado» o «arrojado», debe elegir para sí mismo y ser autor de sus propios valores. En un sentido el hombre jamás ha arribado y siempre es sólo el producto de lo que es o elige ser, lo cual actúa dentro del esquema de su carácter, haciendo posible la próxima opción. Y en contra de todo este elegir y llegar a ser, se destaca siempre la perspectiva de la muerte. El hombre, en síntesis, está trabado: Determinado, pero libre; libre, pero esclavizado.

Por falta de una mejor analogía, el existencialismo de Sartre es la versión secular de las filosofías de la Nueva Era, procurando escapar al tecnopolio de la moderna conciencia y hallando su propia mantra para autenticarse a sí mismo y elevarse tirando de los cordones de su propio calzado existencial. En contra del absurdo del origen de la vida y el temor a la extinción de ella, la persona elige y alimenta los ingredientes de su historia personal que luego serán inseparables del producto, el cual a su vez lo prepara para la próxima opción. Se entiende por qué a uno de sus libros puso por título: *Náusea*.

La crítica a las filosofías ateas de Sartre es en realidad la crítica del ateísmo en sí. En una de sus mayores refutaciones a la existencia de Dios, Sartre arguye el fracaso del hombre en hallar a Dios por sí mismo. Todo lo que, en el mejor de los casos, prueba con tal argucia es que él no «encontró» a Dios. No puede, por ningún medio racional, demostrar que, por tanto, no hay Dios. Alguien puede morir, abandonado en un desierto, por falta de comida; pero eso no establece que la comida no exista.

En cuanto a la teoría ética de Sartre, es una de antinomianismo —una falta de leyes—, en realidad, tan imposible de vivir que hay una fuerte indicación de que Sartre dio una tácita aprobación al teísmo, si no un claro reconocimiento de él en sus últimos días.[9]

---

9. Norman Geisler, *Is Man the Measure?* [¿Es el hombre el patrón de medida?], p. 48.